2024 **TERCEIRA** EDIÇÃO

José Luiz de Moura
Faleiros Júnior

Vesting Empresarial

Atualizado de acordo com a Lei Complementar nº 182/2021 (Marco Legal das Startups)

Aspectos Jurídicos Relevantes à Luz da Teoria dos Contratos Relacionais

EDITORA FOCO

Dados Internacionais de Catalogação na Publicação (CIP) de acordo com ISBD

F187v   Faleiros Júnior, José Luiz de Moura
Vesting empresarial: aspectos jurídicos relevantes à luz da teoria dos contratos relacionais / José Luiz de Moura Faleiros Júnior. - 3. ed. - Indaiatuba, SP : Editora Foco, 2024.

208 p. ; 17cm x 24cm.

Inclui bibliografia e índice.

ISBN: 978-65-6120-159-9

1. Direito. 2. Direito empresarial. 3. Contratos. I. Título.

2024-2566   CDD 346.07   CDU 347.7

Elaborado por Odilio Hilario Moreira Junior - CRB-8/9949
Índices para Catálogo Sistemático:

1. Direito empresarial 346.07
2. Direito empresarial 347.7

TERCEIRA
EDIÇÃO

José Luiz de Moura
Faleiros Júnior

Vesting Empresarial

Atualizado de acordo com a Lei Complementar nº 182/2021 (Marco Legal das Startups)

Aspectos Jurídicos Relevantes à Luz da Teoria dos Contratos Relacionais

2024 © Editora Foco
Autor: José Luiz de Moura Faleiros Júnior
Diretor Acadêmico: Leonardo Pereira
Editor: Roberta Densa
Coordenadora Editorial: Paula Morishita
Revisora Sênior: Georgia Renata Dias
Revisora: Simone Dias
Capa Criação: Leonardo Hermano
Diagramação: Ladislau Lima e Aparecida Lima
Impressão miolo e capa: FORMA CERTA

DIREITOS AUTORAIS: É proibida a reprodução parcial ou total desta publicação, por qualquer forma ou meio, sem a prévia autorização da Editora FOCO, com exceção do teor das questões de concursos públicos que, por serem atos oficiais, não são protegidas como Direitos Autorais, na forma do Artigo 8º, IV, da Lei 9.610/1998. Referida vedação se estende às características gráficas da obra e sua editoração. A punição para a violação dos Direitos Autorais é crime previsto no Artigo 184 do Código Penal e as sanções civis às violações dos Direitos Autorais estão previstas nos Artigos 101 a 110 da Lei 9.610/1998. Os comentários das questões são de responsabilidade dos autores.

NOTAS DA EDITORA:

Atualizações e erratas: A presente obra é vendida como está, atualizada até a data do seu fechamento, informação que consta na página II do livro. Havendo a publicação de legislação de suma relevância, a editora, de forma discricionária, se empenhará em disponibilizar atualização futura.

Erratas: A Editora se compromete a disponibilizar no site www.editorafoco.com.br, na seção Atualizações, eventuais erratas por razões de erros técnicos ou de conteúdo. Solicitamos, outrossim, que o leitor faça a gentileza de colaborar com a perfeição da obra, comunicando eventual erro encontrado por meio de mensagem para contato@editorafoco.com.br. O acesso será disponibilizado durante a vigência da edição da obra.

Impresso no Brasil (8.2024) – Data de Fechamento (8.2024)

2024
Todos os direitos reservados à
Editora Foco Jurídico Ltda.
Rua Antonio Brunetti, 593 – Jd. Morada do Sol
CEP 13348-533 – Indaiatuba – SP
E-mail: contato@editorafoco.com.br
www.editorafoco.com.br

À Ana Carolina (*in memoriam*).

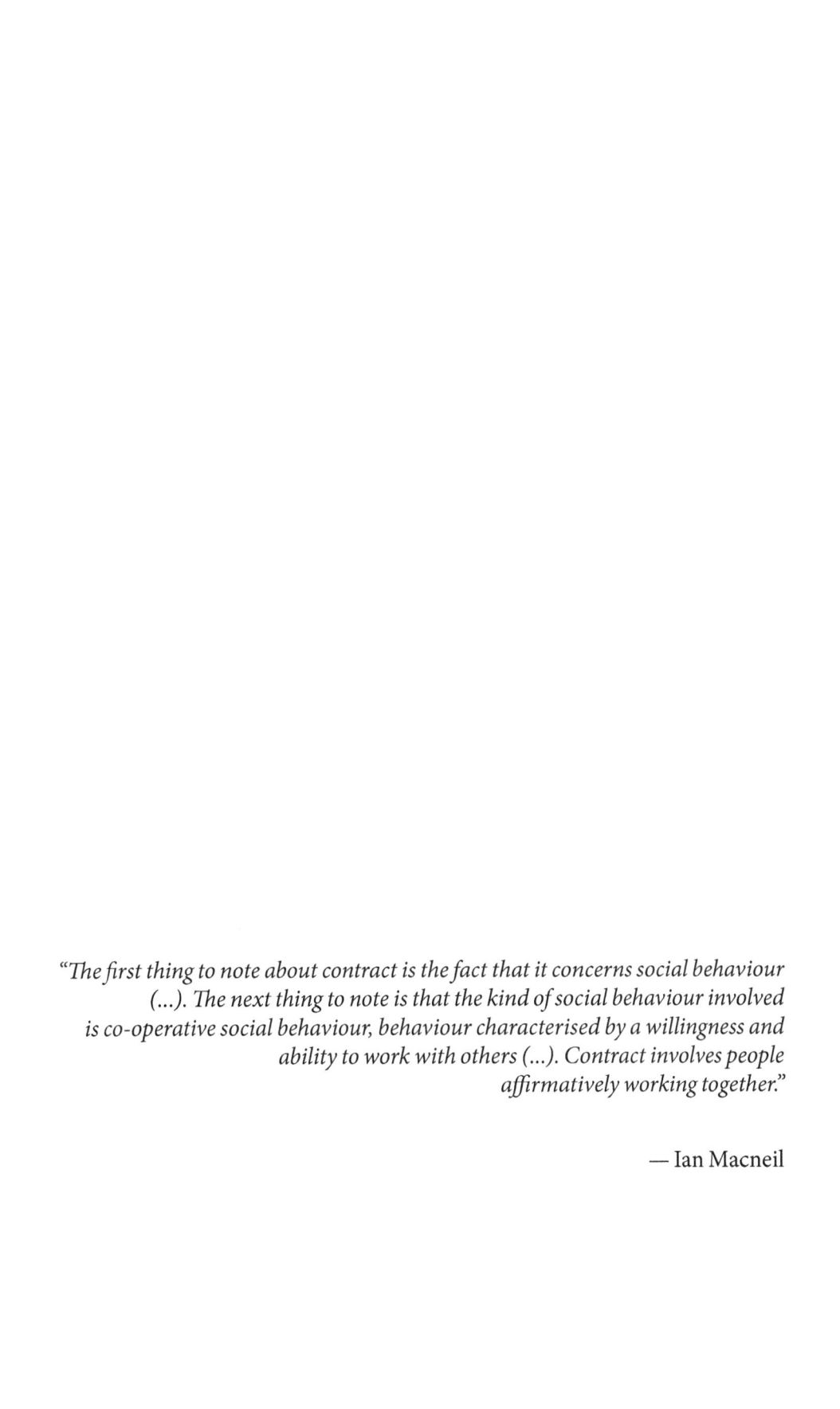

"The first thing to note about contract is the fact that it concerns social behaviour (...). The next thing to note is that the kind of social behaviour involved is co-operative social behaviour, behaviour characterised by a willingness and ability to work with others (...). Contract involves people affirmatively working together."

— Ian Macneil

AGRADECIMENTOS

Este trabalho jamais teria sido concretizado se não fossem as incansáveis horas de leitura, pesquisa e reflexão inspiradas não apenas pela valiosa doutrina que o embasa, mas pelo incentivo constante de meus familiares, especialmente de meus pais, José Luiz e Magda, e de minhas irmãs, Marcelle e Ana Carolina (*in memoriam*), a quem manifesto minha eterna gratidão e meu profundo amor.

Ademais, agradeço ao Professor Nelson Rosenvald, grande jurista e estimado amigo, que me presenteou com o Prefácio deste trabalho e a quem externo minha sincera admiração e meus elogios pela exímia coordenação do curso de Pós-graduação *lato sensu* em Direito Civil e Empresarial da Faculdade de Direito Prof. Damásio de Jesus, local onde surgiu a curiosidade necessária para que esta obra fosse originalmente concebida entre os anos de 2018 e 2019; enfim, registro meus encômios pela dedicação do Professor Nelson ao Instituto Brasileiro de Estudos de Responsabilidade Civil, do qual orgulhosamente faço parte e que é local fértil para o intercâmbio de ideias e para o debate crítico sobre o direito privado.

Anoto meus votos de gratidão, amizade, respeito e admiração irrestrita, também, ao amigo Professor Guilherme Magalhães Martins, que gentilmente aceitou elaborar a Apresentação da obra, trazendo esmiuçada descrição dos pontos fulcrais da investigação e ampliando o valor da pesquisa desenvolvida, e ao amigo Professor João Victor Rozatti Longhi, com quem sempre tive a oportunidade de debater este e outros importantes temas, e que sempre me incentiva a perseverar na seara acadêmica.

Também expresso minha sincera gratidão a todos os amigos e amigas que contribuíram para os debates em torno do tema, em especial após a publicação da 1ª edição, seja em seminários on-line, em colunas e artigos jurídicos ou em conversas informais extremamente enriquecedoras! À Editora Foco, que sempre se destacou no segmento editorial brasileiro e que aceitou trazer ao público a 2ª edição e também esta terceira, registro meu reconhecimento pela excelência editorial e minha sincera gratidão a todos os seus membros, que atuam com afinco e esmero para entregar sempre o melhor.

E, finalmente, o mais importante: agradeço a todos os leitores que se interessam pelo direito das *startups* e por seus instrumentos jurídicos. É por vocês e para vocês que esta obra existe e chega, agora, à 3ª edição!

Muito obrigado!

Belo Horizonte, julho de 2024.

José Luiz de Moura Faleiros Júnior

NOTA DO AUTOR À 3ª EDIÇÃO

Desde a publicação da 2ª edição desta obra, em 2022, muitas reflexões e novos desenvolvimentos surgiram no campo do *vesting* empresarial. O avanço da legislação e o crescente entendimento sobre a importância das relações contratuais no ambiente de *startups* continuam a moldar a aplicação e a interpretação deste importante instituto.

Ao longo dos últimos dois anos, observamos um amadurecimento significativo na prática do *vesting* no Brasil. A Lei Complementar nº 182/2021, o Marco Legal das Startups, estabeleceu um ambiente mais claro e seguro para investimentos em iniciativas emergentes, embora ainda tenha deixado lacunas quanto à regulamentação específica do *vesting*. Esse cenário desafiador exigiu dos profissionais do direito um esforço contínuo de adaptação e interpretação das normas existentes à luz dos princípios contratuais e da realidade empresarial.

O *vesting*, como enfatizado nas edições anteriores, não é um mero instrumento financeiro, mas um mecanismo crucial para fortalecer relações interpessoais e incentivar a coesão entre os membros de uma *startup*. Sua essência relacional é o que permite alinhar expectativas, metas e esforços, promovendo um ambiente de colaboração e inovação.

Um dos aspectos mais importantes que emergiu nas discussões recentes é a distinção clara entre *vesting* e outros instrumentos jurídicos, como as *stock options* e os contratos de mútuo conversível. A confusão que existia em torno dessas definições tem diminuído, graças ao aprofundamento do debate acadêmico e às decisões judiciais que começaram a delinear os contornos específicos de cada instituto.

Na 3ª edição, publicada novamente pela Editora Foco, reforço a ideia de que o *vesting* deve ser compreendido e aplicado como um conjunto de cláusulas contratuais dentro de um contrato maior, e não como um contrato isolado. Esta visão facilita a adaptação do *vesting* às particularidades de cada *startup*, permitindo que as metas e condições (*cliffs*) sejam ajustadas de acordo com os objetivos específicos da empresa.

Além disso, mantenho minha posição sobre a importância do chamado "*vesting* invertido", um modelo que vem sendo adotado por muitos advogados e que evita a invalidação jurídica dos contratos ou o aumento de riscos desnecessários. A utilização de condições resolutivas (art. 127, CC) para definir o vínculo obrigacional que gera o direito à participação societária tem se mostrado uma abordagem eficaz e segura.

Espero que esta 3ª edição continue a fomentar debates e a contribuir para o desenvolvimento deste campo tão vital para o empreendedorismo de base tecnológica no

Brasil. Que esta obra sirva não apenas como um guia prático, mas também como um estímulo para a reflexão e a inovação no uso do *vesting* empresarial. Agradeço a todos pela leitura e pelo contínuo apoio a esta discussão essencial para o avanço das startups em nosso país.

Com gratidão e votos de uma excelente leitura,

Belo Horizonte, julho de 2024.

José Luiz de Moura Faleiros Júnior

NOTA DO AUTOR À 2ª EDIÇÃO

Em 2019, quando foi publicada a 1ª edição desta obra, sob o selo da Editora Lumen Juris, vislumbrei a importância que a teoria dos contratos relacionais teria para que fosse possível compreender a importância do *vesting*, no Brasil, a partir de seu principal mérito: aproximar pessoas.

Diferentemente do que se notava, em especial na advocacia consultiva, o *vesting* não era instrumento adequado para fomentar investimentos em *startups*. Tal confusão, aliás, restou dirimida, nos últimos anos, com a promulgação da Lei Complementar nº 182, de 1º de junho de 2021 (Marco Legal das *Startups*), que trouxe rol específico de instrumentos de investimento em seu artigo 5º.

O *vesting*, por ser instituto estrangeiro acolhido pela práxis brasileira sem as devidas cautelas, já foi muito questionado no passado. A falta de clareza sobre sua aplicação já o fez ser interpretado e implementado como mecanismo de burla à estruturação societária derivada da *affectio societatis* ou para desvirtuar relações de emprego. Não raramente, também era confundido com as *stock options* ou com contratos de mútuo feneratício – apenas para citar alguns exemplos. Fato é que o *vesting* nunca foi nada disso.

De fato, a boa experiência demonstra que o elemento relacional é a característica mais importante desse instrumento. Aproximar pessoas, especialmente para fomentar negócios inovadores em estágios iniciais de desenvolvimento – quando o capital disponível é parco e a somatória de experiências e habilidades pode ser determinante para o sucesso – é e sempre será um desafio empresarial. Viabilizar a formalização de parcerias nas quais as expectativas, as metas e os ganhos são adequadamente equacionados entre aqueles que contribuem para alavancar o negócio tem o mérito de dirimir controvérsias, mitigar o insucesso empresarial e se tornar importante instrumento de justiça contratual.

Para isso, a boa estruturação negocial, em um instrumento de parceria, pressupõe a clareza sobre os objetivos de curto, médio e longo prazo. Uma *startup* não deve ser concebida para se perpetuar como tal, uma vez que se almeja, necessariamente, o crescimento da empresa. Por essa razão, todos os que contribuem para o seu desenvolvimento, seja por investimentos diretos, seja com aportes intelectuais, cedendo habilidades e talentos para o atingimento de tal propósito, devem se beneficiar dos ganhos obtidos em cada etapa.

O *vesting* propicia justamente a solidez almejada para uma *startup* do ponto de vista das relações interpessoais e, embora o legislador tenha deixado passar uma oportunidade valiosa de estruturação do tema no Marco Legal das *Startups*, o que se percebe é que há compatibilidade jurídica do *vesting* com as regras do Código Civil. Todavia, o que também se observa é que sua aplicação não pode ser concretizada de forma simplista.

Contrariando o que parte da doutrina afirma, tenho sido contumaz defensor da ideia de que a expressão "contrato de *vesting*" é falaciosa. Entendo que o instrumento em questão não é uma espécie contratual e tampouco poderia ser. O que se nota é que, no cerne dos negócios em que se pretende trabalhar com o *vesting*, tem-se o intuito maior de alavancar a *startup* e, de forma subjacente, a expectativa relacional de parceiros que pouco se conhecem, mas que precisam somar esforços no afã de viabilizar a nova ideia de negócio com segurança e equilíbrio, representando, no conjunto maior do arquétipo negocial, apenas um grupo de cláusulas contratuais – e não o contrato todo.

Também tenho defendido a importância de se observar com cautela as metas estabelecidas contratualmente entre os envolvidos. Chamadas de *cliffs* na experiência estrangeira, tais metas são secundárias se comparadas ao propósito maior da *startup*. Explico: os *cliffs* interessam preponderantemente ao parceiro negocial que receberá participação societária; o objetivo maior, porém, é o crescimento da *startup*. Por essa razão, cada etapa de validação do negócio deve ser meticulosamente mapeada, analisada e, de preferência, acompanhada por consultores, pois o objetivo maior é a empresa.

Enfim, também preciso registrar o fato de que o modelo que passou a ser acolhido por colegas advogados com o nome de "*vesting* invertido", cujas bases essenciais delineei na 1ª edição da obra – com declarada inspiração nas sinalizações precedentes do amigo Erik Fontenele Nybø –, parece ser o mais apropriado para não gerar invalidade jurídica do contrato ou acirrar riscos desnecessários. Diz-se "invertido" pelo fato de se trabalhar, para a definição do vínculo obrigacional que gera o direito à participação societária, com um clássico elemento acidental do negócio jurídico: a condição, que denota evento futuro e incerto. Todavia, em sua espécie resolutiva (art. 127, CC) e não em sua modalidade suspensiva (art. 125, CC).

No curso desta 2ª edição da obra, agora publicada pela Editora Foco, resgatando a importante estruturação de parâmetros clássicos dos contratos, particularmente dos de longa duração, com natureza eminentemente relacional, e conectando-os aos desafios do empreendedorismo de base tecnológica, procurarei demonstrar a validade de instrumentos de parceria com cláusula de *vesting* empresarial, inclusive após a promulgação do Marco Legal das *Startups*.

Espero que a obra suscite debates e traga ainda mais contributos a essa importante discussão, reforçando a ideia de que o *vesting* não é apenas mais um "estrangeirismo" adaptado às pressas para nossa ordenação jurídica, mas, sim, importantíssimo mecanismo de fomento ao empreendedorismo, com total viabilidade e potencial de gerar promissores resultados.

Com enorme gratidão, desejo a todos uma excelente leitura!

Belo Horizonte, abril de 2022.

José Luiz de Moura Faleiros Júnior

PREFÁCIO

Recebi o honroso pedido de José Faleiros Jr. para prefaciar a sua obra: *Vesting empresarial*. Pelo fato de conhecer o autor há mais de dois anos e ter ciência da qualidade de sua produção científica, não tive dúvidas em prefaciar um trabalho que demanda uma complexa análise de direito privado, englobando aspectos de direito civil e societário.

Com efeito, o *vesting* introduz uma flexível modalidade de regulamentação na participação de empresas, garantindo mais segurança aos sócios fundadores por gerar um formato distinto da tradicional rigidez no fracionamento do capital social na origem de uma empresa. Surge um elemento facilitador de aproximação entre as partes que comungam de um mesmo propósito e com baixo risco, pois aqueles que impulsionam a ideia original do negócio possuem controle sobre o contrato civil que consubstanciam condições pelas quais terceiros que a eles se associem poderão futuramente adquirir um percentual da participação no capital social (*equity*). Esta inovadora concepção empresarial "cai como uma luva" no contexto do empreendedorismo digital da nova economia, notadamente nas *startups* em *bootstrapping*, gerando mitigação de riscos e segurança jurídica para os sócios em um ambiente privado de prévia fidúcia, com motivação para os investidores e conformidade aos objetivos da Lei de Fomento à Inovação (10.973/04).

Para capturar a interação entre os ambientes social e jurídico, o autor inicia o trabalho examinando a evolução dos modelos contratuais nos limiares da pós-modernidade, globalização e avanço tecnológico. A partir do liberalismo econômico de Adam Smith, traduzido no princípio da autonomia da vontade, parte para a formulação de Bobbio sobre a liberdade negativa para encontrar em Roppo a modelação da autonomia privada, originária da massificação de contratos *standard* e a consequente imposições de limites à autodeterminação negocial. Em um estágio posterior, alcança a ressignificação da autonomia privada em razão da irrupção dos princípios da boa-fé e função social do contrato. Finalmente, identifica o Estado pós-social na disciplina contratual personalizada, com a funcionalização do patrimônio à afirmação de direitos fundamentais, sem que se recusem os princípios clássicos, naquilo que se tem como *hipercomplexidade*, cuja construção metodológica ainda é um porvir.

A etapa seguinte consiste no exame da ressignificação dos contratos empresariais contemporâneos, cujos traços desbordam da disciplina civilista, e a aptidão da empresa como agente econômico para atuar mediante a prática de sucessivas relações contratuais, como corolário da noção de risco. Este percurso acelerado pelo viés tecnológico só se fez possível com a doutrina dos contratos relacionais, propiciando a intensificação de relações intercambiáveis e a compreensão empírica da inerente incompletude e especificidade do fenômeno contratual de longo prazo, consoante as práticas sociais vigentes.

O autor invoca o atualíssimo tema da assimetria contratual, inicialmente pela vulnerabilidade nas relações de consumo e, na sequência, fora das relações de consumo, visível em relações empresariais como as *startups* – modelo de negócio recém-concebido e carente de testagem – em que por uma série de fatores um empresário, contratante iniciante, encontra-se em situação de propensão à vulnerabilidade ou disparidade econômica que justifica uma intervenção protetiva por parte do ordenamento, independentemente da constatação de uma concreta hipossuficiência técnica ou informativa. Fratura-se a clássica dicotomia entre os contratos B2B (relações interempresariais) e B2C (relações consumeristas) para alcançarmos o *terzo contratto* das relações assimétricas (B2b) em que um dos empresários praticamente se coloca na posição de consumidor. O contrato relacional do *vesting* empresarial, por suas idiossincrasias, oferece importantes subsídios para a compreensão desse desequilíbrio não-consumerista.

O segundo capítulo versa sobre as relações empresariais na consolidação da sociedade de informação, em um cenário de modernidade liquida, já a caminho de uma *web 4.0*, marcada pela internet das coisas e reformatação das rotinas organizacionais e modelos empresariais clássicos, com materialização do fenômeno do *Big Data*, marcado pela priorização da alta produtividade e ótima gestão de informações. Se o antigo modelo de constituição societária se dava pela *affectio societatis*, o incremento informacional e a presença de uma sociedade em rede contribuem para o câmbio da relação de fidúcia para interações fluidas, redefinindo o direito empresarial. Isto se visualiza na cultura de inovação das *startups*, em cenários de parcos recursos financeiros, nos quais os custos para testagem e validação de novas ideias se submete ao *bootstrapping*, como forma de maximizar as capacidades individuais dos sócios e mitigação de custos de contratação de prestadores de serviços. Essa busca por colaboradores atrai o *vesting* empresarial, onde os sócios se aproximam em razão da implementação de uma ideia e não por uma prévia relação de confiança.

Tendo-se em consideração que o CDC não é o *locus* ideal para reger as relações entre um investidor e uma *startup*, é extremamente relevante o apelo à tutela transversal do diálogo das fontes como forma de mitigação da assimetria entre as partes, mediante a interpretação e controle de cláusulas contratuais gerais. Mais importante é compreender o fenômeno das redes contratuais como objetivo geral unificador de uma gama de contratos que procedem funcionalmente como empresas plurissocietárias, nos quais diversos agentes independentes – atuando em redes como participantes de uma cadeia produtiva – conduzem-se de forma análoga a grupos societários ou grupos contratuais. Para tanto, José Faleiros Jr. busca o contributo de *Teubner* como alicerce das estruturas contratuais em rede, enfatizando-se a governança corporativa e o *compliance* como tônica para a mitigação de riscos do negócio, inclusive de uma *startup*, e adequação da empresa ao princípio da função social.

Adentrando no empreendedorismo de base tecnológica, analisa-se as *startups* e as dimensões necessárias para a sua alavancagem, os seus ciclos de vida e a plataforma utilizada, como modelagem distinta das conhecidas estruturas empresariais e a sua relevância para o fomento empresarial. Conceitua-se uma *startup* como organização temporária constituída sobre modelo de negócio recorrente e escalável – alto risco e alto ganho. Oferece-se ainda o conceito de startup "enxuta", mediante a construção de um mínimo produto viável (MPV) e de pivotagem, sendo a demanda concreta de cada cliente o núcleo de direcionamento, desenvolvimento e execução das pesquisas para que o empreendimento se viabilize.

Quais são as melhores formas de explorar o *vesting* empresarial? Quais as características que se buscam em um parceiro ou colaborador? O autor aborda todas estas especificidades, inclusive à luz do dilema da ineficiência humana, acarretando novos questionamentos, como o do risco da redução de custos pela via da terceirização na proteção da propriedade intelectual das *startups* e o desafio da formação de uma sociedade com os novos parceiros em razão da inexistência da fidúcia. Em comum, ambos os riscos sendo superáveis pela adoção da *vesting* empresarial, como excelente elemento de alavancagem de modelos de negócios inovadores, especialmente *startups*.

E é exatamente o *vesting* que se encontra no cerne da rica pesquisa, na qual José Faleiros Jr. entrega o seu pioneirismo. Esta promessa de participação societária estabelecida em contrato particular com colaboradores estratégicos, com o objetivo de consecução dos objetivos sociais da *startup* é um modelo contratual ou uma cláusula contratual específica? A indagação se torna determinante na medida em que atividades econômicas já não mais se iniciam com uma certeza, porém com uma visão. A gestão empresarial é uma administração de surpresas incompatível com a noção idílica de contratos perfeitos e completos e, por conseguinte, com a clássica constituição societária. À luz deste repensar, bem define o autor que o *vesting* não faz alusão a uma espécie contratual em si, tratando-se de um elemento acidental do negócio jurídico, uma condição suspensiva de aquisição paulatina da participação societária na qual o adquirente passará a 'vestir' percentual do capital social.

Este renovado direito empresarial, agora interligado ao direito contratual e ao direito digital, recebe na figura do *vesting* um exemplo marcante de como o empreendedorismo pode renovar clássicas formas de vinculação jurídica para atender às expectativas dos fundadores de um empreendimento de *startup*.

Parabenizamos o autor pela coragem de protagonizar um estudo multitudinário de um tema que não se encontra na manualística – porém em escassos artigos, basicamente localizados no direito comparado – adicionando mais um nível de profundidade nas contingências dos contratos relacionais, aqui expressadas no *vesting*, nas *startups* e nas relações empresariais em rede. O leitor que passeia pelo direito privado contemporâneo terá toda a razão de se "lambuzar" ao final da leitura!

Nelson Rosenvald

Parecerista e Advogado inscrito na OAB/MG. Sócio de Rosenvald Advogados. Ex-Procurador de Justiça do Ministério Público de Minas gerais (MPMG). Possui graduação em Direito pela Universidade do Estado do Rio de Janeiro (1988), Mestrado em Direito pela Pontifícia Universidade Católica de São Paulo (2004), Doutorado em Direito pela Pontifícia Universidade Católica de São Paulo (2007), Pós-Doutorado em Direito Civil na Universidade Roma Tre/ Italia (2011) e Pós Doutorado em Direito Societário pelo Universidade de Coimbra (2015). Visiting Academic na Faculdade de Direito da Universidade de Oxford no período de 2016 a 2017. Professor Visitante na Faculdade de Direito da Universidade Carlos III de Madrid (2017). Atualmente, é membro permanente do corpo docente do Programa de Pós-Graduação Stricto Sensu em Direito do IDP.

APRESENTAÇÃO

O Direito, como o deus romano de não apenas duas mas múltiplas faces Jano, se metamorfoseia e se vale de novas estruturas para impulsionar o desenvolvimento econômico, no sentido de uma melhor gestão de riscos, adaptando importantes institutos, como a propriedade, o contrato, a empresa e a responsabilidade civil, em suas técnicas e figuras.[1]

A produção capitalista se reestrutura, na medida em que a produção de massa (ou fordista) — que outrora substituíra a produção manufatureira ou artesanal, caracterizando-se, dentre outros fatores, pela padronização[2] — passa a conviver com a chamada estratégia de especialização flexível ou pós-fordista — a qual se refere a produtos e serviços mais personalizados, dirigindo-se a nichos de consumo mais sofisticados, envolvendo um maior grau de automação e avanço tecnológico, como frequentemente ocorre nos campos industriais da informática, indústria automobilística e farmacêutica.

A obra do professor José Faleiros Júnior, *Vesting Empresarial*, com densidade na bibliografia e no referencial teórico, é de excelente leitura para profissionais e estudantes, enfrentando, de maneira crítica, os principais problemas decorrentes desta nova modalidade de organização empresarial, surgida no direito norte-americano, em se tratando de contratos visando ao crescimento da empresa, com mitigação e contingenciamento de riscos.

No primeiro capítulo, o autor descreve a transformação do contrato, desde o modelo liberal, lastreado na autonomia privada, passando pelo Estado social, marcado pelos princípios da boa-fé objetiva e função social, até os ventos de despatrimonialização e repersonalização trazidos pelo Direito Civil-Constitucional.

---

1. GOMES, Orlando. Desenvolvimento econômico e evolução jurídica. *Revista Forense*, Rio de Janeiro, v. 248, 1974, p. 11.
2. HARVEY, David. *Condição pós-moderna*. Tradução Adail Ubirajara Sobral e Maria Stela Gonçalves. São Paulo: Loyola, 1992, p. 121. Segundo o autor, a data inicial do fordismo remonta a 1914, quando Henry Ford introduziu seu dia de oito horas e cinco dólares como recompensa para os trabalhadores da linha automática de montagem de carros que ele estabelecera no ano anterior em Dearbon, Michigan, baseando-se na obra *Os princípios da administração científica*, de F.W. Taylor, tratado que descrevia como a produtividade do trabalho podia ser radicalmente aumentada através da decomposição de cada processo laborativo em movimentos e tarefas fragmentadas. O que diferencia o fordismo do taylorismo, porém, é que, para Henry Ford, resta patente o reconhecimento de que produção de massa significa consumo de massa, ou seja, um novo sistema de reprodução de força de trabalho, estética e psicologia, o que pressupõe um novo tipo de sociedade democrática, racionalizada, modernista e populista. O fordismo, por sua vez, seria substituído pela chamada acumulação flexível, caracterizada pelo confronto direto com a rigidez própria daquele modelo anterior, no tocante aos processos de trabalho, mercados de trabalho, produtos e padrões de consumo. A acumulação flexível pressupõe uma aceleração no tempo de giro da produção, bem como na troca e no consumo, restando acentuada a volatilidade e efemeridade de modas, produtos, técnicas, ideias, valores e práticos, na cultura do descartável e na construção da imagem, a partir de figuras como a "griffe".

Em seguida, destaca o papel dos contratos empresariais, que, enquanto instrumentos de distribuição de riscos, atravessam um "renascimento", lado a lado com o avanço tecnológico, com o surgimento das *startups* e de outras inovações decorrentes da atipicidade, impulsionadas pela Internet, de modo a transformar os arranjos tradicionais.

A partir de um novo parâmetro relacional, destaca-se uma postura colaborativa, e não mais adversarial dos agentes econômicos, cada qual numa atuação empresarial específica, preponderando os interesses conjuntos, sobretudo em relações contratuais de longa duração, o que pressupõe, não raras vezes, a assimetria entre os envolvidos, sobretudo sob o aspecto informacional.

No segundo capítulo, o autor discorre sobre as relações empresariais na sociedade da informação, onde, nas palavras de Manuel Castells, a tecnologia desempenha papel equivalente ao que a eletricidade foi na era industrial. A Internet, descentralizada e sem dono, passou a ser a base tecnológica para a forma organizacional de distribuição da força da informação, por todo o domínio da atividade humana, enquanto a rede de todas as redes.[3]

De fato, a larga utilização da Internet como plataforma de comunicação trouxe novas possibilidades aos modelos de negócios em escala global.

A fidúcia característica da *affectio societatis* deve ser revisitada à luz das novas tecnologias, sob o paradigma da modernidade líquida, na busca do investimento de novos colaboradores no *vesting* empresarial.

Fundamental à compreensão de uma formação plurissocietária marcada pela unidade decisória é o fenômeno das redes contratuais, nascido da autonomia da vontade, de modo que as novas necessidades econômicas exigem a busca de formas contratuais distintas dos tipos legais.[4]

Destaca-se, ainda, a importância do *compliance* como garantia da responsabilidade social da empresa, a partir de instrumentos como o *due diligence,* ou seja, de uma auditoria realizada com o objetivo de prevenir responsabilidades e otimizar a atuação empresarial.

No terceiro capítulo, o autor aborda o empreendedorismo de base tecnológica, composto de fatores como inovação e crédito bancário, propiciando figuras como a *startup,* definida ora como uma instituição humana projetada para criar novos produtos e serviços sob condições de extrema incerteza, ora como uma expressão temporária constituída sob um modelo de negócio recorrente e escalável. A partir de um plano de negócio e da tomada de decisão em relação à estrutura da empresa, viabiliza-se a obtenção de recursos e financiamentos necessários à implementação das atividades. O grau de novidade e o desenvolvimento da ideia, sob o binômio tempo-oportunida-

---

3. CASTELLS, Manuel. *A galáxia da Internet;* reflexões sobre a Internet, os negócios e a sociedade. Tradução de Maria Luiza X. de A. Borges. Rio de Janeiro: Zahar, 2003. p. 07.
4. FRÍAS, Ana Lopez. *Los contratos conexos;* estúdio de supuestos concretos y ensayo de una construcción doctrinal. Barcelona: Jose Maria Bosch Editor, 1994. p. 21.

de, são fundamentais para o sucesso da *startup*, seja no simples melhoramento ou na transformação completa da aplicação de determinado produto ou serviço.

No quarto e último capítulo, o autor parte do conceito de *vesting* como "uma promessa de participação societária estabelecida em contrato particular com colaboradores estratégicos, que objetivam estimular a expansão, o êxito e a consecução dos objetivos sociais da *startup*." A partir da inventividade e do investimento, poderá variar o grau de participação societária dos colaboradores, de forma escalonada no tempo, a partir de um cronograma, sem que seja perdido o controle dos sócios e futuros sócios.

O *vesting* pode ser estruturado por metas ou pelo decurso do tempo, ocorrendo, em ambos os casos, uma opção de compra de quotas ou ações de uma sociedade. Não se trata de um novo tipo contratual ou categoria contratual autônoma, mas apenas de uma técnica que visa à transferência da participação societária ou elemento acidental (condição) do negócio jurídico em questão.

De forma técnica, o autor diferencia o *vesting* de outras figuras, como a terceirização ou a relação de emprego, concluindo que o instituto supera todas as formas clássicas de empreendedorismo, sobretudo a partir do papel desempenhado pela tecnologia.

Para além da liberdade preconizada pela análise econômica do direito, tão exaltada pela Lei nº 13.874/2019 em diversas oportunidades, não se pode deixar de lado a promoção do livre desenvolvimento e da dignidade da pessoa humana, sob o imperativo da justiça contratual, de modo a corrigir as desigualdades do mercado, sempre que houver vulnerabilidade ou assimetria entre as partes.

A leitura é agradável e o texto desperta séria preocupação com os problemas ocasionados pela inovação tecnológica, a serem resolvidos através da valorização da confiança, imperativo ético-jurídico baseado na proteção das expectativas, tanto da sociedade em geral como dos sócios, beneficiados por um aumento progressivo no capital social, possibilitando a preservação e continuidade da empresa.

Guilherme Magalhães Martins

Procurador de Justiça do Ministério Público do Estado do Rio de Janeiro. Professor associado de Direito Civil da Faculdade Nacional de Direito da Universidade Federal do Rio de Janeiro (UFRJ). Professor permanente do Doutorado em Direito, Instituições e Negócios da Universidade Federal Fluminense (UFF). Pós-doutor em Direito Comercial pela Faculdade de Direito da Universidade de São Paulo (USP – Largo de São Francisco) em 2021. Doutor em Direito Civil (2006), Mestre em Direito Civil (2001) e Bacharel (1994) pela Faculdade de Direito da Universidade do Estado do Rio de Janeiro. Professor do Mestrado da Faculdade de Direito da Universidade Cândido Mendes – Centro.

SUMÁRIO

AGRADECIMENTOS IX

NOTA DO AUTOR À 3ª EDIÇÃO XI

NOTA DO AUTOR À 2ª EDIÇÃO XIII

PREFÁCIO XV

APRESENTAÇÃO XIX

INTRODUÇÃO XXVII

1. A EVOLUÇÃO DOS MODELOS CONTRATUAIS 1
    1.1   Autonomia da vontade e o Estado liberal na disciplina dos contratos 5
    1.2   Função social, boa-fé, justiça contratual e o Estado social na disciplina dos contratos 8
    1.3   Existência, lucratividade e o Estado pós-social na disciplina dos contratos 14
    1.4   Os contratos empresariais hodiernos 16
        1.4.1   A empresa no sistema jurídico brasileiro 18
        1.4.2   Tecnologia e contratos relacionais 19
        1.4.3   A teoria relacional essencial de Ian MacNeil para os novos direitos contratuais 22
    1.5   Relações contratuais assimétricas 24
        1.5.1   Empreendedor ou consumidor? 25
        1.5.2   Vulnerabilidade na relação assimétrica 28
        1.5.3   Assimetria econômica, assimetria técnica e assimetria informativa 30
    1.6   *Startups* e liberdade econômica 32

2. AS RELAÇÕES EMPRESARIAIS NA SOCIEDADE DA INFORMAÇÃO 35
    2.1   As etapas da formação societária na perspectiva relacional 40
        2.1.1   Idealização e concepção do objeto da empresa 41

		2.1.2	Validação da ideia	42
		2.1.3	Implementação de políticas de gestão	44
		2.1.4	Escala e desenvolvimento da empresa	44
	2.2	Relações B2C, B2B e B2b		44
	2.3	Relações de dependência econômica e a centralidade microssistêmica do Código de Defesa do Consumidor		47
		2.3.1	Relações S2C – *Society to client*	50
		2.3.2	Diálogo das fontes e a proteção das relações assimétricas	51
	2.4	Relações empresariais colaborativas na sociedade em rede		53
		2.4.1	Estruturas contratuais em rede: os contributos de Gunther Teubner	56
		2.4.2	Modelos hodiernos: impostações para a regulação das *startups*	57
		2.4.3	*Due diligence* como parâmetro nuclear da empresa	60
		2.4.4	Legal design para *startups* e a redução de assimetrias	63
	2.5	O Marco Legal das *Startups* (Lei Complementar nº 182/2021)		64
		2.5.1	Em busca de um conceito para um peculiar objeto de estudo	66
		2.5.2	A limitação de responsabilidade do empreendedor	68
		2.5.3	Modelos de investimento	70
3. O EMPREENDEDORISMO DE BASE TECNOLÓGICA				75
	3.1	As *startups* e sua relevância para o fomento empresarial		77
	3.2	O ciclo de vida de uma *startup*		81
		3.2.1	Grau de novidade e desenvolvimento da ideia	82
		3.2.2	Plataformas utilizadas	85
		3.2.3	Inovação descontínua e testagem alfa/beta	86
		3.2.4	Tempo/oportunidade	88
	3.3	*Startup* 'enxuta', pivotagem e o papel das parcerias interpessoais		90
	3.4	A regulamentação da matéria no Brasil		92
	3.5	Parcerias e contratações – o cerne para a exploração do *vesting*		94
		3.5.1	Quais são as características que se deve buscar em um parceiro/colaborador?	95
		3.5.2	Confiança, vínculos familiares, amigos, empatia e motivações	99
		3.5.3	Dilemas à luz da (in)eficiência humana	101
		3.5.4	Terceirizar é a solução?	104
		3.5.5	Formar uma sociedade é a solução?	106

4. O *VESTING* EMPRESARIAL		111
4.1	Contrato ou cláusula contratual?	116
4.2	Os *cliffs*	121
4.3	Os impactos tributários e previdenciários do *vesting* trabalhado sob a ótica da aquisição paulatina de participação societária	123
4.4	*Outsourcing* e *vesting*	125
	4.4.1 Limites entre participação societária e relação de emprego	126
	4.4.2 O fomento ao empreendedorismo a partir do *vesting*	129
4.5	O *vesting* como elemento dos contratos relacionais	130
4.6	O potencial do "*vesting* invertido"	133

CONSIDERAÇÕES FINAIS 135

REFERÊNCIAS 141

ANEXO I 157

    Modelo de instrumento particular de parceria com cláusula de *vesting* empresarial...... 157

ANEXO II 167

    Modelo de ata para deliberação sobre Cliff 167

ANEXO III 169

    Modelo de ata de deliberação conclusiva sobre a consolidação da participação societária 169

INTRODUÇÃO

O termo *vesting* é extraído do inglês e se traduz como o "ato de vestir", que simbolicamente apresenta uma das inovações contratuais mais interessantes relacionadas ao Direito dos Contratos e ao Direito Empresarial, na medida em que sua instituição em documentos e sua aplicabilidade prática permitem a formalização de parcerias de baixo custo e alto retorno (*low risk, high reward*), haja vista o incentivo gerado aos parceiros empresariais.

De uso bastante comum nos Estados Unidos da América para viabilizar a aplicação de *venture capital* em empresas, o *vesting* introduz a ideia de uma nova modalidade de regulamentação da participação societária, que garante mais segurança aos sócios fundadores, na medida em que propicia um modelo diverso do tradicional para a repartição do capital social na gênese da empresa.

O modelo usual de formalização e regularização da sociedade, e da integralização do que lhe é devido pelos sócios, se dá com a divisão do capital social de modo absoluto, garantindo aos sócios a propriedade da parte da empresa que cabe a cada um. Noutras palavras, neste modelo tradicional, especialmente em sociedades limitadas, a partir da entabulação do contrato social, com a subscrição e integralização das cotas, os sócios adquirem imediatamente a sua participação na empresa, o que lhes gera diversos direitos.

Modelos alternativos, como o *vesting*, rompem este paradigma ao viabilizar maior controle para quem detém a ideia que dará ensejo ao modelo de negócio, permitindo a associação de seu idealizador com terceiros que, ao cumprirem determinadas metas previamente estabelecidas em contrato, poderão vir a adquirir parcelas do capital social.

Este modelo de parceria tem se tornado cada vez mais comum no Brasil em relação às *startups* em fase de *bootstraping* (baixo ou nenhum investimento), justamente em virtude de seu formato, que permite à *startup* um processo crescente de maturação e desenvolvimento de suas atividades.

Basicamente, o empreendedor oferece *equity* (um percentual de participação no capital social da empresa) a um profissional. Então, por contrato, são definidas as responsabilidades e metas deste profissional, que, se vier a desempenhar seu papel com a qualidade esperada, atingindo as expectativas estabelecidas (*cliffs*), automaticamente se tornará um sócio, e poderá angariar maior percentual do capital social à medida em que novas metas forem atingidas. Por outro lado, caso não produza como o esperado, ou caso o seu perfil se mostre incompatível com os propósitos vislumbrados, o contrato poderá ser rescindido sem maiores riscos de uma dissolução societária.

Trocando em miúdos, estabelece-se um contrato civil com condições, definindo marcos específicos para o crescimento da empresa, com mitigação e contingenciamento de riscos e de eventuais prejuízos decorrentes do insucesso.

Além de um instrumento de segurança jurídica para os sócios, o *vesting* pode ser utilizado para a motivação dos envolvidos no desenvolvimento da ideia (e até de seus investidores), pois permite gerar maior interesse na continuidade da empresa com o aumento progressivo da participação de cada um nas atividades empresariais e, consequentemente, no capital social.

Ademais, é possível até mesmo realizar a aceleração do *vesting* em situações nas quais o tempo previsto para a consolidação das cotas é reduzido de acordo com o previsto no contrato social. Geralmente, essas situações ocorrem quando há proposta de venda da empresa antes do fim do prazo de consolidação do *vesting* ou mesmo quando ocorre a entrada de novos sócios na empresa, sendo necessário reorganizar o quadro societário, dentre outras situações que exigem reformulação nas participações de cada um.

A despeito de todas as características descritas, o *vesting* não é visto como um contrato em espécie – sendo imprecisa a expressão "contrato de *vesting*" –, mas como um direito contratual decorrente de previsão expressa e que deve estar disposto em uma cláusula ou termo no contrato social ou em instrumento particular firmado entre os interessados e a sociedade para alocação do capital social.

O fundamento legal para essa definição pode ser obtido da leitura do inciso IV do art. 997 do Código Civil, que é hialino ao definir que deve ser objeto do contrato social a definição da "cota de cada sócio no capital social, e o modo de realizá-la". Dessa forma, utilizar outro instrumento contratual apenas para dispor sobre o capital social da *startup* é ir de encontro ao disposto na legislação que trata do tema.

Nesse contexto, é conveniente lembrar que a Lei de Fomento à Inovação (Lei nº 10.973/2004), definiu "inovação", em seu artigo 2º, inciso IV, como a introdução de algum tipo de novidade ou o aperfeiçoamento, no ambiente produtivo e social, de que resultem produtos, serviços ou processos, ou que compreenda a agregação de novas funcionalidades ou características aos já existentes, propiciando melhorias e efetivo ganho de qualidade ou desempenho.

Este conceito se harmoniza com o objeto de estudo deste trabalho, cujo recorte temático dedica seu foco aos reflexos jurídicos de um instrumento contratual catalisado por disposições clausulares especificamente voltadas ao propósito de viabilizar o aprimoramento do objetivo almejado pelo legislador, quando da edição da referida lei.

O objeto de estudo específico contemplará, ainda, o empreendedorismo de base tecnológica, com ênfase nas empresas que exploram suas atividades a partir do uso das tecnologias de informação e comunicação.

Partindo da concepção de que uma *startup* é uma instituição destinada à criação de um novo produto ou serviço em condições incertas, inclusive do ponto de vista jurídico, a pesquisa debruçar-se-á sobre as consequências visualizadas para este tipo de empreitada e para as fórmulas capazes de mitigá-las, dando-se destaque ao *vesting* como elemento facilitador da aproximação entre partes que comungam de um mesmo propósito, com baixo risco. Entretanto, destacar-se-á a imprescindibilidade da dogmática civil tradicional para a adequada alocação do inovador instituto à ordenação brasileira, evitando-se o incremento de riscos indesejados.

Como sempre, é preciso frisar que o avanço da tecnologia representa fenômeno irrefreável e que, certamente, dará o tom do período pós-moderno, no século XXI. E, além de irradiar efeitos sobre os diversos assuntos pertinentes à vida em sociedade, como a Economia, a Política e a inclusão social – definindo as bases da chamada sociedade da informação – a tecnologia também atinge o Direito, e, nesse contexto, o surgimento de empresas que atuam com a tecnologia da informação e, especialmente, com a Internet, propicia uma dinâmica totalmente nova no que diz respeito à compreensão jurídica da disciplina dos contratos empresariais.

Evidentemente, o Direito Civil é desafiado à resolução de diversos problemas contemporâneos, dos quais merece destaque a necessidade de solução dos conflitos societários a partir da mitigação de riscos e do contingenciamento dos custos de se iniciar uma nova empresa, particularmente quando não há, entre os sócios, a indispensável fidúcia advinda do conhecimento prévio entre os membros.

O foco da disciplina jurídica do *vesting* empresarial é justamente o de servir de ferramenta para a mitigação de riscos e para o contingenciamento de custos no início das atividades da empresa, viabilizando a gênese da sociedade com o crescimento progressivo da participação de pessoas com as quais o empreendedor se associa para que, paulatinamente, aumentem suas participações no capital social. Essa explicação faz parecer tratar-se de uma estruturação contratual lastreada em elemento acidental do negócio jurídico: a condição. Porém, o que muito se observa na experiência prática é a definição de metas (*cliffs*) como condições suspensivas, nos moldes do artigo 125 do Código Civil, o que traz problemas.

Nessa obra, o que se defende é uma estruturação "invertida" do *vesting*, baseada na condição resolutiva (artigo 127 do Código Civil), e não na suspensiva. Conforme se demonstrará, esse modelo propicia vantagens aos envolvidos, maior clareza contratual, maior facilidade para a entabulação das metas e relevante impacto para a mitigação de riscos tributários, previdenciários e trabalhistas.

Por se tratar de um instituto estrangeiro, típico da prática jurídica norte-americana, deve-se ressaltar a cautela exigida de juristas que aplicam o *vesting* sem parcimônia e cautelosa reflexão. Nesse sentido, o trabalho proposto encontra justificativa também na necessidade de que sejam estabelecidas diretrizes sólidas para a implementação de instrumentos contratuais com previsões inovadoras, como é o caso do *vesting*, em especial para o incremento do empreendedorismo de base tecnológica, fundado nos parâmetros acima citados, sem colidir com as previsões da legislação local.

O problema investigado na pesquisa parte da indagação sobre qual é a importância de se compreender os novos direitos contratuais, como o *vesting* empresarial, para o estudo do Direito dos Contratos e do Direito Empresarial. Além disso, busca-se estabelecer as relações e interações entre tal instituto e o fomento ao empreendedorismo de base tecnológica como gatilho para o crescimento das *startups*, em contraposição aos embaraços jurídicos que nem sempre são solucionados pelas técnicas jurídicas usuais, sendo necessário recorrer a soluções diversas, como o implemento do *vesting* a partir da percepção de sua razão essencial: a formação da confiança/fidúcia entre parceiros negociais, e não eventual investimento.

Também é importantíssimo destacar que, em termos regulatórios, é elogiável a promulgação da Lei Complementar nº 182, de 1º de junho de 2021 (Marco Legal das Startups), na qual estão estabelecidos inúmeros instrumentos para alavancar os investimentos em *startups* (particularmente em seu artigo 5º), embora não se trate de legislação voltada à delimitação do aspecto relacional de contratos formalizados por parceiros negociais. Também é prudente registrar, desde já, que o Marco Legal das Startups tampouco contém previsão específica quanto ao *vesting* como instrumento de investimento, ou mesmo como mecanismo de alocação de capital social.

Se o fomento ao empreendedorismo propicia o surgimento de novas ideias, cuja implementação, dado o avanço contínuo da tecnologia, ocorre cada vez mais no plano virtual, seja para a criação de modelos de negócio que rompem com os arquétipos usuais, seja para facilitar a adaptação dos envolvidos às peculiaridades negociais disruptivas, fato é que ainda não se tem legislação capaz de responder a todas as dúvidas relacionadas à utilização do *vesting* empresarial no Brasil. Nessa linha, a hipótese investigada se direciona a aferir em que medida o fomento ao empreendedorismo está atrelado à necessidade de mitigação de riscos e ao contingenciamento de custos, de que maneira institutos jurídicos inovadores podem viabilizar a consolidação e a alavancagem da empresa nesse cenário complexo e como a estrutura clausular (e não na forma de espécie contratual) do *vesting* se coaduna com a estipulação obrigacional derivada de condição resolutiva.

O objetivo geral do estudo é desenvolver pesquisa que tenha como centro de reflexões o impacto do *vesting* empresarial no fomento do empreendedorismo, a partir da compreensão de sua viabilidade jurídica.

Em viés mais específico, almejar-se-á traçar, sob a ótica de uma análise conceitual e principiológica, a disciplina jurídica dos contratos, além de aferir os desdobramentos do avanço tecnológico sobre o Direito, particularmente quanto à disciplina contratual e à viabilização das empresas. Ainda, buscar-se-á: estabelecer os conceitos de *vesting* e *startup* para o estudo do tema; explicitar as vantagens que a adoção de certos arquétipos contratuais como o *vesting* viabiliza para uma empresa em seus estágios iniciais, notadamente em sua constituição; analisar os apontamentos doutrinários e jurisprudenciais relativos à disciplina das *startups*, em especial ao *vesting*, em contraste com os parâmetros tradicionais do estudo do Direito dos Contratos e do Direito Empresarial, particularmente no contexto doutrinário dos contratos relacionais; traçar breves paralelos com o direito comparado no que tange à existência de normatizações estrangeiras quanto ao *vesting* e às suas particularidades conceituais; revisitar os elementos acidentais do negócio jurídico, mais particularmente a condição; destacar a importância do modelo dito "invertido" do *vesting*, que decorre da adoção de condição resolutiva (e não suspensiva) na formalização do pacto.

Serão utilizadas as visões de doutrinadores como Ian Macneil, Ronaldo Porto Macedo Júnior, Vinícius Klein, Eric Ries, James Gordley, Steve Blank, Bob Dorf, Enzo Roppo, Erik Nybø, dentre inúmeros outros, levando-se em consideração os atuais posicionamentos doutrinários e jurisprudenciais concernentes à questão em discussão.

Proceder-se-á, frente ao recorte metodológico proposto, à análise da casuística concernente à aplicação do *vesting* empresarial ao estudo das *startups* e da disciplina dos contratos em contraponto à análise histórica e comparativa do modelo tradicional de constituição das sociedades empresárias, feita por meio de pesquisa bibliográfica, que incluirá a leitura e fichamento de obras brasileiras sobre o tema, que serão a base fundamentadora deste estudo.

Partindo-se do plano específico e perpassando pelos posicionamentos de vários operadores do direito, tal pesquisa terá como enfoque o esclarecimento das divergências vislumbradas na doutrina e na jurisprudência no que diz respeito ao contraponto apresentado para a delimitação do tema e para sua justificativa, até chegar-se ao enfoque específico do instituto no que tange à viabilidade jurídica do *vesting* empresarial como instrumento viável para a constituição da sociedades empresárias com mitigação de riscos e contingenciamento de custos.

No primeiro capítulo, será estudada a disciplina dos contratos, abordando-se seus diversos estágios de formação e desenvolvimento, com incidência da disciplina civil ao Direito Empresarial e a construção de investigação mais específica acerca das diversas etapas de formação da empresa.

A seguir, no segundo capítulo, estudar-se-á o funcionamento das *startups* e, no terceiro, o empreendedorismo de base tecnológica como foco de estruturação das *startups* para, em função disso, sinalizar sua disciplina jurídica, partindo de breves entrelaçamentos com temas de Direito Digital para apontar desafios e inquietudes concernentes a essas empresas.

Finalmente, no capítulo derradeiro do trabalho, estudar-se-á o *vesting* empresarial propriamente dito, apontando a complexidade de sua compreensão e de seu enquadramento jurídico na disciplina do Direito dos Contratos para, a seguir, apresentar seus elementos, vantagens e arquétipos de funcionamento, especialmente quanto ao modelo "invertido".

Enfim, será explicitada uma conclusão de contraste do problema investigado em face da hipótese de pesquisa, dela extraindo elementos que conduzirão a uma maior compreensão do instituto em questão, ponderando sua pertinência ao ordenamento jurídico pátrio como adequado meio de fomento empresarial.

1
A EVOLUÇÃO DOS MODELOS CONTRATUAIS

O estudo do direito dos contratos, importante temática do direito privado, tem origens que remontam às próprias bases e formulações essenciais do sistema jurídico, com influxos extraídos dos gregos e dos romanos, indo de Aristóteles a São Tomás de Aquino, sob diferentes facetas,[1] mas sempre acompanhando a evolução da civilização, até mesmo em períodos autoritários.[2]

O contrato pode ser visualizado sob uma faceta objetiva, materializada a partir de uma operação de troca, ou sob ângulo subjetivo, no qual impera o consenso que conduz ao acordo de vontades, embora seja certo que cada época tenha mecanismos próprios para a sua tutela.[3] Fato é que, à luz da primeira concepção, a ideia de justiça comutativa[4] – apontada pelos já mencionados Aristóteles[5] e São Tomás de Aquino – ganha especial relevância no tocante à interdependência prestacional, que "liga indissoluvelmente as prestações contratuais de modo que cada uma é causa da outra".[6]

Ganha contornos especiais a preocupação com a inserção de novos valores às inter-relações emanadas dos contratos de base grega, a partir de formulações conceituais

---

1. GORDLEY, James. *The philosophical origins of modern contract doctrine*. Oxford: Clarendon Press, 1991, p. 10. Comenta: "Aristotle had discussed virtue. The late scholastics built their contract doctrines around three of the virtues he described: promisekeeping, commutative justice, and liberality. In doing so, they drew on Thomas, who had taken the first steps towards synthesis by showing how Aristotle's principles could be used to consider not only virtue, but moral law. Thomas discussed the requirements for a promise to be binding. He observed that, by promising, a party could perform either an act of liberality or an act of commutative justice. He explained how a contract could violate the equality that commutative justice requires. He showed how particular contracts, such as sale and lease, could be defined by classifying them as acts of commutative justice or liberality, and by identifying an end that each contract serves. He suggested a method for inferring from this definition the various obligations of the contracting parties".
2. CARBONIER, Jean. *Droit et passion du droit*. Paris: Flammarion, 1996, p. 173.
3. Nesse sentido, confira-se: HESPANHA, António Manuel. *Panorama histórico da cultura jurídica européia*. 2. ed. Lisboa: Publicações Europa-América, 1998, p. 43.
4. DRESCH, Rafael de Freitas Valle. *Fundamentos do direito privado*: uma teoria da justiça e da dignidade humana. São Paulo: Atlas, 2013, p. 20.
5. Diz o autor: "Os termos de perda e ganho nesses casos são emprestados das operações de permuta voluntária. Nesse contexto, ter mais do que lhe cabe é chamado de ganho e ter menos do que aquilo que se tinha no início é chamado de perda, como, por exemplo, no comprar e vender e todas as demais transações que recebem a imunidade da lei". (ARISTÓTELES. *Ética a Nicômaco*. Tradução de Edson Bini. São Paulo: Edipro, 2002, L. V, c. 4.)
6. MORAES, Maria Celina Bodin de. A causa dos contratos. *Revista Trimestral de Direito Civil*, Rio de Janeiro: Padma, n. 21, jan./mar. 2005, p. 112.

romanas que visavam à delimitação de um conceito de justiça – como a dicotomia de *ius* e *lex*, dos romanos, ou a delimitação semântica do *directum*, no período medieval.[7]

A evolução do pensamento jurídico, no período, impõe releituras do agir humano, no afã de se apontar soluções sistematizadas para a formatação de ancoragens jurídicas imiscuídas à ideia de justiça:

> No âmbito da ação humana é que se estuda a lei: quais são os fatores externos ao homem que o impelem a agir? A resposta de Tomás é de que para o bem o homem é movido por Deus. E Deus o move de duas maneiras: ou ensinando ou ajudando. O movimento pelo ensino é fruto da lei. Ora, a lei, tendendo a ensinar, deverá ter algo a ver com a razão, pois para ensinar é preciso que o ensinamento – que também se chama preceito – seja compreensível, transmissível e objetivo.[8]

Se o direito das obrigações sempre assumiu feições estáticas, estando menos suscetível às alterações provocadas pelo tempo e pela própria evolução do pensamento humano, a disciplina dos contratos encontrou novas nuances a cada momento histórico do pensamento moderno, na medida em que "por detrás da continuidade aparente na superfície das palavras está escondida uma descontinuidade radical na profundidade de sentido".[9]

Assim, superando a ideia de abundância que afastaria do homem a necessidade de contratar,[10] a doutrina aponta para a importância da compreensão de conceitos a partir da língua latina,[11] que propiciou a delimitação de conceitos e a existência de verdadeiros paradigmas.[12]

Tem-se, no período romano, os conceitos de *ius* e *lex* para Gaio,[13] sua incorporação ao *Corpus* de Justiniano,[14] a evolução ao período medieval com a distinção entre

---

7. VILLEY, Michel. *A formação do pensamento jurídico moderno*. Tradução de Stéphanes Rial. São Paulo: Martins Fontes, 2003, p. 73.
8. LOPES, José Reinaldo de Lima. *As palavras e a lei*: direito, ordem e justiça na história do pensamento jurídico moderno. São Paulo: Editora 34, 2004, p. 89.
9. HESPANHA, António Manuel. *Panorama histórico da cultura jurídica européia*. 2. ed. Lisboa: Publicações Europa-América, 1998, p. 19.
10. Eis o comentário de David Hume: "Let us suppose that nature has bestowed on the human race such profuse abundance of all external conveniences, that, without any uncertainty in the event, without any care or industry on our part, every individual finds himself fully provided with whatever his most voracious appetites can want, or luxurious imagination wish or desire. (...) In such a happy state (...) the cautious, jealous virtue of justice would never once have been dreamed of". (HUME, David. *An enquiry concerning the principles of morals*. Editado por Tom L. Beauchamp. Oxford: Clarendon Press, 2006, p. 3.)
11. CARLINI, Paola. Contratto e patto nel diritto medievale e moderno. *Digesto delle Discipline Privatistiche – Sezione Civile*. Turim: Utet, v. IV, 1998, p. 78. Acrescenta a autora: "L'attrazione esercitata dall'evoluto modello giuridico romanistico, unita al primato della lingua latina ed alla assenza di construzioni teoriche alternative, ha infatti portato ad una generalizzazione, nel corso della storia, dell'uso speculativo delle categorie logiche e dell'uso pratico della terminologia contrattualistica romano-giustinianea, talora senza ripondenza con gli istituti originarii".
12. KUHN, Thomas S. *A estrutura das revoluções científicas*. Tradução de Beatriz Vianna Boeira e Nelson Boeira. 9. ed. São Paulo: Perspectiva, 2005, p. 13.
13. GORDLEY, James. *The philosophical origins of modern contract doctrine*. Oxford: Clarendon Press, 1991, p. 31. Diz o autor: "According to Gaius, obligations arise by contract (ex contractu), by delict (ex delictu), or on the analogy of contract and delict (quasi ex contractu and quasi ex delictu)".
14. TUCK, Richard. *Natural rights theories*: their origin and development. Cambridge: Cambridge University Press, 1998, p. 12-13.

direito humano e direito divino,[15] de Graciano,[16] as distinções entre o direito humano e o direito eclesiástico, com forte influência do pensamento de ingleses como Glanville e Bracton – em período fortemente marcado pelo advento da *Summa Theologica*[17] de São Tomás de Aquino e pelos pensamentos de Bártolo de Sassoferrato.[18]

A tradição anglo-saxã se desenvolve sobre a premissa de que "a principal preocupação do direito dos contratos está, então, nas trocas",[19] o que evidencia uma preocupação muito grande com o elemento objetivo, deixando a vontade em segundo plano.

Chega-se à modernidade, e os pensamentos de autores como Donellus (Hugue Doneau, 1527-1591), Cujácio (Jacques Cujas, 1522-1590), Luís de Molina (1535-1600), Francisco Suárez (1548-1617), Grócio (Grotius, 1583-1645) e Samuel Pufendorf (1632-1694)[20] conduzem à reformulação do viés comutativo clássico, propiciando novas leituras a partir da revalorização de institutos seculares do direito privado, e a própria ideia de sistema jurídico se amplia, modificando a disciplina dos contratos a partir de suas funções e do próprio valor de justiça do qual se desdobra a noção de 'justiça contratual',[21] que se torna "inconclusa, pois são várias as possibilidades conceituais, lógicas e filosóficas, que se propõem a explicá-lo".[22]

José de Oliveira Ascensão assim se posiciona:

> A dogmática tende a reduzir à unidade o sistema jurídico: ou melhor, procura apresentar o que há de relevante no dado jurídico numa unidade, que corresponde à unidade existente na própria ordem normativa da sociedade. Para isso aproximará o que é semelhante, afastará o que é divergente; ordenará em institutos preceitos singulares; determinará as categorias (pessoas singulares, direito subjetivo...) que travejam e iluminam o corpo do direito; formulará os conceitos que abrangem esses institutos e categorias que pouco a pouco se vão formando; detectará assim os princípios fundamentais que perpassam pelo sistema e o vivificam.[23]

À toda evidência, a ideia de um sistema jurídico hermético e uno se concebe em contraponto à realidade que não pode ser olvidada, na qual habitam normas incompatí-

---

15. Para uma compreensão mais detalhada sobre a subdivisão entre *ius naturale*, *ius gentium* e *ius civile*, confira-se: WEINREB, Lloyd L. *Natural law and justice*. Cambridge: Harvard University Press, 1987, *passim*.
16. LOPES, José Reinaldo de Lima. *As palavras e a lei*: direito, ordem e justiça na história do pensamento jurídico moderno. São Paulo: Editora 34, 2004, p. 80-81.
17. Para maiores detalhes: DRESCH, Rafael de Freitas Valle. *Fundamentos do direito privado*: uma teoria da justiça e da dignidade humana. São Paulo: Atlas, 2013, p. 24-31.
18. CANNING, Joseph. *A history of medieval political thought 300-1450*. Londres: Routledge, 1996, p. 162.
19. FARNSWORTH, Edward Allan. *Contracts*. 4. ed. Nova York: Aspen Publishers, 2004, p. 4, tradução livre. No original: "The main concern of the law of contracts, then, is with exchanges".
20. LOPES, José Reinaldo de Lima. *As palavras e a lei*: direito, ordem e justiça na história do pensamento jurídico moderno. São Paulo: Editora 34, 2004, p. 96-115.
21. REZZÓNICO, Juan Carlos. *Principios fundamentales de los contratos*. Buenos Aires: Astrea, 1999, p. 282.
22. NALIN, Paulo Roberto Ribeiro. *Do contrato*: conceito pós-moderno (em busca de sua formulação na perspectiva civil-constitucional). 2. ed. Curitiba: Juruá, 2008, p. 54.
23. ASCENSÃO, José de Oliveira. *O direito, introdução e teoria geral*: uma perspectiva luso-brasileira. Rio de Janeiro: Renovar, 1994, p. 331.

veis e variantes.[24] E, como não poderia deixar de ser, o avanço da humanidade conduziu o estudo do direito a campos permeados por novos fenômenos que permitem conceituá-lo como sistema complexo de segunda ordem e com autonomia relativa,[25] propiciando uma ressignificação do modelo clássico de contrato, que deixa de ser considerado um fim, e passa a ser considerado um meio, na medida em que sua objetivação se lastreia na realização e na promoção da dignidade e da personalidade humanas, revelando seu viés "humanista".[26]

Isso conduz a investigação acerca do hodierno papel do Direito dos Contratos sob a luz de fenômenos como a globalização, a pós-modernidade e o avanço tecnológico, pois, sendo o direito um sistema de segunda ordem, posterior a um de primeira ordem – o social – toda a dogmática contratual passa a ser compreendida a partir da interação multidisciplinar que deve necessariamente permeá-lo.

Esta noção está alinhada com a visão de Pietro Perlingieri:

> A norma não pode ser compreendida fora da sociedade, historicamente determinada, e a relevância da sociedade civil não pode ser valorada separadamente da norma. Esta tem sentido somente enquanto o indivíduo não se puser em contraposição a ela: a coexistência dos indivíduos na sociedade representa a razão de ser do direito e da norma. Os quatro termos indicados (sujeito, indivíduo, norma e sociedade) configuram uma problemática unitária, a razão mesma do direito.[27]

Nessa ótica, quando se avança no estudo dos contratos, vê-se nitidamente um fenômeno histórico-evolutivo de reenquadramento e readaptação de seus institutos jurídicos ao sistema social vigente. Nas palavras de Rafael Bizelli, presencia-se o "fenômeno da 'constitucionalização do direito', visto sob dois enfoques principais",[28] que o autor analisa de forma transversa na passagem da Constituição para o centro da ordenação jurídica e, por outro lado, no deslocamento do Código Civil, que com ela passa a 'dialogar'.

---

24. BOBBIO, Norberto. *Teoria do ordenamento jurídico*. Tradução de Ari Marcelo Solon. 2. ed. São Paulo: Edipro, 2014, p. 77.
25. Sobre o tema, Antonio Junqueira de Azevedo anuncia: "o direito é um sistema complexo; é sistema porque é um conjunto de vários elementos que se movimentam mantendo relações de alguma constância, e é complexo porque os elementos são heterogêneos e as relações entre eles, variadas. (...) Além de complexo, o sistema jurídico é um sistema de 2ª ordem, isto é, sua existência está em função do sistema maior, o social; apesar disso, tem ele identidade própria e, por força dessa identidade, é relativamente autônomo (tem autonomia operacional)". (AZEVEDO, Antonio Junqueira de. O direito como sistema complexo e de 2ª ordem; sua autonomia. Ato nulo e ato ilícito. Diferença de espírito entre responsabilidade civil e penal. Necessidade de prejuízo para haver direito de indenização na responsabilidade civil. *Civilistica.com*, Rio de Janeiro, ano 2, n. 3, jul.-set. 2013.)
26. Abordando o paradoxo entre a função do Direito Civil para a erradicação da pobreza, lastreada no viés humanista, confira-se: MARTINS, Fernando Rodrigues. *Direito privado e policontexturalidade*. Rio de Janeiro: Lumen Juris, 2018, p. 3-38.
27. PERLINGIERI, Pietro. *O direito civil na legalidade constitucional*. Tradução de Maria Cristina de Cicco. Rio de Janeiro: Renovar, 2008, p. 7.
28. BIZELLI, Rafael Ferreira. *Contrato existencial*: evolução dos modelos contratuais. Rio de Janeiro: Lumen Juris, 2018, p. 3.

Com isso, "a leitura atual do sistema jurídico não poderia ser outra que não sob uma perspectiva aberta, sem rigor absoluto, logo, relativa."[29] E, por essa razão, o estudo dos contratos "não pode ser entendido a fundo, na sua essência íntima, se nos limitarmos a considerá-lo numa dimensão exclusivamente jurídica – como se tal constituísse uma realidade autônoma, dotada de autônoma existência nos textos legais e nos livros de direito".[30]

Em tempos atuais, conforme alerta Marcos Catalan, não se olvida do fato de que "a sociedade evoluiu e daí nasceram incomensuráveis problemas no cotidiano de seus atores em razão da complexidade das relações sociais que acabam por desaguar seus problemas no Direito",[31] o que impõe o estudo jurídico de novos fenômenos sociais, inclusive a tecnologia.

Nesse diapasão, é de curial relevância perpassar pela história para que se firme uma base sólida da compreensão da disciplina jurídica dos contratos ao longo da evolução da sociedade, demonstrando o amadurecimento dos institutos que lastreiam a proteção dada pelo Direito aos modelos predominantes em cada período.

1.1 AUTONOMIA DA VONTADE E O ESTADO LIBERAL NA DISCIPLINA DOS CONTRATOS

O estudo histórico-evolutivo dos contratos parte do Estado Liberal,[32] marcado por uma estrutura resumida em postulados desdobrados do conceito filosófico de liberdade, muito bem explicitadas nas obras de John Stuart Mill[33] e Benjamin Constant,[34] dentre outros e que pode ser resumida na lição de Luciano Timm:

> Baseado, portanto, na autodeterminação individual (1. Autonomia da vontade), ou seja, na liberdade de contratar, esse modelo jurídico de contrato funda-se nos postulados de que todos são livres (2. Igualdade formal) para contratar-se, com quem (3. Liberdade de contratar), como e da forma (4. Liberdade contratual) que quiserem. Assim, uma vez declarada a vontade, havendo o encontro em proposta e aceitação, *tout court* (ou seja, independentemente de qualquer formalidade na manifestação das vontades) (5. Consensualismo), não poderia mais a parte contratante se abster do cumprimento do contrato (pacta sunt servanda)

---

29. NALIN, Paulo Roberto Ribeiro. *Do contrato*: conceito pós-moderno (em busca de sua formulação na perspectiva civil-constitucional). 2. ed. Curitiba: Juruá, 2008, p. 57.
30. ROPPO, Enzo. *O contrato*. Tradução de Ana Coimbra e M. Januário C. Gomes. Coimbra: Almedina, 2009, p. 7.
31. CATALAN, Marcos Jorge. *Descumprimento contratual*: modalidades, consequências e hipóteses de exclusão do dever de indenizar. Curitiba: Juruá, 2012, p. 35.
32. O surgimento do Estado Liberal se dá com a queda do Antigo Regime, abrindo margem ao florescimento do Iluminismo e do Liberalismo em seus vieses político e econômico. Tem-se, no período, uma ampla proteção das liberdades individuais e da autonomia da vontade. Somente com a passagem parar o Estado Social, no período pós-Revolução Industrial, é que se tem uma maior intervenção regulatória do Estado, imponto limites e definindo regras que estabelecem limites à liberdade individual. (BONAVIDES, Paulo. *Do Estado Liberal ao Estado Social*. 10. ed. São Paulo: Malheiros, 2011, *passim*).
33. *Cf.* MILL, John Stuart. *Sobre a liberdade*. Tradução de Denise Bottmann. São Paulo: L&PM Editores, 2016.
34. *Cf.* CONSTANT, Benjamin. *A liberdade dos antigos comparada à dos modernos*. Tradução de Emerson Garcia. São Paulo: Atlas, 2015.

(6. Força obrigatória dos contratos), salvo as hipóteses de vícios de consentimento ou sociais, sob pena de rescisão e/ou de responsabilidade civil contratual. Mais, o contrato teria efeitos relativos apenas entre as partes contratantes (7. Relatividade dos efeitos contratuais), porque somente elas consentiam com as obrigações criadas.[35]

Toda a base principiológica deste período está lastreada no liberalismo econômico, desenvolvido por Adam Smith como corolário do fenômeno revolucionário inspirado nos ideais iluministas da época, e que submetiam a justiça contratual à liberdade de contratar, à vontade genérica das partes, sem qualquer controle interventivo.[36] Isto revela uma exaltação da função do contrato para a exaltação e efetivação do papel do contrato e para a afirmação do modo de produção vigente.

Em face desse panorama, tem-se a figura de um "contrato liberal",[37] marcado pelas influências político-econômico-sociais do período em que foi desenvolvido e cuja fundamentação jurídica se materializa a partir da organização econômica, ou seja, no modo de produção e troca de bens.

Daniel Ustárroz salienta que "ao longo da história do direito, o contrato desempenhou variadas funções. Sua trajetória é rica e, por vezes, contraditória. Tutelou a liberdade, porém a subjugou. Promoveu riqueza, mas também a sufocou."[38]

Enzo Roppo, se reportando à "lei de Maine", que é atribuída a Henry Sumner Maine, explica que todo o processo de desenvolvimento das sociedades humanas ocorre "como um processo de transição do 'status' ao contrato",[39] ou seja

> (...) o contrato não é encarado na acepção estrita de instrumento técnico-jurídico da circulação dos bens, mas com um significado bem mais geral: como símbolo de uma determinada ordem social, como modelo de uma certa orgânica da sociedade na sua complexidade. (...) Mas, desta forma, a categoria do contrato adquire um valor acentuadamente ideológico (...) e político.[40]

As interferências da ideologia na investigação jurídica são inegáveis, e não seria diferente no contexto do estudo da disciplina contratual durante o marcante período liberal, que "se constitui na bandeira revolucionária que a burguesia capitalista (...) utiliza contra o Antigo Regime Absolutista".[41] Não obstante, diversos foram os apontamentos apresentados na época para justificar tal ruptura, conforme denotam as reflexões de Edmund Burke:

---

35. TIMM, Luciano Benetti. *O novo direito contratual brasileiro*. Rio de Janeiro: Forense, 2008, p. 87-88.
36. MARTINS, Fernando Rodrigues. *Princípio da justiça contratual*. 2. ed. São Paulo: Saraiva, 2011, p. 116.
37. BIZELLI, Rafael Ferreira. *Contrato existencial*: evolução dos modelos contratuais. Rio de Janeiro: Lumen Juris, 2018, p. 58.
38. USTÁRROZ, Daniel. *Direito dos contratos*: temas atuais. 2. ed. Porto Alegre: Livraria do Advogado, 2012, p. 13.
39. ROPPO, Enzo. *O contrato*. Tradução de Ana Coimbra e M. Januário C. Gomes. Coimbra: Almedina, 2009, p. 26.
40. ROPPO, Enzo. *O contrato*. Tradução de Ana Coimbra e M. Januário C. Gomes. Coimbra: Almedina, 2009, p. 28.
41. WOLKMER, Antonio Carlos. *Ideologia, Estado e Direito*. São Paulo: Ed. RT, 1989, p. 93.

> Se o sistema, se é que merece tal nome, agora construído sobre as ruínas dessa antiga monarquia será capaz de cuidar melhor da população e da riqueza do país que tomou sob seus cuidados, é uma questão muito duvidosa. (...) Os objetivos de um financista são, assim, assegurar ampla receita, arrecadá-la com discernimento e equidade, empregá-la parcimoniosamente, e, quando a necessidade obrigá-lo a fazer uso de crédito, garantir seus fundamentos, nesse caso e sempre, pela clareza e abertura de seus procedimentos, pela exatidão de seus cálculos e pela solidez de seus fundos.[42]

Fato é que, a despeito de posições antagônicas do ponto de vista ideológico, o liberalismo é visto como "uma doutrina do Estado limitado tanto com respeito aos seus poderes quanto às suas funções",[43] sem se confundir com a ideia de democracia.[44]

Fixando esta base conceitual, Bobbio salienta que:

> Uma vez definida a liberdade no sentido predominante da doutrina como liberdade em relação ao Estado, o processo de formação do Estado liberal pode ser identificado com o progressivo alargamento da esfera de liberdade do indivíduo, diante dos poderes públicos (...), com a progressiva emancipação da sociedade ou da sociedade civil, no sentido hegeliano e marxiano, com respeito ao Estado".[45]

Tudo começa com o advento do Código Civil francês de 1804 e o desenvolvimento da doutrina contratual a partir de então, no artigo 1.134 do Códex, ao definir que "as convenções legalmente formadas têm o valor das leis para aqueles que a fizerem",[46] revelando a positivação do princípio *pacta sunt servanda*, que marcaria todo um período.[47]

A prevalência da autonomia da vontade dá a tônica do período em questão, permitindo o florescimento de uma doutrina contratual amparada pelo pensamento liberal que vigorou no período. Entretanto, o avançar da sociedade propiciou uma ruptura paradigmática, na medida em que o voluntarismo e a concepção individualista dos contratos ignoraram as particularidades do caso e as experiências sociais, servindo de expediente para abusos e recrudescentes anomalias no sistema jurídico, conduzindo à "inadequação do modelo de contrato liberal para a realidade social que cada vez tornava-se mais complexa e industrializada".[48]

---

42. BURKE, Edmund. *Reflexões sobre a Revolução na França*. Tradução de Marcelo Gonzaga de Oliveira e Giovanna Louise Libralon. Campinas: Vide Editorial, 2017, p. 201; 333.
43. BOBBIO, Norberto. *Liberalismo e democracia*. Tradução de Marco Aurélio Nogueira. São Paulo: Edipro, 2017, p. 46-47.
44. WOLKMER, Antonio Carlos. *Ideologia, Estado e Direito*. São Paulo: Ed. RT, 1989, p. 94.
45. BOBBIO, Norberto. *Liberalismo e democracia*. Tradução de Marco Aurélio Nogueira. São Paulo: Edipro, 2017, p. 48-49.
46. FRANÇA. *Code Civil des Français*. De L'imprimerie de la République, an. XII, 21 mar. 1804. Disponível em: https://gallica.bnf.fr/ark:/12148/bpt6k1061517/f278.image Acesso em: 7 jul. 2024. No original: «Les conventions légalement formées tiennent lieu de loi à ceux qui les ont faites».
47. Para maiores detalhamentos, confira-se: RIPERT, Georges. *A regra moral nas obrigações civis*. Tradução de Osório de Oliveira. 2. ed. Campinas: Bookseller, 2002, p. 54-55.
48. BIZELLI, Rafael Ferreira. *Contrato existencial*: evolução dos modelos contratuais. Rio de Janeiro: Lumen Juris, 2018, p. 60.

1.2 FUNÇÃO SOCIAL, BOA-FÉ, JUSTIÇA CONTRATUAL E O ESTADO SOCIAL NA DISCIPLINA DOS CONTRATOS

A modelagem negocial lastreada no mútuo consentimento e na autonomia liberal que, emanada, constituía a obrigação e gerava efeitos jurídicos passa, paulatinamente, por uma reformulação com a derrocada do Estado liberal na segunda metade do Século XIX, no período em que a Revolução Industrial se intensificou, gerando o incremento da circulação massificada de produtos e serviços e, também, os contratos.[49]

Esse fenômeno de massificação dos contratos evoluiu ao que Enzo Roppo denominou de "*standards*" contratuais, ou seja, a criação de modelos contratuais padronizados e desconectados da sistemática mutualista até então vigente,[50] marcada pela redução do campo de incidência da vontade e pelo surgimento de modais de adesão e pela sobreposição dos interesses de um contratante ao outro, cuja única opção é aceitar ou não as condições impostas:

> O fenómeno consiste no seguinte: quem, pela sua posição e pelas suas atividades económicas, se encontra na necessidade de estabelecer uma série indefinida de relações negociais, homogéneas no seu conteúdo, com uma série, por sua vez indefinida, de contrapartes, predispõe, antecipadamente, um esquema contratual, um complexo uniforme de cláusulas aplicáveis indistintamente a todas as relações da série, que são, assim, sujeitas a uma mesma regulamentação; aqueles que, por seu lado, desejam entrar em relações negociais com o predisponente para adquirir os bens ou os serviços oferecidos por este, não discutem nem negociam singularmente os termos e as condições de cada operação, e, portanto, as cláusulas do contrato respectivo, mas limitam-se a aceitar em bloco (muitas vezes sem sequer as conhecer completamente) as cláusulas, unilateral e uniformemente, predispostas pela contraparte, assumindo, deste modo, um papel de simples aderentes (fala-se, de facto), também de *contratos por adesão*).[51]

Percebe-se, neste novo modelo, que "a relação existente entre as cláusulas contratuais gerais e o contrato de adesão é, respectivamente, de conteúdo e continente",[52] embora nem todo contrato de adesão seja padronizado ou, para citar o termo apontado por Roppo, *standardizado*.

Fato é que essa ruptura paradigmática conduz à necessidade de intervenção do Estado nas relações privadas,[53] deflagrando o período das "descodificações".[54] Os códigos

---

49. Confira-se: USTÁRROZ, Daniel. *Direito dos contratos*: temas atuais. 2. ed. Porto Alegre: Livraria do Advogado, 2012, p. 19-23; BIZELLI, Rafael Ferreira. *Contrato existencial*: evolução dos modelos contratuais. Rio de Janeiro: Lumen Juris, 2018, p. 164-165.
50. Sobre o tema, veja-se: MELO, Diogo L. Machado de. *Cláusulas contratuais gerais* (contratos de adesão, cláusulas abusivas e o Código Civil de 2002). São Paulo: Saraiva, 2008, p. 2.
51. ROPPO, Enzo. *O contrato*. Tradução de Ana Coimbra e M. Januário C. Gomes. Coimbra: Almedina, 2009, p. 311-312.
52. BIZELLI, Rafael Ferreira. *Contrato existencial*: evolução dos modelos contratuais. Rio de Janeiro: Lumen Juris, 2018, p. 166.
53. SARMENTO, Daniel. *Direitos fundamentais e relações privadas*. 2. ed. Rio de Janeiro: Lumen Juris, 2010, p. 19. Comenta: "Assiste-se, neste contexto, a um crescente intervencionismo estatal em prol das partes mais fracas das relações sociais. (...) No direito privado, multiplicam-se as normas de ordem pública, ampliando-se as hipóteses de limitação à autonomia da vontade das partes em prol dos interesses da coletividade."
54. A expressão foi cunhada por Natalino Irti e é fruto de tradução do termo "decodificazione", do italiano.

civis, que foram frutos de um processo de resguardo de direitos frente aos abusos oriundos do liberalismo, "serviram e servem de escudo do indivíduo, dos valores pessoais e bens jurídicos relevantes da época".[55]

As preocupações com a autonomia da vontade fizeram surgir nos juristas da primeira metade do Século XX uma preocupação constante com a delimitação de regramentos que impusessem certo controle à liberdade de contratar,[56] não para cercear a vontade e a liberdade de sua manifestação, mas com o objetivo de prevenir as consequências danosas à sociedade que adviriam da permanência da liberdade irrestrita.[57]

Tinha-se, então, o objetivo de preservação do "mundo da segurança",[58] na expressão apresentada por Natalino Irti, e os marcos históricos desta ruptura se deram com o advento da Constituição do México, de 1917, e da Constituição da República de Weimar, de 1919, textos de vanguarda e que, décadas depois, se revelariam influências notáveis ao recrudescimento do Estado social, notadamente após a Segunda Guerra Mundial. A redução do campo das liberdades, com maior interferência regulatória do Estado[59] visando à ruptura da igualdade formal, dando lugar à igualdade substancial – nota-se o surgimento de uma função promocional.

Nesse contexto, desenvolveu-se o conceito de autonomia privada, que ocupou o lugar da antiga autonomia da vontade na passagem do Estado liberal para o Estado social, e, conceituando a autonomia privada, tem-se a lição de Enzo Roppo:

> Determinar o regulamento (ou conteúdo) contratual significa, substancialmente, definir que composição, que arranjo recíproco receberão os interesses das partes, coenvolvidos na operação econômica e a que o contrato é chamado a dar veste e vinculatividade jurídica. Significa, em concreto, estabelecer, por exemplo, que determinada coisa é vendida por determinado preço e não por um preço superior ou inferior (e ainda em que medida se realizam as expectativas do vendedor, dirigidas a alcançar o melhor preço possível, e respectivamente ao comprador, dirigidas a obter a coisa com o mínimo de sacrifício econômico; significa, ainda, estabelecer se o preço é pago logo em dinheiro ou com diferimento, e se este deve ser mais longo ou mais curto (e ainda estabelecer que tipo de mediação encontra o interesse do vendedor num pagamento imediato e o interesse do comprador em diferir o pagamento); e assim por diante. (...) Determinar o regulamento contratual significa, em suma, fixar e traduzir em compromissos jurídicos, os termos da operação econômica prosseguida com o contrato, definir as variáveis que no seu conjunto reflectem a "conveniência econômica" do próprio contrato.[60]

---

55. NALIN, Paulo Roberto Ribeiro. *Do contrato*: conceito pós-moderno (em busca de sua formulação na perspectiva civil-constitucional). 2. ed. Curitiba: Juruá, 2008, p. 74.
56. Até então, somente hipóteses como o preço vil ou o desequilíbrio entre prestações resultavam na simulação e encontravam tratamento jurídico específico. (VOLPE, Fabrizio. *La giustizia contrattuale tra autonomia e mercato*. Nápoles: ESI, 2004, p. 13)
57. RIPERT, Georges. *A regra moral nas obrigações civis*. Tradução de Osório de Oliveira. 2. ed. Campinas: Bookseller, 2002, p. 62.
58. IRTI, Natalino. *L'età della decodificazione*. 2. ed. Milão: Giuffrè, 1986, p. 7.
59. BOBBIO, Norberto. *Dalla struttura alla funzione*. Milão: Edizioni di Comunità, 1977, p. 25. Descreve o autor: "Nelle costituzioni liberali classiche la funzione principale dello stato appare essere quella di tutelare (o garantire); nelle costituzioni post-liberali, accanto alla funzione della tutela o della garanzia, appare sempre più frequentemente quella di promuovere".
60. ROPPO, Enzo. *O contrato*. Tradução de Ana Coimbra e M. Januário C. Gomes. Coimbra: Almedina, 2009, p. 126-127.

O que se nota é a relegação da autonomia da vontade a um patamar de escopo reduzido, na medida em que a implementação da autonomia da vontade implicaria a existência de limites legais à liberdade. Almejava-se, nesta transição da autonomia da vontade para a autonomia privada, a garantia de segurança ao cidadão, que não poderia se dissociar da própria ordem jurídica.[61]

Sobre o tema:

> Quando a intervenção do Estado tem por fim traçar normas e limites à atividade econômica dos particulares, as normas legais, que dele emanam, assumem a forma, já anteriormente examinada, de restrições à liberdade contratual pela ampliação da esfera do interesse público. Quando, porém, é o próprio Estado que toma a si o desempenho de tais atividades, surgem problemas de outra natureza, que afetam o interesse geral e põem em crise, sob certo aspecto, o direito dos contratos.[62]

O dirigismo contratual citado no excerto surge e passa a ser estudado pela doutrina, que o subdivide em dois grandes grupos: (i) o dirigismo contratual público, subdividido em legislativo, judicial e administrativo; (ii) e o dirigismo contratual privado.[63] Os efeitos dessa dicotomia implicam o estabelecimento de limites (dirigismo negativo) ou a determinação direta do conteúdo do contrato (dirigismo positivo),[64] o que permite concluir pela existência de "duas vontades", uma autônoma e uma heretônoma.[65]

Para dar guarida à autonomia privada, surgem alguns instrumentais, com destaque para a função social do contrato, para o princípio da justiça contratual e, ainda, para a boa-fé objetiva, que são instrumentais de resguardo do contrato no paradigma social.

A função social surge com extrema amplitude, sendo um tema vasto e com peculiaridades próprias, apto a gerar inúmeros estudos específicos, mas pode ser sintetizada nas seguintes palavras:

> Representa, assim, a função econômico-social, a preocupação com a eficácia social do instituto e, no caso particular da autonomia privada, significa que o reconhecimento e o exercício desse poder, ao realizar-se na promoção da livre circulação de bens e serviços e na autorregulação das relações disso decorrentes, condiciona-se à utilidade social que tal circulação possa representar, por ser o meio mais adequado à

---

61. ARNAUD, André-Jean. *O direito entre modernidade e globalização*: lições de filosofia do direito e do Estado. Tradução de Patrice Charles Wuillaume. Rio de Janeiro: Renovar, 1999, p. 216.
62. DANTAS, San Tiago. Evolução contemporânea do direito contratual. Dirigismo – Imprevisão. *Revista de Direito Civil Contemporâneo*, São Paulo, v. 6, p. 271-276, jan./mar. 2016, p. 275.
63. LÔBO, Paulo Luiz Netto. Dirigismo contratual. *Doutrinas essenciais – Obrigações e Contratos*, São Paulo, v. 3, p. 385-406, jun. 2011, p. 391-399. Ainda acerca do tema, confira-se: "A comparação entre os sistemas normativos demonstra que a designação do fenômeno varia conforme o aspecto que se ponha em realce: (i) ora se acentuando a uniformidade e a abstração das cláusulas (contratos *standard*); (ii) ora a circunstância de que são predeterminantes e se destinam a uma série indefinida de contratações (condições gerais de contratação); (iii) ora a preponderância da vontade de um dos contratantes, à qual o outro apenas adere (contratos de adesão)". (NEGREIROS, Teresa. *Teoria do contrato*: novos paradigmas. 2. ed. Rio de Janeiro: Renovar, 2006, p. 368-369.)
64. BIZELLI, Rafael Ferreira. *Contrato existencial*: evolução dos modelos contratuais. Rio de Janeiro: Lumen Juris, 2018, p. 120.
65. A ideia de heteronomia da vontade, fruto da bipartição da vontade eminentemente autônoma, surge antes ou de forma concomitante ao negócio jurídico. (LOURENÇO, José. O dirigismo contratual, a publicização do direito privado pela intervenção do Estado e a heteronomia da vontade como princípio do contrato. In: DINIZ, Maria Helena; LISBOA, Roberto Senise (Org.). *O direito civil no século XXI*. São Paulo: Saraiva, 2003, p. 345.)

satisfação das necessidades sociais, com vistas ao bem-comum e ao seu objetivo de igualdade material para todos em face das exigências de justiça social, ideia essa que 'se desenvolve paralelamente à evolução do Estado moderno como ente ou legislador nacional'.[66]

Percebe-se uma preocupação com a tutela socioeconômica do contrato, a partir dos desdobramentos advindos da vontade para a própria sociedade, uma vez que as obrigações assumidas no campo privado podem transcender seus limites, conforme sinaliza Fernando Noronha:

> As obrigações resultantes de contratos (e de outros negócios jurídicos) valem juridicamente, são tuteladas pela lei, não apenas porque as partes as assumiram (...) mas principalmente porque interessa à sociedade a tutela da situação criada, por causa das consequências econômicas e sociais que produz.[67]

A função social surge, portanto, atrelada à segurança jurídica que se almeja pelo cumprimento da palavra empenhada, ou seja, denota-se um dever ético desdobrado do exercício da autonomia privada, que, segundo Noronha, está conectado à força vinculativa do contrato (princípio da obrigatoriedade).[68] Já a ideia de justiça contratual, que surge como vetor da justiça substancial, é trabalhada por Fernando Martins nos seguintes dizeres:

> (...) fica a ideia de que a construção da justiça contratual no Estado liberal deu-se de forma mais acendrada através do subjetivismo kantiano, o qual se procurava tangenciar o justo ou o injusto por meio dos defeitos do estado de espírito (vício do consentimento), ou seja, na vontade, conforme apregoou Werner Flume. Para o Estado social, nos termos da teoria contemporânea de Zweigert e Kötz, é a justiça contratual – tendo por vetor a igualdade absoluta – a única figura que se posta como princípio material do funcionamento do direito dos contratos.[69]

O que se evidencia é uma busca pela equivalência prestacional, ou seja, a justiça contratual emana da viabilização do equilíbrio obrigacional, que permite colocar as partes contratantes em situação de igualdade entre prestação e contraprestação, ou seja, há uma atuação estatal no sentido de funcionalizar o contrato para coibir injustiças na assunção de obrigações pelos contratantes.

Finalmente, não se pode deixar de explicitar o papel da boa-fé objetiva como princípio fundamental do Estado social no que guarda pertinência à disciplina jurídica dos contratos. Isso porque o tema é de grande amplitude, remontando ao Direito romano[70] e campo de investigações sob vários ângulos.[71]

---

66. AMARAL, Francisco. A autonomia privada com princípio fundamental da ordem jurídica: perspectivas estrutural e funcional. *Doutrinas Essenciais de Direito Civil*, São Paulo, v. 2, p. 579-606, out. 2010, p. 595.
67. NORONHA, Fernando. *O direito dos contratos e seus princípios fundamentais*: autonomia privada, boa-fé, justiça contratual. São Paulo: Saraiva, 1994, p. 88.
68. NORONHA, Fernando. *O direito dos contratos e seus princípios fundamentais*: autonomia privada, boa-fé, justiça contratual. São Paulo: Saraiva, 1994, p. 94.
69. MARTINS, Fernando Rodrigues. *Princípio da justiça contratual*. 2. ed. São Paulo: Saraiva, 2011, p. 163.
70. A *fides*-sacra está documentada na Lei XII Tábuas, ao cominar sanção religiosa contra o patrão que defraudasse a fides do cliente. A *fides*-facto é aquela que não apresenta conotações religiosas ou morais, mas evidencia à noção de garantia, associada a alguns institutos, como o da clientela. Já a *fides*-ética designa o sentido de dever, ainda quando não expressa pelo Direito. (CORDEIRO, António Menezes. *Da boa-fé no direito civil*. Coimbra: Almedina, 2011, p. 54-56.)
71. Conferir, para maiores aprofundamentos: CORDEIRO, António Menezes. *Da boa-fé no direito civil*. Coimbra: Almedina, 2011; NORONHA, Fernando. *O direito dos contratos e seus princípios fundamentais*: autonomia

A doutrina francesa, com destaque para o labor de Domat e Pothier, cuidou de delimitar o conceito de boa-fé objetiva, trabalhando-a sob dois foros: interno e externo. A esse respeito, Judith Martins-Costa assim se pronuncia:

> No foro interno, deve-se considerar como contrário a esta fé tudo o que se afaste, por pouco que seja, da sinceridade mais exacta e mais escrupulosa: a mera dissimulação do que respeite à coisa objecto do negócio e que a parte com quem vou contratar teria interesse em saber, é contrária à essa boa-fé; pois uma vez se nos manda amar o próximo como a nós mesmos, não nos pode ser permitido escondermos-lhes nada do que não teríamos querido que nos escondessem, se tivéssemos estado no seu lugar.
>
> No foro externo (...) apenas o que fira abertamente a boa-fé é, nesse foro, considerado como dolo verdadeiro, bastante para dar lugar à rescisão do contrato (...).[72]

Em termos de codificação, a boa-fé subjetiva já existia desde os tempos do *Code Civil* francês de 1804, mas, sob viés objetivo, teve sua gênese no BGB alemão,[73] primeira legislação a trazer regramentos específicos e peculiares que transcendem a esfera do subjetivismo, a partir da confiança no "significado comum, usual, objetivo da conduta ou comportamento reconhecível no mundo real".[74] A boa-fé, assim, passou a adquirir contornos precedentes ao próprio negócio jurídico e seu viés objetivo nasceu como desdobramento da preocupação social inerente aos contratos.

No Brasil, a primeira referência à boa-fé constou do Código Comercial de 1850, em seu artigo 131, inciso I,[75] com a função de interpretação dos contratos firmados à época. Já o Código Civil de 1916, influenciado pelo direito romano e pelo *Code Napoléon*, não previu expressamente o princípio da boa-fé objetiva como cláusula geral, limitando-se a contemplá-la em certos institutos, como os contratos de seguro, mas sempre sob a forma subjetiva.

Clóvis do Couto e Silva corrobora este entendimento:

> O princípio da boa-fé, no Código Civil brasileiro, não foi consagrado, em artigo expresso, como regra geral, contrário do Código Civil alemão. (...) Contudo, a inexistência, no Código Civil, de artigo semelhante ao

---

privada, boa-fé, justiça contratual. São Paulo: Saraiva, 1994, p. 131-146; MARTINS-COSTA, Judith. O direito privado como um "sistema em construção" – as cláusulas gerais no projeto do Código Civil brasileiro. *Doutrinas Essenciais de Direito Civil*, São Paulo, v. 4, p. 391-423, out. 2010. No contexto específico das relações de consumo, conferir, ainda, AGUIAR JÚNIOR, Ruy Rosado de. A boa-fé na relação de consumo. *Revista de Direito do Consumidor*, São Paulo, v. 14, p. 20-27, abr./jun. 1995.

72. MARTINS-COSTA, Judith. *A boa-fé no direito privado*. São Paulo: Ed. RT, 2000, p. 244.
73. O BGB (*Bürgerliches Gesetzbuch*) é o Código Civil Alemão de 1900, que tratava da boa-fé em seu §242, analisando-a como uma cláusula geral que viria a influenciar as demais codificações estrangeiras editadas no Século XX. A boa-fé foi consagrada sob viés subjetivo, em termos éticos, e objetivos, no âmbito contratual, pelo BGB. Conforme detalha António Menezes Cordeiro, constam no BGB cinco dispositivos acerca da boa-fé objetiva – representada pela expressão *Treu und Glauben* – e dezesseis acerca da boa-fé subjetiva – *Guter Glauben*. (CORDEIRO, António Menezes. *Da boa-fé no direito civil*. Coimbra: Almedina, 2011, p. 54-56.)
74. LÔBO, Paulo Luiz Netto. Princípios sociais dos contratos no Código de Defesa do Consumidor e no novo Código Civil. *Doutrinas Essenciais – Obrigações e Contratos*, São Paulo, v. 3, p. 829-840, jun. 2011, p. 835.
75. O dispositivo trazia a seguinte redação: "Art. 131. Sendo necessário interpretar as cláusulas do contrato, a interpretação, além das regras sobreditas, será regulada sobre as seguintes bases: I – a inteligência simples e adequada, que for mais conforme a boa-fé, e ao verdadeiro espírito e natureza do contrato, deverá sempre prevalecer à rigorosa e restrita significação das palavras".

§242 do BGB não impede que o princípio tenha vigência em nosso direito das obrigações, pois se trata de preposição jurídica, com significado de regra de conduta.[76]

Seu tratamento, no Código de Defesa do Consumidor (Lei nº 8.078/1990)[77] e no Código Civil de 2002 (Lei nº 10.406/2002)[78] propiciou o desenvolvimento de toda uma nova teoria contratual, lastreando-se sob os pilares já citados e sob as três funções precípuas da própria boa-fé objetiva: a) função de princípio jurídico de interpretação[79] dos contratos; b) função caracterizadora de deveres de conduta; e c) função indicativa de limites para o exercício de direitos subjetivos.[80]

Percebe-se que a boa-fé objetiva se torna um elemento hermenêutico que possibilita ao aplicador do direito extrair da norma contratual o sentido moralmente mais recomendável e socialmente mais útil. No que tange à função caracterizadora de deveres de conduta, ou comumente chamada de deveres jurídicos anexos ou de proteção, garantem o melhor cumprimento do pactuado, independentemente da vontade das partes. São destacados certos deveres anexos de conduta, quais sejam, de informação, cooperação, sigilo e, proteção e cuidado, não sendo este rol taxativo.

Fato é que, ao longo de mais de um século, tem-se o amadurecimento das teorias jurídicas que justificam todo o estudo da disciplina jurídica dos contratos, impondo uma releitura de vetustos institutos, como a autonomia da vontade, para abrir espaço a novos, destacadamente a autonomia privada.

No que diz respeito aos contratos em espécie, a função social dos contratos, o princípio da justiça contratual e a boa-fé objetiva surgem como corolários de um novo modelo negocial que, antecipadamente, impõe aos contratantes o respeito a uma vastidão de preceitos que transcendem a própria esfera do negócio jurídico, representando, com isso, um avanço.

Porém, o tema não se esgota nisso, sendo amplamente reestudado sob o viés pós-social, chegando ao período presente, em que diversas novas nuances o direcionam a outros caminhos, trazendo novas inquietudes e novos desafios.

---

76. COUTO E SILVA, Clóvis V. do. *A obrigação como processo*. Rio de Janeiro: FGV, 2006, p. 33.
77. Somente com o advento do Código de Defesa do Consumidor, instituído pela Lei nº 8.078, de 11 de setembro de 1990, é que houve a positivação da boa-fé objetiva no ordenamento brasileiro. O *Codex* traz o princípio em seu artigo 4º, inciso III, que emite parâmetro de atuação harmônica dentro da Política Nacional das Relações de Consumo, quanto em seu artigo 51, inciso IV, o qual determina a nulidade de cláusulas contratuais que sejam incompatíveis com a boa-fé. (CUNHA, Wladimir Alcibíades Marinho Falcão. *Revisão judicial dos contratos*. São Paulo: Método, 2007, p. 87.)
78. A boa-fé objetiva está estampada no atual Código Civil no Título V "Dos Contratos em Geral", artigo 422: "Art. 422. Os contratantes são obrigados a guardar, assim na conclusão do contrato, como em sua execução, os princípios de probidade e boa-fé".
79. MARTINS, Fernando Rodrigues. *Princípio da justiça contratual*. 2. ed. São Paulo: Saraiva, 2011, p. 340-341.
80. A função interpretativa está contemplada, principalmente, no artigo 113 do Código Civil, cuja redação é a seguinte: "Art. 113. Os negócios jurídicos devem ser interpretados conforme a boa-fé e os usos do lugar da celebração". Pode-se elencar, ainda, sua presença no artigo 112 do Código Civil, no artigo 5º da Lei de Introdução às Normas do Direito Brasileiro e no artigo 47 do Código de Defesa do Consumidor.

1.3 EXISTÊNCIA, LUCRATIVIDADE E O ESTADO PÓS-SOCIAL NA DISCIPLINA DOS CONTRATOS

Segundo Pierre Bourdieu, "a igualdade formal dentro da desigualdade real é favorável aos dominantes."[81] Assim, o fenômeno da despatrimonialização do direito civil dá a tônica da pós-modernidade,[82] na qual os contratos são encarados sob viés de realização dos valores existenciais do homem – daí a ideia de 'contratos existenciais'[83] – sob uma perspectiva civil-constitucional, segundo a qual a relação contratual no período do Estado pós-social deixa de contemplar como função única "a circulação de riquezas, convergindo para este momento da tese as matérias antes investigadas, quanto ao novo desenho da autonomia privada, da solidariedade contratual e da própria função social do contrato".[84]

Essa releitura do direito dos contratos surge a partir do magistério de Pietro Perlingieri,[85] na Universidade de Camerino, na Itália, de onde surge o pensamento que propugna a substituição da figura do "homem econômico" pela do "homem existencial",[86] cumprindo a tarefa de desenvolvimento da pessoa humana a partir da perspectiva dos direitos fundamentais e da realização do mínimo existencial.[87]

Citando Gabriella Autorino e Pasquale Stanzione, Paulo Nalin alerta que:

> Note-se que se está diante de um suposto paradoxo, pois, ao mesmo tempo em que a constitucionalização do Direito Civil aniquila o individualismo inserido no Código Civil, coloca o homem no centro de suas atenções. Ocorre que resgatar o homem (antropocentrismo) não se identifica com a renovação daqueles valores egoísticos contidos no Código Civil, ou seja, não é o homem econômico que figura no vértice constitucional, em que pese ser este, também, tutelado pela Carta, todavia de forma casual, mas sim, o homem existencial, recepcionada a relação jurídica desde que tais experiências individuais tenham uma projeção útil (existencial) para o titular em si e para o coletivo.[88]

Essa releitura do Direito Civil à luz dos preceitos constitucionais é reconhecida a partir da "preeminência das normas constitucionais – e dos valores por elas expressos

---

81. BOURDIEU, Pierre. *Contrafogos 2*: por um movimento social europeu. Tradução de André Telles. Rio de Janeiro: Jorge Zahar, 2001, p. 102.
82. ROPPO, Enzo. *O contrato*. Tradução de Ana Coimbra e M. Januário C. Gomes. Coimbra: Almedina, 2009, p. 38.
83. Confira-se, sobre o tema: BIZELLI, Rafael Ferreira. *Contrato existencial*: evolução dos modelos contratuais. Rio de Janeiro: Lumen Juris, 2018; NALIN, Paulo Roberto Ribeiro. *Do contrato*: conceito pós-moderno (em busca de sua formulação na perspectiva civil-constitucional). 2. ed. Curitiba: Juruá, 2008.
84. NALIN, Paulo Roberto Ribeiro. *Do contrato*: conceito pós-moderno (em busca de sua formulação na perspectiva civil-constitucional). 2. ed. Curitiba: Juruá, 2008, p. 241.
85. *Cf.* PERLINGIERI, Pietro. *O direito civil na legalidade constitucional*. Tradução de Maria Cristina de Cicco. Rio de Janeiro: Renovar, 2008.
86. NALIN, Paulo Roberto Ribeiro. *Do contrato*: conceito pós-moderno (em busca de sua formulação na perspectiva civil-constitucional). 2. ed. Curitiba: Juruá, 2008, p. 244.
87. MARTINS, Fernando Rodrigues; PACHECO, Keila Ferreira. Contratos existenciais e intangibilidade da pessoa humana na órbita privada – homenagem ao pensamento vivo e imortal de Antonio Junqueira de Azevedo. *Revista de Direito do Consumidor*, São Paulo, v. 79, p. 265-308, jul.-set. 2011, p. 277-285.
88. NALIN, Paulo Roberto Ribeiro. *Do contrato*: conceito pós-moderno (em busca de sua formulação na perspectiva civil-constitucional). 2. ed. Curitiba: Juruá, 2008, p. 244.

– em um ordenamento unitário, caracterizado por esses conteúdos",[89] o que conduz à despatrimonialização, que "guarda relação com a mudança que vai ocorrendo no sistema entre personalismo (superação do individualismo) e patrimonialismo (superação da patrimonialidade voltada a si mesma, primeiramente do "produtismo" e, mais atualmente, do consumismo)".[90]

Tudo isso abre margem a uma proposta de readequação do direito a novos direitos contratuais, que emanam dessa vertente dicotômica entre personalismo e patrimonialismo do período pós-moderno. E, ainda que carente de maiores elucubrações teóricas, é inegável que este avançar histórico da disciplina dos contratos acarreta desdobramentos naturalmente esperados para a esfera privada, trazendo à tona uma visão recheada de nuances que – a exemplo da tecnologia – acarretam desdobramentos que suscitam dúvidas até mesmo sobre a ocorrência de conflitos entre os princípios clássicos e os pós-modernos: é a chamada objetivização.[91]

Claus-Wilhelm Canaris aduz que não haveria qualquer sorte de conflito entre tais modais principiológicos:

> (...) também são de excluir os limites imanentes de um princípio, pois estes não contrariam, verdadeiramente, o princípio, mas apenas tornam claro o seu verdadeiro significado. Assim, por exemplo, seria incorreto falar de uma 'contradição' entre o princípio da autonomia privada e a regra do respeito pelos bons costumes, nos termos do § 138 do BGB. Pois como qualquer liberdade, a verdadeira liberdade inclui uma ligação ética e não é arbítrio; assim também os limites dos bons costumes existem, de antemão, dentro da autonomia privada; falar aqui de uma 'contradição' conduz a uma absolutização da ideia de autonomia privada que confunde o seu conteúdo ético-jurídico e desnaturaria, assim, o próprio princípio.[92]

Há, conforme aponta Marcos Catalan, uma necessária simbiose entre os princípios clássicos e os pós-modernos, acarretando uma confluência multifacetária, mas de uma só realidade:

> Excluído do raciocínio o princípio da liberdade das formas, tendência observada em todo o direito privado, os demais princípios são como faces de um mesmo dado. A autonomia da vontade, fonte suprema da autonomia privada se encontra localizada no verso da boa-fé; a força obrigatória dos contratos encontra sustentação na equivalência material e o princípio da relatividade dos efeitos ainda vive, mas deve ser lido à luz da função social; e vice-versa.
>
> Não há como se pensar na incidência da boa-fé objetiva, se a vontade não puder ser livremente manifestada. Não há segurança jurídica se a força obrigatória for ignorada e por consequência, não se pode sustentar equilíbrio se inexistir segurança jurídica. Também não há necessidade de tutela da sociedade se antes não se resguardar o interesse dos contratantes, impondo-lhes os efeitos nascidos da palavra empenhada.[93]

---

89. PERLINGIERI, Pietro. *O direito civil na legalidade constitucional*. Tradução de Maria Cristina de Cicco. Rio de Janeiro: Renovar, 2008, p. 589.
90. NALIN, Paulo Roberto Ribeiro. *Do contrato*: conceito pós-moderno (em busca de sua formulação na perspectiva civil-constitucional). 2. ed. Curitiba: Juruá, 2008, p. 248.
91. REVET, Thierry. Objectivation ou subjectivation du contrat. Quelle valeur juridique? In: JAMIN, Cristophe; MAZEAUD, Denis (Org.). *La nouvelle crise du contrat*. Paris: Dalloz, 2003, p. 92.
92. CANARIS, Claus-Wilhelm. *Pensamento sistemático e conceito de sistema na ciência do direito*. Tradução do alemão para o português de António Menezes Cordeiro. Lisboa: Fundação Calouste Gulbenkian, 2002, p. 202.
93. CATALAN, Marcos Jorge. *Descumprimento contratual*: modalidades, consequências e hipóteses de exclusão do dever de indenizar. Curitiba: Juruá, 2012, p. 90.

Inexistindo hierarquia entre os princípios clássicos e os hodiernos, não há dúvidas de que todo e qualquer direito contratual deverá ser submetido ao crivo do sopesamento conjunto, ainda que a vontade tenha seu campo de incidência cada vez mais reduzido,[94] sempre sob influência do amálgama da proporcionalidade, que é instrumento hábil a resolver eventuais conflitos no processo de criação do direito no caso concreto.

O equilíbrio contratual, assim, assume feições que impõem ao Estado um papel legítimo de intervir para regular as injustiças contratuais e para garantir a almejada segurança jurídica.

1.4 OS CONTRATOS EMPRESARIAIS HODIERNOS

Depois de feita esta breve explanação acerca da evolução dos modelos contratuais, não se poderia deixar de abordar o papel que os contratos empresariais exercem na hodierna disciplina civil, uma vez que o patrimônio "deixa de ser o eixo da estrutura social, para se tornar instrumento da realização das pessoas humanas".[95]

À época do advento do Código Comercial de 1850, os contratos empresariais não ocupavam espaço exclusivo na ordenação,[96] pois prevalecia a teoria dos atos de comércio,[97] de modo que "a maioria dos autores não dedicava grande esforço ao tratamento dos contratos comerciais como categoria autônoma, regida por princípios peculiares, adaptados e esculpidos conforme a lógica de funcionamento do mercado".[98]

Segundo Luís Renato Ferreira da Silva,

> (...) é importante que as trocas sejam justas e úteis, pois se não o forem, os contratantes, certamente, deixarão de cumprir os contratos firmados, e isto resultará em uma quebra de finalidade da liberdade contratual. Com isso entendo que o contrato cumpre com a sua função (razão pela qual foi acolhido no ordenamento jurídico) sempre que permitir a realização e a manutenção das convenções livremente estabelecidas. Estas, porém, só serão mantidas enquanto as partes (e ambas as partes, pois trata-se de um negócio jurídico bilateral) retirem vantagens em condições paritárias, ou seja, enquanto houver uma equação de utilidade e justiça nas relações contratuais.[99]

---

94. MARTINS-COSTA, Judith. Crise e modificação da idéia de contrato no direito brasileiro. *Revista de Direito do Consumidor*, São Paulo: Ed. RT, v. 3, p. 127-154, set./dez., 1992, p. 141.
95. BARBOZA, Heloísa Helena. Perspectivas do direito civil brasileiro para o próximo século. *Revista da Faculdade de Direito da UERJ*, Rio de Janeiro, n. 6-7, 1998-1999, p. 33.
96. É curioso lembrar que o revogado artigo 191 do Código Comercial de 1850 dispunha: "é unicamente considerada mercantil a compra e venda de efeitos móveis ou semoventes, para os revender por grosso ou a retalho, na mesma espécie ou manufaturados, ou para alugar o seu uso; compreendendo-se na classe dos primeiros a moeda metálica e o papel moeda, títulos de fundos públicos, ações de companhias e papéis de crédito comerciais, contanto que nas referidas transações o comprador ou o vendedor seja comerciante."
97. MENDONÇA, José Xavier Carvalho de. *Tratado de direito comercial brasileiro*. 6. ed. Rio de Janeiro: Freitas Bastos, 1957, v.1.p. 55.
98. FORGIONI, Paula A. *Teoria geral dos contratos empresariais*. São Paulo: Ed. RT, 2010, p. 38.
99. SILVA, Luís Renato Ferreira da. A função social do contrato no novo Código Civil e sua conexão com a solidariedade social. In: SARLET, Ingo Wolfgang (Org.). *O novo Código Civil e a Constituição*. 2. ed. Porto Alegre: Livraria do Advogado, 2006, p. 157.

A ideia de paridade e bilateralidade desvela o papel do contrato na formulação das relações negociais, e, tendo em vista a dinâmica contratual vigente na época, já analisada alhures, não se pode desconsiderar o quanto os excessos capitalistas geraram problemas que o Estado mínimo da época era incapaz de solucionar em decorrência de sua função de abstenção e não intervenção na sociedade.[100] Nesse plano, a noção de unidade da ordenação jurídica propiciou verdadeira convergência do direito privado para a Constituição.[101]

Em contraponto, a doutrina busca destacar os contratos empresariais das demais espécies positivadas no Código Civil de 1916, conforme afirma Waldirio Bulgarelli:

> (...) esse envolver contínuo, pois a todo instante novas formas estão sendo inventadas e utilizadas na prática negocial, gerou, como não poderia deixar de ser, uma nova postura perante os contratos, e, portanto, novas formulações na análise, compreensão e interpretação, decorrentes da necessidade (...) de se qualificar melhor as figuras contratuais, apurando-se mais corretamente os direitos e deveres das partes (...).[102]

A legislação da época carecia, portanto, de um corpo normativo que lhe condensasse para regular os pactos na atividade comercial, o que sempre se justificou pelo caráter dinâmico das relações econômicas, na medida em que os contratos empresariais "sempre estiveram mais sujeitos aos usos e costumes e às necessidades da prática empresarial do que as demais categorias contratuais."[103]

De qualquer sorte, a concomitância do Código Comercial de 1850 e do Código Civil de 1916 acarretava a duplicidade de tratamento a determinados institutos jurídicos, a exemplo da sujeição às normas comerciais apenas daquele indivíduo que era, para a legislação, considerado comerciante.

Durante décadas se procurou, então, unificar o direito privado, adotando-se um corpo normativo que contemplasse as regras civis e comerciais, e eis que veio a ocorrer com a promulgação do Código Civil de 2002 (Lei nº 10.406/2002), a partir de diversas mudanças que a prática passou a contextualizar e demonstrar, culminando no esvaziamento da legislação comercialista.[104]

A unificação, porém, acarretou o surgimento de novos desafios para o enfrentamento dos contratos empresariais, sempre tangenciando as nuances histórico-evolutivas já trabalhadas nos tópicos anteriores, nas diversas passagens de modelos de Estado.

---

100. SARMENTO, Daniel. *Direitos fundamentais e relações privadas*. 2. ed. Rio de Janeiro: Lumen Juris, 2010, p. 15-16.
101. DUQUE, Marcelo Schenk. *Direito privado e Constituição*: drittwirkung dos direitos fundamentais, construção de um modelo de convergência à luz dos contratos de consumo. São Paulo: Ed. RT, 2013, p. 393.
102. BULGARELLI, Waldirio. *Contratos mercantis*. 13 ed. São Paulo: Atlas, 2000, p. 24.
103. RIBEIRO, Marcia Carla Pereira; GALESKI JÚNIOR, Irineu. *Teoria geral dos contratos*: contratos empresariais e análise econômica. Rio de Janeiro: Elsevier, 2009, p. 17.
104. Sobre isso, veja-se: "(...) se atentarmos para que a onerosidade já não é mais característica dos negócios comerciais sendo comum aos negócios civis; que os imóveis já começaram a ser objeto de atividade comercial, que os meios de prova são comuns, tendo inclusive passado para o âmbito do processo civil, que é comum; pouco ou quase nada sobra para caracterizar o Direito Comercial, sobre tal aspecto. (BULGARELLI, Waldirio. *Contratos mercantis*. 13 ed. São Paulo: Atlas, 2000, p. 45.)

Segundo Forgioni, "se antes todos os contratos estavam sujeitos à disciplina civilista, aqueles comerciais começam a dela se desprender, assumindo regras próprias",[105] que viriam a demonstrar o surgimento de uma categoria autônoma do direito dos contratos, voltada precipuamente para a economia de mercado.

1.4.1 A empresa no sistema jurídico brasileiro

De início, é importante frisar que a formação de contratos é elemento essencial para concepção de uma sociedade ordenada e coesa, o que decorre da própria natureza da atividade empresarial, que é derivado do conceito de empresa insculpido no Código Civil de 2002. Porém, para bem situar a matéria, cita-se excerto da obra de Enzo Roppo:

> (...) contrato seria a formalização jurídica de uma operação econômica e esta, por sua vez, a materialidade daquele. Define-se objetivamente operação econômica quando há circulação de riqueza que é a atual ou potencial transferência de riqueza de um sujeito para outro. O contrato representaria a crescente capacidade do direito de regular e operacionalizar as relações econômicas. Organização econômica (é o modo de produção e troca de bens) identifica-se com a organização social.[106]

A partir dessa conceituação de contrato, tem-se que a empresa assume a função de desempenhar atividades através de sucessivas relações contratuais, atuando, nessa linha, como verdadeiro agente econômico e de modo que todos os seus serviços, como a aquisição de insumos, atividade de consultoria, prestação de serviços, distribuição de mercadoria, dentre outros inúmeros, se perfazem através de relações jurídicas.

Essas relações que permitem ao empresário alcançar os seus objetivos são instrumentalizadas sob a forma de contratos.[107] Logo, "a empresa não apenas "é"; ela "age", "atua", e o faz principalmente por meio dos contratos, pois esta não vive ensimesmada, metida com seus ajustes internos; ela revela-se nas transações".[108]

O conceito de empresa surge, portanto, como corolário da noção de risco, cuja assunção eleva e acirra as oportunidades de formalização de negócios jurídicos voltados para o desempenho das atividades societárias. Ademais, é importante ponderar que não estão contemplados nessa lógica os contratos de consumo, submetidos à sistemática do conceito de 'destinatário final',[109] desdobrada do finalismo mitigado e obtida da leitura do artigo 2º do Código de Defesa do Consumidor.

Não se afasta totalmente, nesse sentido, a viabilidade de o empresário também realizar contratos de caráter consumeirista e se valer da legislação protetiva do consumidor,

---

105. FORGIONI, Paula A. *Teoria geral dos contratos empresariais*. São Paulo: Ed. RT, 2010, p. 48.]
106. ROPPO, Enzo. *O contrato*. Tradução de Ana Coimbra e M. Januário C. Gomes. Coimbra: Almedina, 2009, p. 32.
107. PONTES DE MIRANDA, Francisco Cavalcanti. *Tratado de direito privado*. Rio de Janeiro: Borsoi, 1954, t. 3, p. 333-334.
108. FORGIONI, Paula A. *Teoria geral dos contratos empresariais*. São Paulo: Ed. RT, 2010, p. 38.
109. Sobre isso: (...) o critério de diferenciação, imposto pela letra da lei e amplamente debatido, repousa na identificação da presença de um "destinatário final" na relação econômica/jurídica; ao fim e ao cabo, tudo reside em interpretar a expressão "destinatário final", empregada no texto normativo. (FORGIONI, Paula A. *Teoria geral dos contratos empresariais*. São Paulo: Ed. RT, 2010, p. 31.)

se destinatário final for. No entanto, isso deve ocorrer somente quando a celebração do referido pacto não tiver por escopo incrementar a atividade da empresa, isto é, quando o negócio jurídico realizado pelo empresário não vise o lucro subsequente, ou o serviço/bem adquirido não passe a compor a cadeia produtiva da empresa.

Tem-se, ao cabo da evolução dos modelos contratuais, uma ressignificação dos contratos empresariais, que surge como desdobramento dessa mudança de paradigma que, nas palavras de Forgioni:

> (...) traço diferenciador marcante dos contratos comerciais reside no escopo de lucro bilateral, que condiciona o comportamento das partes, sua "vontade comum" e, portanto, a função econômica do negócio, imprimindo-lhe dinâmica diversa e peculiar. Por um lado, o contrato, singularmente considerado, perfaz determinada operação econômica. Mas ele, quando imerso na empresa, revela-se como parte ou manifestação da atividade da empresa sobre cada um dos negócios por ela encetados.[110]

A ideia de um "renascimento" dos contratos empresariais se alinha exatamente com o avanço da tecnologia e sua alavancagem no meio empresarial, que passa a tomar corpo com o surgimento das *startups* e de uma gama de novos direitos contratuais que passaram a dar a tônica da sistemática jurídica empresarial hodierna.

Tem-se, com isso, um distanciamento dos contratos empresariais em relação às demais espécies de contratos e, como resultado dessa polarização,[111] vislumbra-se uma nova sistemática de classificação pela qual foram colocados, de um lado, os contratos empresariais (aqueles celebrados entre empresas) no desempenho de sua atividade e voltados para o lucro; e, de outro lado, os contratos ditos existenciais, abrangendo, entre outros, os contratos de trabalho, de consumo, e de locação.

1.4.2 Tecnologia e contratos relacionais

A tecnologia alterou substancialmente a maneira com que as interações e contratações ocorrem e se desenvolvem. Destaca-se o papel da Internet, com "sua capacidade de disponibilização – em escala planetária e com uma velocidade antes inimaginável – de dados e informações em um inusitado volume, que no passado era, simplesmente, impossível de ser processado."[112]

Segundo Guilherme Martins:

---

110. FORGIONI, Paula A. *Teoria geral dos contratos empresariais*. São Paulo: Ed. RT, 2010, p. 46.
111. LORENZETTI, Ricardo Luis. *Tratado de los contratos*. Santa Fé: Rubinzal-Culzoni, 1999, t. I, p. 20-21. Comenta: "La noción del tipo legal contractual no es inmutable, ya que el mismo tuvo muchas variaciones a lo largo de la historia. (…) En la cultura jurídica de influencia ítalo-franco-germana hay una fuerte gravitación de la noción de tipo contractual. En los códigos civiles que nacieron inspirándose en el Código Napoleónico fue común que se pensara en establecer apriorísticamente los distintos aspectos de un contrato, de modo tal que las partes sólo tuvieran que optar entre distintas tipologías a la hora de celebrar un vínculo. Se pretendía así una sociedad más ordenada racionalmente".
112. MODENESI, Pedro. Contratos eletrônicos de consumo: aspectos doutrinário, legislativo e jurisprudencial. In: MARTINS, Guilherme Magalhães; LONGHI, João Victor Rozatti (Coord.). *Direito digital*: direito privado e Internet. 2. ed. Indaiatuba: Foco, 2019, p. 435.

Com efeito, a globalização implica um processo contraditório, altamente seletivo e indutor de um pluralismo jamais visto anteriormente, oferecendo perspectivas diferenciadas para cada país, marcado pela hegemonia de alguns Estados; por outro lado, transformam-se os arranjos institucionais, nos planos econômico e político, bem como os hábitos, cultura e forma de apreensão teórica do mundo anteriormente existentes.[113]

Vinícius Klein analisa com profundidade uma característica marcante da relação inerente aos contratos empresariais de longo prazo, que classifica como "incompleta, ou seja, não pode identificar previamente todas as alterações da realidade que serão significativas para a relação contratual",[114] o que representa um desafio homérico em um mundo no qual a tecnologia permeia as relações empresariais e acelera cada vez mais a modelagem empresarial utilizada por empreendedores que se debruçam sobre a tecnologia para a alavancagem de seus negócios e até mesmo para a viabilização de suas atividades.[115]

Adiante se verá como o empreendedorismo de base tecnológica norteou o caminhar dessa disciplina ao longo do tempo, mas é de curial importância considerar-se todas as possibilidades advindas da racionalidade inerente aos contratos empresariais, pois, se pode realizar diversas "previsões, cálculos, considerando probabilidades, mas jamais haverá o controle do porvir".[116]

Por essa razão, em decorrência da própria limitação inerente ao campo de previsibilidade de que dispõe o empresário, não é possível elaborar um planejamento de riscos completo no momento da contratação, o que torna fácil concluir que os contratos empresariais passam, a partir de sua separação quanto aos contratos civis, a serem formados "sob uma base racional de maximização de benefícios individuais",[117] pois, conforme assevera Klein:

---

113. MARTINS, Guilherme Magalhães. *Contratos eletrônicos de consumo*. 3. ed. São Paulo: Atlas, 2016, p. 17. Ainda, é de se destacar que, devido à presença da tecnologia, na qual se tem uma "rede de computadores ligados entre si, perfazendo-se a conexão e comunicação por meio de um conjunto de protocolos, denominados TCP/IP (*Transmission Control Protocol/Internet Protocol*)", toda a dinâmica contratual se altera, na medida em que "a identificação das suas fronteiras físicas se torna impossível, em virtude da sua difusão pelo planeta, atravessando várias nações como se fora um rio, tendo englobado milhares de outras redes ao redor do mundo, que passaram a adotar tais protocolos". (MARTINS, Guilherme Magalhães. *Formação dos contratos eletrônicos de consumo via internet*. 2. ed. Rio de Janeiro: Lumen Juris, 2010, p. 21.)
114. KLEIN, Vinícius. *Os contratos empresariais de longo prazo*: uma análise a partir da argumentação judicial. Rio de Janeiro: Lumen Juris, 2015, p. 113.
115. Segundo Milton Santos: "A cada evolução técnica, uma nova etapa histórica se torna possível. (...) Em nossa época, o que é representativo do sistema de técnicas atual é a chegada da técnica da informação, por meio da cibernética, da informática, da eletrônica. Ela vai permitir duas grandes coisas: a primeira é que as diversas técnicas existentes passam a se comunicar entre elas. A técnica da informação assegura esse comércio, que antes não era possível. Por outro lado, ela tem um papel determinante sobre o uso do tempo, permitindo, em todos os lugares, a convergência dos momentos, assegurando a simultaneidade das ações e, por conseguinte, acelerando o progresso histórico". (SANTOS, Milton. *Por uma outra globalização*: do pensamento jurídico único à consciência universal. 15. ed. Rio de Janeiro: Record, 2008, p. 25.)
116. FORGIONI, Paula A. *Teoria geral dos contratos empresariais*. São Paulo: Ed. RT, 2010, p. 46.
117. RIBEIRO, Marcia Carla Pereira; GALESKI JUNIOR, Ireneu. *Teoria geral dos contratos*: contratos empresariais e análise econômica. Rio de Janeiro: Elsevier. 2009, p.185.

(...) apesar do reconhecimento dos contratos de longa duração, a teoria clássica do contrato sempre manteve como padrão de contratação os contratos instantâneos. Os contratos de longo-prazo seriam excepcionais e os instantâneos a regra geral, o que era compatível com o momento histórico em que foi forjado o modelo clássico de contrato.[118]

Segundo Paula Forgioni,

[o] contrato não é apenas a letra fria do instrumento. É o negócio embebido na realidade que o circunda, concebido e conduzido por seres humanos que, durante a vida do negócio, nele refletem suas tendências. A compreensão de seu entorno impõe-se para a disciplina das demandas e conflitos que surgem ao longo de sua vida. Esse tipo de estudo explica e sistematiza, a partir da observação da realidade, a tomada de decisões econômicas dos agentes [empresas, consumidores, investidores etc.]. De certa forma, estamos diante da retomada do caráter interdisciplinar que foi afastado do direito.[119]

Nota-se, de forma bastante clara frente a esse contexto, a relevância dos trabalhos de Ian MacNeil no que diz respeito aos eixos relacional e descontínuo,[120] conceitos que buscam analisar os parâmetros de governabilidade dos comportamentos e normas contratuais.[121]

Segundo o autor, "contratos são as relações entre as partes no processo de projetar a troca no futuro",[122] e não se restringem àquelas definidas por uma medida de equivalência recíproca, como o dinheiro, sendo este o viés preponderante da concepção de arquétipos contratuais que rompem o modelo clássico, abrindo um leque de possibilidades para que a penetração do viés tecnológico propicie uma ressignificação das concepções clássicas.

A ideia por detrás desse novo parâmetro "relacional" indica a preponderância de um objetivo comum colaborativo dos agentes, que empregam esforços conjuntos no intuito de alcançarem os objetivos propostos, diferentemente do que ocorre nos contratos tradicionais, de aspiração descontínua.[123] Pauta-se a inter-relação na noção de interdependência que contribui para solidificar os laços entre as partes envolvidas,

---

118. KLEIN, Vinícius. *Os contratos empresariais de longo prazo*: uma análise a partir da argumentação judicial. Rio de Janeiro: Lumen Juris, 2015, p. 104.
119. FORGIONI, Paula A. *Contratos empresariais*: teoria geral e aplicação. 2. ed. São Paulo: Ed. RT, 2016, p. 99.
120. MACNEIL, Ian R. *O novo contrato social*. Tradução de Alvamar de Campos A. Lamparelli. São Paulo: Campus, 2009, p.19.
121. Basicamente, é possível dizer que "(...) os contratos descontínuos funcionam como instrumento de uma barganha, no sentido de que viabiliza propósitos individualistas das partes, que agem de maneira egoística, voltada para seus propósitos pessoais, descrita como "comportamento racional" ao modo dos economistas clássicos. Isso exclui um projeto de cooperação". (MACEDO JÚNIOR, Ronaldo Porto. *Contratos relacionais e defesa do consumidor*. São Paulo: Max Limonad, 1988, p. 145).
122. MACNEIL, Ian R. *O novo contrato social*. Tradução de Alvamar de Campos A. Lamparelli. São Paulo: Campus, 2009, p.24.
123. AGUIAR JÚNIOR, Ruy Rosado de. Contratos relacionais, existenciais e de lucro. *Revista Trimestral de Direito Civil*, Rio de Janeiro, v. 45, p. 91-110, jan./mar. 2011, p. 98. Anota: "O negócio *per relationem* tem sido definido como o negócio jurídico perfeito e incompleto, no qual a determinação do seu conteúdo ou de alguns dos seus elementos essenciais se realiza mediante a remissão a elementos estranhos ao mesmo. A remissão a circunstâncias alheias recebe a denominação de *relatio*. O modelo do contrato relacional é o que melhor se adapta à nova sistemática dos contratos de empresas e entre empresas, nos quais a gestão do risco da superveniência é um problema".

que – em parceria – passam a compartilhar dos benefícios hauridos do esforço comum de alavancagem empresarial traçado no pacto.

Para MacNeil:

> Contratos relacionais, em contraste, propiciam o incremento e a intensificação de relações intercambiáveis de diversos outros comportamentos contratuais comuns, e, por conseguinte, de suas normas. Principalmente em meio a esses, tem-se (1) o papel da integridade, (2) a solidariedade contratual, e (3) a harmonização com a matrix social, especialmente a matrix social interna.[124]

A visão do autor revela a impossibilidade de se retirar o contrato da sociedade e tentar buscar uma compreensão isolada, desconectada dela própria, ou seja, a raiz fundamental e basilar do contrato é a sociedade, motivo pelo qual a teoria relacional se debruça sobre os consectários jurídicos das relações contratuais como práticas sociais, sendo, portanto, considerada uma teoria sócio-jurídica voltada para a análise empírica dos acordos, e não uma mera construção teórica abstrata, uma vez que os contratos empresariais surgem da prática dos comerciantes e não de modais previamente concebidos pelo legislador e inseridos no bojo da legislação, sendo, exatamente por isso, recorrentemente revisitados à medida em que a sociedade avança.[125]

1.4.3 A teoria relacional essencial de Ian MacNeil para os novos direitos contratuais

Quando se pensa na teoria de Ian MacNeil como um fundamento apto a explicar as transações a partir de como elas efetivamente ocorrem no mundo real, obtém-se a conclusão de que as transações não ocorrem isoladamente, mas estão incrustadas em uma segunda camada inter-relacional mais complexa de cognição mais abrangente, que abarca elementos essenciais tanto do contexto interno, quanto do contexto temporal inerente aos contratos de longo prazo:

> A teoria contratual essencial afirma que os padrões comportamentais e as normas descritas constituem um veículo bastante efetivo para satisfazer as proposições centrais da teoria relacional e promover uma análise conjunta da transação e do seu contexto.[126]

Tudo isso se conecta ao panorama da especialização laboral, que é incrementado pela influência da tecnologia nas relações empresariais, propulsionando a necessidade

---

124. MACNEIL, Ian R. Relational contract theory: challenges and queries. *Northwestern University School of Law Review*, Chicago, v. 94, n. 3, pp. 877-908, 2000, p. 897. No original: "Relational contracts, by contrast, give rise to an intensification in exchange relations of several other common contract behaviors, and hence to their norms. Primary among these are (1) role integrity, (2) contractual solidarity, and (3) harmonization with the social matrix, especially the internal social matrix".
125. KLEIN, Vinícius. *Os contratos empresariais de longo prazo*: uma análise a partir da argumentação judicial. Rio de Janeiro: Lumen Juris, 2015, p. 98 *et seq*.
126. MACNEIL, Ian R. Relational contract theory: challenges and queries. *Northwestern University School of Law Review*, Chicago, v. 94, n. 3, pp. 877-908, 2000, p. 893. No original: "Essential contract theory is the proposition that the common contract behavioral patterns and norms described earlier constitute a highly effective vehicle for satisfying the core propositions of relational contract theory".

de aproximação de indivíduos que conduzam, cada qual, uma frente de atuação empresarial específica para que, com a somatória de esforços, cresçam enquanto empresários.

Nas palavras de Macedo Júnior, esta especialização das atividades exercidas pelos envolvidos nas atividades empresariais "conduz a uma forma de troca entre bens diferentes produzidos por pessoas distintas",[127] o que propicia, em virtude da incompletude inerente aos contratos empresariais, uma facilitação no desempenho das atividades da empresa, mas também traz riscos e suscetibilidade a conflitos, uma vez que os empresários contratantes, em sua maioria, têm ciência de que as condições contratuais podem mudar durante o seu desenvolvimento e que a alocação de todos os riscos é impossível.[128]

Vinícius Klein assevera que "a teoria relacional representa um avanço significativo tanto na descrição de especificidades dos contratos de longo prazo quanto na normatização específica dos mesmos".[129]

Em essência, o que se tem é uma relativização dos caracteres de lucratividade e competitividade, cooperação e solidariedade, de modo que a perspectiva relacional permite, ainda, que os ganhos na troca sejam maximizados na perspectiva de longa duração, eis que é capaz de captar as especificidades dessas relações contratuais de forma adequada.

De qualquer forma, essa teoria não é isenta de críticas, na medida em que, não obstante os inegáveis benefícios oriundos da descrição das práticas contratuais à luz do complexo de relações sociais que as cercam e da contextualização da relação contratual, vários doutrinadores apontam para uma incipiência da compreensão dessa teoria, o que a torna de difícil aplicação prática.

Para Victor Goldberg, por exemplo, a interpretação dos contratos não deve buscar a verdadeira intenção das partes, mas, sim, deve se pautar pela intenção das partes a partir de um panorama de razoabilidade, frente a determinado contexto econômico, na medida em que a procura por um 'encontro de mentes', boa ideia no plano teórico, pode representar sérios problemas em determinados litígios contratuais.[130]

Nesse exato contexto, é possível dizer que as relações contratuais empresariais de longa duração não são reguladas por intenções das partes, mas são, em verdade, reflexos de uma variedade de influências que incluem normas sociais e normas de conduta desenvolvidas a partir da referida relação, de modo que as partes compreendem seu contrato dentro do contexto em que ele foi celebrado, explicitamente ou não. E é por essa razão que as asserções de Ian MacNeil acerca do modelo relacional o preconizam como método mais preciso e útil para a prestação da tutela jurisdicional em lides contratuais

---

127. MACEDO JÚNIOR, Ronaldo Porto. *Contratos relacionais e defesa do consumidor*. São Paulo: Max Limonad, 1988, p. 152.
128. FORGIONI, Paula A. *Teoria geral dos contratos empresariais*. São Paulo: Ed. RT, 2010, p. 194.
129. KLEIN, Vinícius. *Os contratos empresariais de longo prazo*: uma análise a partir da argumentação judicial. Rio de Janeiro: Lumen Juris, 2015, p. 122.
130. GOLDBERG, Victor P. *Framing contract law*: an economic perspective. Cambridge: Harvard University Press, 2006, p. 179.

empresariais, o que acaba por se coadunar com o viés empreendedor que se espera em relações céleres de alavancagem e escalabilidade empresarial, como ocorre em *startups*.

1.5 RELAÇÕES CONTRATUAIS ASSIMÉTRICAS

Há situações específicas no estudo das relações contratuais que merecem especial destaque: as relações contratuais assimétricas.

No plano mercadológico e nas relações empresariais (apartando-se desta análise, portanto, as relações de trabalho), em linhas gerais, pode-se dizer que existem dois grandes grupos de relações jurídicas aptas ao referido enquadramento assimétrico: (i) as relações de consumo; (ii) as relações empresariais em que, por razões econômicas, informacionais ou de mercado, o(s) empresário(s) ocupantes de um dos polos negociais se situam em posição díspar.[131]

Ricardo Luis Lorenzetti salienta que "a maioria das leis e das propostas de legislação separam o comércio eletrônico entre empresas e comerciantes das relações entre governo e particulares e daquelas realizadas entre consumidores e fornecedores."[132] É certo, pois, que a situação específica do consumidor dispensa maiores elucubrações, uma vez que a relação de consumo é lastreada justamente na assimetria negocial e na posição de desvantagem ocupada naturalmente pelo consumidor – elo mais fraco da relação jurídica.

Contudo, no que diz respeito à segunda hipótese, menção mais assertiva se faz necessária em relação ao que se propõe esta obra a estudar, uma vez que as *startups*, que serão analisadas com maior profundidade nos capítulos seguintes, são concebidas usualmente por empresários iniciantes que buscam parcerias com investidores e outros empresários, podendo tais relações serem desbalanceadas sob os pontos de vista econômico, informacional e mercadológico.

A doutrina italiana dedicou profundo estudo ao tema, valendo menção à doutrina de Vincenzo Buonocuore:

> (...) porque nem todos os possíveis contratantes fracos podem ser considerados consumidores: o consumidor é, de fato, por definição considerado um contratante fraco, mas nem todos os contratantes fracos podem ser considerados consumidores sob as mesmas definições normativas.[133]

Esta noção é corroborada, ainda, por Emilio Tosi:

---

131. FALEIROS JÚNIOR, José Luiz de Moura. Contratos relacionais e *vesting* empresarial nos instrumentos de parceria para startups de base tecnológica. *Revista Fórum de Direito Civil*, Belo Horizonte, ano 10, n. 26, p. 13-42, jan./abr. 2021, p. 14-15.
132. LORENZETTI, Ricardo Luis. *Comércio eletrônico*. Tradução de Fabiano Menke. São Paulo: Ed. RT, 2004, p. 362.
133. BUONOCUORE, Vincenzo. Contratti del consumatore e contratti d'impresa. *Rivista di Diritto Civile*, Pádua: Cedam, n. 1, p. 01-41, gen./feb., 1995, p. 09. No original: "(...) perché non tutti i possibili contraenti deboli potrebbero essere considerati consumatori: il consumatore è, infatti, per definizione ritenuto un contraente debole, ma non tutti i contraenti deboli possono considerarsi consumatori ala stregua dele definizioni normative".

Não obstante a força expansiva da legislação consumerista para proteger a negociação assimétrica em geral, não se pode desconsiderar uma "subjetivação" dos termos do problema.

De fato, é necessário distinguir entre contratos firmados com consumidores e os contratos firmados entre "profissionais".[134]

A razão de ser da assimetria decorre de uma anomalia da ordenação jurídica, que pode conduzir à existência de uma distorção tamanha que justifique tratamento jurídico protetivo para além da liberdade de contratar.

Não há dúvidas de que se trata de nítida situação interventiva e alinhada a um viés protetivo peculiar, que, por se imiscuir às justificativas para o fomento ao empreendedorismo, demanda mais aprofundada averiguação.

É preciso frisar que todo negócio jurídico empresarial está sujeito a problemas concorrenciais ligados à disciplina do Direito Econômico. Fala-se em abuso de posição econômica e questões referentes às práticas comerciais desleais, que se somam a temas de problematização mais ampla, como o das cláusulas contratuais abusivas, que demandam intervenção corretiva para que não se perpetuem desvios prejudiciais não apenas às relações empresariais aventadas, mas às atividades econômicas amplamente consideradas e, evidentemente, à própria ordenação.

1.5.1 Empreendedor ou consumidor?

É de curial conceituação a situação específica do conceito jurídico de consumidor – sem qualquer pretensão de, nesta obra, se perquirir acerca dos institutos jurídicos relativos às relações de consumo – para que, no curso da investigação relacionada ao novo papel do empreendedorismo de base tecnológica, se possa apresentar distinção adequada.

E, nesse afã, impõe-se, de plano, destacar que as ordenações jurídicas que trabalham tais relações em codificações específicas partem do pressuposto essencial de que a disparidade de poder econômico, de informação e até mesmo o potencial de manipulação de uma parte em detrimento da outra são aspectos que justificam tratamento protetivo de escopo mais ampliado.

A relação de consumo é observada sob o prisma da disparidade, possuindo, de um lado, um consumidor denotado como elo mais frágil, e, de outra banda, um fornecedor de produtos ou serviços – via de regra, um empresário – considerado a parte contratual mais destacada.

Trata-se de uma dinâmica que revela desigualdade, desequilíbrio e assimetria. Por essa razão, a proteção diferenciada que reclama parte da incidência de normas

---

134. TOSI, Emilio. *Contratti informatici, telematici e virtuali*: nuove forme e procedimenti formativi. Milão: Giuffrè, 2010, p. 278. No original: "Nonostante la forza espansiva della normativa consumeristica a protezione della contrattazione asimmetrica in generale, non si può prescindere da una 'soggettivizzazione' dei termini del problema. Occorre, infatti, distinguere tra contratti con i consumatori e contratti tra 'professionisti'".

diversas do Código Civil, que se aplicaria às relações estabelecidas entre partes teoricamente iguais.

Com efeito, a existência de um diploma legal especificamente destinado ao trato das relações de consumo evidencia uma preocupação legislativa ímpar, cuja caracterização pressupõe uma investigação sobre seus personagens principais.

Noutros termos, é imperioso que se apresente, em termos conceituais, quem é a figura denominada consumidor e qual é o objeto da relação contratual desenvolvida entre as partes para que se afaste deste campo protetivo o outro grupo de relações empresariais assimétricas.

Faltando este requisito conceitual, ou seja, o enquadramento de uma das partes como consumidora, não se terá relação de consumo. E, conforme aponta Vincenzo Roppo, a relação contratual de consumo é o paradigma das relações assimétricas, mas estas não abrangem apenas o direito do consumidor, considerado em seu sentido estrito, mas sim um vasto campo de contratos assimétricos, dentre eles os contratos eventualmente firmados entre empresas ou empresários.[135]

Logo, se uma das partes não for considerada consumidora, não se estará perante uma relação de consumo, ainda que outros elementos estejam presentes. Este é, portanto, o ponto de partida para a sua caracterização, como será visto a seguir.

A vulnerabilidade é um aspecto intrínseco à delimitação da qualidade de consumidor; já a hipossuficiência é a característica individual, que pode estar presente ou não na relação contratual concreta.

Restando descaracterizada a hipossuficiência no caso concreto, a justificativa para a proteção com base nas regras de proteção ao consumidor perde sua razão de ser, pois não se vislumbra o desequilíbrio potencialmente causador do prejuízo à parte.

Para a doutrina portuguesa, em vertente minoritária, considera-se irrelevante o conceito de consumidor para o estudo do direito do consumo, pois o foco do estudo reside na relação de consumo em si, e não propriamente na pessoa do consumidor.[136]

Esta é uma posição que não encontra grande aceitação, contudo, porquanto se considera prevalente no campo doutrinário o fato de a própria relação de consumo basear-se na figura do consumidor, sendo imperiosa a delimitação de quem o é ou de quem o pode ser.

Nesse passo, Carlos Ferreira de Almeida se dedica a averiguar de forma mais abrangente e completa acerca das concepções econômica, sociológica e jurídica dos conceitos de consumidor e de consumo, cuidando de indicar até mesmo elementos de ordem subjetiva, objetiva, teleológica e negocial para explicitar o conceito de consumidor na ordenação jurídica portuguesa.

---

135. ROPPO, Vincenzo. *Il contratto del duemila*. Turim: Giappichelli, 2000, p. 106-107.
136. *Cf.* ALMEIDA, Carlos Ferreira de. *Direito do consumo*. Coimbra: Almedina, 2005.

Ainda segundo o autor, sob o ponto de vista econômico, é imprescindível a análise do conceito jurídico de 'consumo', visto, em Portugal, como a função de satisfação das necessidades – núcleo de estudo das ciências econômicas. No campo sociológico, o consumidor ocuparia uma estrutura de mercado dentro da qual lhe são fornecidos bens e serviços por seu valor de troca, e busca-se adquiri-los em harmonia com o 'valor de uso' que, socialmente, se lhes atribui. Enfim, do ponto de vista jurídico, afirma-se a impossibilidade de uma resposta global e uniforme, sendo necessário mencionar o conceito baseado na lei portuguesa de defesa do consumidor segundo a qual o consumidor seria basicamente uma pessoa não profissional a quem são fornecidos bens e serviços, para uso privado, por um profissional com atuação no mercado.[137]

Nota-se, a partir da noção da relação de consumo, que o seu principal protagonista, qual seja, o consumidor, é a parte mais vulnerável na relação de consumo, e, por esse motivo, a parte considerada, na maior parte das vezes, hipossuficiente. E, pelo próprio conceito de 'consumo', obtido sob os pontos de vista econômico, sociológico ou até jurídico, esta hipossuficiência pode se dar no plano técnico, econômico, informacional ou até mesmo em relação ao *know-how* mercadológico, frente ao fornecedor.

É exatamente a posição mais desfavorecida do consumidor que justifica a sua proteção constitucional, reconhecida, em Portugal, pela exegese do artigo 60 da Constituição daquele país.

No Brasil, o Código de Defesa do Consumidor considera consumidores todos os que adquiram produtos ou serviços como destinatários finais, ou seja, para uso próprio, direto. Dessa forma, tem-se como base para a caracterização de uma pessoa como consumidora a finalidade da aquisição do bem ou serviço, ou seja, se a aquisição ocorrer para o fim de utilização pessoal, então a pessoa será considerada destinatária final do bem e, portanto, consumidora; porém, se a aquisição se der para finalidades outras, *v.g.*, se destinar-se para emprego em uma cadeia produtiva, não haverá relação de consumo.

Gustavo Tepedino assim se posiciona sobre o tema:

> Cuida-se de opção legislativa que suscita controvérsias, na medida em que não restringe a utilização dos mecanismos de proteção da parte contratual mais fraca a pessoas físicas, incluindo, ao revés, em seu âmbito de atuação, as empresas-consumidoras, desde que adquiram produtos ou serviços como destinatárias finais dos produtos – ou seja, desde que adquiram produtos ou serviços para uso próprio, não para a sua atividade profissional.[138]

Deve-se ressaltar, entretanto, que existem duas teorias preponderantes para a caracterização da figura do consumidor no Brasil: a maximalista e a minimalista. Para a primeira, ter-se-á a relação de consumo e a consequente proteção contratual sempre que o consumidor – pessoa física ou jurídica – for o destinatário final, adotando, assim, uma interpretação literal do artigo 2º Código de Defesa do Consumidor; por sua vez,

---
137. ALMEIDA, Carlos Ferreira de. *Os direitos dos consumidores*. Coimbra: Almedina, 1982, p. 204-221.
138. TEPEDINO, Gustavo. Os contratos de consumo no Brasil. In: TEPEDINO, Gustavo. *Temas de direito civil*. Rio de Janeiro: Renovar, 2006, v. II, p. 127.

para a segunda teoria, é necessário que, além dos requisitos legais, o adquirente pessoa jurídica esteja em posição de vulnerabilidade perante o fornecedor de produtos ou serviços para que se enquadre na norma protetiva.

Sobre o tema, Fernando Noronha aduz que:

> Na caracterização do consumidor, é preciso combinar a ideia básica de 'destinatário final', contida no art. 2º, com a da 'vulnerabilidade do consumidor no mercado de consumo', que está no art. 4º., I. Verdadeiramente merecedor de tutela será o destinatário final do produto ou serviço oferecido no mercado de consumo, que esteja em posição de vulnerabilidade.[139]

O Superior Tribunal de Justiça aderiu, contudo, à chamada corrente *finalista mitigada*, pela qual equiparam-se à condição de consumidores as pessoas jurídicas que, embora não sejam destinatárias finais do produto ou serviço adquirido, revelem vulnerabilidade técnica, jurídica ou econômica em relações de consumo estranhas à sua especialidade.

Nesse contexto, a depender da forma como se dará uma relação assimétrica, suscitar-se-á dúvida acerca do enquadramento de uma das partes no conceito jurídico de consumidor, para além da relação jurídica assimétrica peculiarmente considerada.

Parece evidente que, pela própria dicotomia entre uma e outra vertentes, não se terá essencialmente uma relação de consumo na hipótese em que a formatação de uma modelagem de negócio – especialmente no caso de *startups* de base tecnológica – dependa de técnicas contratuais atípicas, como o *vesting* empresarial.

Nos próximos capítulos, melhor compreensão será aportada ao tema para que se identifique alguns dos elementos essenciais para a elucidação mais apropriada do tema.

1.5.2 Vulnerabilidade na relação assimétrica

No direito dos contratos, há inúmeras situações em que não se tem a esperada igualdade substancial entre as partes no momento da contratação, dando ensejo a disparidades que formam a assimetria contratual.

Segundo Lorenzetti, podem ser elencadas as seguintes situações díspares:

> B.1) *Disparidades econômicas*. No mundo da economia real existem diferenças econômicas entre os fornecedores de bens e serviços e os consumidores, em razão das quais foram criadas normas de proteção com o escopo de neutralizar esta deficiência. (...)
>
> B.2) *Disparidades de informação quanto ao objeto*. No meio virtual também se verificam as diferenças no volume de informações referentes ao bem ou serviço que constitui o objeto da prestação, o que deu lugar ao surgimento da categoria de "fornecedores profissionais" e à imposição de deveres de informação, de ônus da prova etc. Na área que analisamos no momento, ocupamo-nos não apenas da economia digital, mas também da economia da informação, e, portanto, nos referimos a produtos que são constituídos de informação, o que instaura uma nova diferença qualitativa. Não se trata apenas do desconhecimento acerca de aspectos relativos às características do automóvel, do imóvel ou do empréstimo em dinheiro contratado. (...)

---

139. NORONHA, Fernando. *Direito das obrigações*. 3. ed. São Paulo: Saraiva, 2010, p. 354.

B.3) *Disparidades tecnológicas*. No ambiente virtual, além do que já foi dito, floresce uma diferença cognoscitiva sobre o meio empregado. No direito comparado há normas jurídicas que estabelecem um esquema protetivo relacionado com o surgimento de novas tecnologias de marketing agressivo, o que se acentua no caso da Internet, que possibilita a realização de publicidade dentro da residência do consumidor. (...) Pode-se afirmar que a tecnologia aumenta a vulnerabilidade dos consumidores, instaurando uma relação que não lhes é familiar.

Concluímos este ponto afirmando a necessidade de um desenvolvimento do princípio protetivo no âmbito da economia da informação e da tecnologia digital (...).[140]

Na Itália, para traçar um comparativo, quando se indica uma situação de assimetria entre as partes, tem-se em conta uma noção de 'debilidade', conforme indica Lorenzo Delli Priscoli:

Um contratante pode ser definido como 'débil' quanto tenha um poder contratual significativamente inferior em relação ao outro contratante, quando, noutras palavras, existe um significativo desequilíbrio contratual entre os dois contratantes.[141]

Com efeito, essa noção de 'debilidade', advinda de uma reformulação dos conceitos de inferioridade, fraqueza e – como se convencionou chamar no direto pátrio – vulnerabilidade, já era aventada pela doutrina,[142] que vislumbrava nos contratos a potencialidade de gerarem desequilíbrio, atuando como instrumentos de opressão, e não de liberdade, sendo imperiosa a análise casuística para fins de identificação de assimetrias que justifiquem intervenção jurídica.

No que diz respeito às *startups*, é inegável o potencial de assimetria inter-relacional, na medida em que se tem, via de regra, uma ideia ou modelo de negócio recém-concebido e ainda carente de lapidação, testagem e verificação de viabilidade. Para além disso, a participação de investidores, colaboradores e fornecedores é essencial, e nem sempre o idealizador da empresa estará apto a lidar com as contingências de mercado que encontrará, especialmente nos estágios iniciais da empresa.

Em uma *startup*, pode-se dizer que há certa propensão à vulnerabilidade, especialmente de seu idealizador. Entretanto, não se pode confundir vulnerabilidade com hipossuficiência. A primeira diz respeito a uma situação de fraqueza e submissão de uma parte à outra na relação contratual, ao passo que a hipossuficiência pode ocorrer

---

140. LORENZETTI, Ricardo Luis. *Comércio eletrônico*. Tradução de Fabiano Menke. São Paulo: Ed. RT, 2004, p. 363-365.
141. PRISCOLI, Lorenzo Delli. La rilevanza dello status per la protezione dei soggetti deboli nel quadro dei principi europei di rango costituzionale. *Rivista del Diritto Commerciale*, Pádua, n. 2, p. 311-353, jan./dez. 2012, p. 334. No original: "Un contraente può essere definito 'debole' quando abbia un potere contrattuale significativamente inferiore rispetto all'altro contraente, quando, in altre parole, esista un significativo squilibrio di potere contrattuale tra i due contraenti".
142. Sobre isso, eis a lição de Fernando Noronha: "Tanto o direito do trabalho como o do consumidor nasceram devido à necessidade de assegurar tutela jurídica adequada a grandes grupos sociais que ficavam ao desamparo, em sociedades organizadas segundo o sistema político-econômico chamado de capitalismo liberal. Elas estavam sujeitas ao império do que os economistas chamam de 'leis econômicas do mercado', e também das normas jurídicas paralelamente instituídas, para tutela da livre iniciativa econômica". (NORONHA, Fernando. *Direito das obrigações*. 3. ed. São Paulo: Saraiva, 2010, p. 356).

ou não, porquanto não está adstrita ao campo econômico. Vale dizer: a hipossuficiência pode ser técnica ou informativa.

1.5.3 Assimetria econômica, assimetria técnica e assimetria informativa

Inquestionavelmente, a situação de vulnerabilidade explorada nos tópicos anteriores pode adquirir contornos e peculiaridades que lhe permitem gerar consequências jurídicas diversas no estudo dos contratos relacionais.[143] Entretanto, pode ocorrer de uma determinada situação não configurar vulnerabilidade, mas hipossuficiência, acarretando outros desdobramentos.

Para que se possa falar em vulnerabilidade, a assimetria econômica deve se manifestar de maneira que, em uma relação contratual, se tenha uma das partes ocupando *locus* econômica e financeiramente mais vantajoso do que a outra, potencialmente impondo condições ou situações desfavoráveis de uma parte em relação à outra.

Individualmente considerada, a assimetria econômica pode representar um problema à manutenção do sinalagma contratual quando gerar alguma distorção relacionada à ausência ou à indisponibilidade de meios para o indivíduo que esteja em posição economicamente desprivilegiada perante o outro, o que pode implicar inegável discrepância de poder econômico, rompendo o equilíbrio do contrato de forma nociva.

Apesar disso, nem sempre que for observada uma discrepância desse jaez, ter-se-á problemas estruturais automáticos na relação contratual, uma vez que, nas hipóteses em que o contrato for cumprido de forma adequada e escorreita entre as partes, não fará diferença alguma a discrepância de poderio econômico entre uma e outra.

Com efeito, a existência da disparidade econômico-financeira entre os contratantes é fenômeno que, de forma isolada ou somada a outros fatores preponderantes de assimetria, irá se tornar o aspecto nuclear da aferição que se pretenda realizar. De igual modo, se essa assimetria se manifestar do ponto de vista informacional, ou seja, em relação direta com o próprio conteúdo de determinada cláusula contratual que, automaticamente ou não, venha a colocar uma das partes em situação de desvantagem, ter-se-á a assimetria, típica dos modelos contratuais de adesão ou dos instrumentos que recorrem à formulação das cláusulas gerais.[144]

Noutros dizeres, enfatize-se que a assimetria informativa ou informacional prescinde de que uma das partes seja tecnicamente inferior à outra.[145] Todavia, ela presume

---

143. Cristiano Chaves de Farias e Nelson Rosenvald assim comentam o tema: "Os contratos relacionais e os associativos são o fruto histórico deste novo contexto, representando um paradigma em expansão, notadamente em áreas como contratos empresariais de fornecimento, contratos de franquia e contratos de consumo de longa duração". (FARIAS, Cristiano Chaves de; ROSENVALD, Nelson. *Curso de direito civil*: contratos. 9. ed. Salvador: Juspodivm, 2019, v. 4, p. 375.)
144. MACEDO JÚNIOR, Ronaldo Porto. *Contratos relacionais e defesa do consumidor*. São Paulo: Max Limonad, 1988, p. 155.
145. BHATTACHARYA, Utpal; DAOUK, Hazem. When no law is better than a good law. *Review of Finance*, Oxford, v. 13, n. 4, p. 577-627, out. 2009, *passim*.

que, no tocante a determinada negociação específica, haja um conhecimento qualitativa ou quantitativamente superior de uma das partes, que, ao se sobrepor ao conhecimento da contraparte, causará o desequilíbrio da relação contratual.[146]

Dentro da situação de assimetria informacional, a doutrina apresenta uma classificação bipartida: vertical e horizontal. A primeira ocorre quando se tem uma dinâmica inter-relacional envolvendo entidades não equivalentes, ou seja, decorre do fato de uma entidade possuir maior acervo de informações do que a outra, e as reter para si, de modo a impossibilitar que a parte com menos informações tenha acesso a esse plexo informacional que, em sua completude, lhe permitiriam decidir por prosseguir com o negócio jurídico ou não. Já na segunda modalidade, entidades em situação equivalente ostentam a informação – que possui valor – e, embora haja certa discrepância entre o acervo de informações que algumas dessas entidades acessam, nenhuma delas possui o conjunto completo de informações, que somente poderá ser obtido mediante união de esforços e compartilhamento.[147]

Tudo está ligado a aspectos como suficiência e custo transacional,[148] sendo a assimetria informacional aferível a partir de aspectos econômicos da relação jurídica, em fenômeno que, essencialmente, transformará o desequilíbrio em uma relação jurídica injusta.

Para combater isso, certos institutos hodiernos merecem revisitação específica, e o *vesting* empresarial é um deles, uma vez que suas peculiaridades ofertam diversas nuances importantes para a compreensão desse desequilíbrio não consumerista e dual frente aos desafios que as relações negociais relacionais apresentam no plano da inovação.

Ainda sobre os contratos relacionais, segundo Rafael Renner:

> Por ter execução protraída no tempo, é possível que o seu objeto sofra constantes mudanças, seja na sua qualidade, seja no seu *design*, dificultando a previsão, no corpo do contrato, de todas as vicissitudes que possam ocorrer na execução do mesmo.[149]

Nessa linha, retomando as lições de Ronaldo Porto Macedo Júnior,[150] revela-se factível a compreensão do *vesting* como contrato relacional, com pontuações específicas que se revelam necessárias para sua completa assimilação.

---

146. Confira-se, a esse respeito: OLIVEIRA, Nuno Manuel Pinto. Contratos de adesão nas relações entre empresas – anotação ao acórdão do Tribunal da Relação de Guimarães de 19 de fevereiro de 2005 (processo nº 1575/05, 1ª Secção). *Revista Jurídica da Universidade Portucalense*, Porto, n. 15, pp. 239-254, jan./dez. 2012, p. 244.
147. Para maiores detalhes, confira-se: CLARKSON, Gavin; JACOBSEN, Trond E.; BATCHELLER, Archer L. Information asymmetry and information sharing. *Government Information Quarterly*, Reino Unido, v. 24, n. 4, p. 827-839, out. 2007.
148. ARAÚJO, Fernando. *Teoria económica do contrato*. Coimbra: Almedina, 2007, p. 284.
149. RENNER, Rafael. *Novo direito contratual*: a tutela do equilíbrio contratual no Código Civil. Rio de Janeiro: Freitas Bastos, 2007, p. 130.
150. MACEDO JÚNIOR, Ronaldo Porto. *Contratos relacionais e defesa do consumidor*. São Paulo: Max Limonad, 1988, p. 147 *et seq*.

1.6 *STARTUPS* E LIBERDADE ECONÔMICA

Em 30 de abril de 2019, foi publicada a Medida Provisória n° 881, posteriormente convertida na Lei n° 13.874, de 20 de setembro de 2019, que estabeleceu a "Declaração de Direitos de Liberdade Econômica", contendo "normas de proteção à livre iniciativa e ao livre exercício de atividade econômica e disposições sobre a atuação do Estado como agente normativo e regulador."

Referido ato normativo, além de conter uma longa série de princípios e conceitos, estabeleceu o seguinte:

> Art. 3° São direitos de toda pessoa, natural ou jurídica, essenciais para o desenvolvimento e o crescimento econômicos do País, observado o disposto no parágrafo único do art. 170 da Constituição:
>
> (...)
>
> VIII – ter a garantia de que os negócios jurídicos empresariais serão objeto de livre estipulação das partes pactuantes, de forma a aplicar todas as regras de direito empresarial apenas de maneira subsidiária ao avençado, hipótese em que nenhuma norma de ordem pública dessa matéria será usada para beneficiar a parte que pactuou contra ela, exceto se para resguardar direitos tutelados pela administração pública ou de terceiros alheios ao contrato.

Nota-se forte distanciamento estatal quanto às relações privadas, em movimento pendular de retorno ao que se observou ao longo da construção da moderna disciplina contratual. Retoma-se, com isso, o modelo liberal e não interventivo que imperou em tempos pretéritos. Na visão de Clara Jaborandy e Tatiane Goldhar, "a legislação existente ainda não [estava] apta a acompanhar o dinamismo do ecossistema das *startups*",[151] o que realçava a necessidade de compatibilização dos propósitos inerentes à liberdade econômica com a edição de um novo marco regulatório especificamente voltado às *startups*.

O equilíbrio contratual é caracterizado quando há uma equivalência substancial entre as prestações contratuais,[152] que impede a desproporção em virtude de parâmetros exteriores à própria vontade dos contratantes, isto é, quando "o deslocamento patrimonial de uma parte corresponder a semelhante alocação patrimonial do outro",[153] ter-se-á o equilíbrio objetivo almejado.

Nesse campo, o ato normativo em questão, além de definir a liberdade econômica como premissa inexorável, alterou alguns dispositivos do Código Civil, como o art. 421:

> Art. 421. A liberdade de contratar será exercida em razão e nos limites da função social do contrato, observado o disposto na Declaração de Direitos de Liberdade Econômica.

---

151. JABORANDY, Clara Cardoso Machado; GOLDHAR, Tatiane Gonçalves Miranda. Marco legal para startups no Brasil: um caminho necessário para segurança jurídica do ecossistema de inovação. In: EHRHARDT JÚNIOR, Marcos; CATALAN, Marcos; MALHEIROS, Pablo (Coord.). *Direito civil e tecnologia*. 2. ed. Belo Horizonte: Fórum, 2021, t. I, p. 574.
152. BIANCA, C. Massimo. *Diritto civile*. 2. ed. Milão: Giuffrè, 2000, v. 3, p. 490.
153. RENNER, Rafael. *Novo direito contratual*: a tutela do equilíbrio contratual no Código Civil. Rio de Janeiro: Freitas Bastos, 2007, p. 70.

Parágrafo único. Nas relações contratuais privadas, prevalecerá o princípio da intervenção mínima do Estado, por qualquer dos seus poderes, e a revisão contratual determinada de forma externa às partes será excepcional.

Foram inseridos, ainda, os arts. 480-A e 480-B:

Art. 480-A. Nas relações interempresariais, é lícito às partes contratantes estabelecer parâmetros objetivos para a interpretação de requisitos de revisão ou de resolução do pacto contratual.

Art. 480-B. Nas relações interempresariais, deve-se presumir a simetria dos contratantes e observar a alocação de riscos por eles definida.

Para além da preocupação com o fato de as alterações terem sido realizadas por medida provisória, sem o profícuo e desejável processo legislativo, tem-se uma completa inversão do escopo protetivo delineado a partir da incidência dos vetores constitucionais sobre as relações privadas,[154] também difundida sob a denominação de eficácia em relação a terceiros, ou de *Drittwirkung*, em alemão, que, embora não pretenda "exigir" os resultados justos, busca "contentar-se com a consequência de que as injustiças graves sejam evitadas."[155]

Isso abre espaço para a operacionalização de injustiças contratuais que violem o equilíbrio objetivo das prestações contratuais, subvertendo o sistema jurídico a partir da desestruturação de mecanismos como a função social do contrato, agora submetida à cartilha de preceitos da medida provisória, além de desarticular a atuação do Judiciário em situações de flagrante violação a direitos fundamentais – particularmente no campo dos contratos empresariais.

Se a assimetria relacional prepondera em virtude da assimetria econômica vislumbrada entre os contratantes, novos filtros para a aferição da responsabilidade contratual podem ofuscar o direito, abrindo campo largo à lesão, à onerosidade excessiva e impedindo qualquer sorte de controle, sempre sob o manto da alegada liberdade.

---

154. CANARIS, Claus-Wilhelm. *Direitos fundamentais e direito privado*. Tradução de Ingo Wolfgang Sarlet e Paulo Mota Pinto. Coimbra: Almedina, 2003, p. 10.
155. CANARIS, Claus-Wilhelm. A liberdade e a justiça contratual na sociedade de direito privado. In: MONTEIRO, Antônio Pinto (Org.). *Contratos*: actualidade e evolução. Porto: Universidade Católica Portuguesa, 1997, p. 58.

2
AS RELAÇÕES EMPRESARIAIS NA SOCIEDADE DA INFORMAÇÃO

Ao longo do primeiro capítulo deste trabalho analisou-se a evolução dos modelos contratuais, perpassando pelas diversas eras da configuração do Estado e, ainda que brevemente, consignou-se a inserção do tema no que diz respeito à crescente evolução do Direito no afã de acompanhar a evolução da sociedade.

Entretanto, o mundo continua passando por sensíveis transformações, e a principal causa dessas mudanças incessantes é, indubitavelmente, a tecnologia, que surge atrelada à concepção de economia global, concorrência, sistemas sociais e ao recrudescimento da legislação que norteia os diversos microssistemas jurídicos contemporâneos. E, nesse âmbito, teorias que até então geravam bons resultados para a maioria das organizações não mais se traduzem em relevância jurídica frente ao avanço tecnológico.

A gênese da expressão "sociedade da informação" é controvertida na doutrina, havendo quem atribua seu primeiro uso a autores norte-americanos, como Fritz Machlup, em trabalhos dos anos 1960 e 1970, com destaque para obra *The production and distribution of knowledge in the United States*, de 1962; mas há quem sustente que a expressão foi cunhada pelos doutrinadores japoneses Kisho Kurokawa e Tudao Umesao, na década de 1960, mas com efetiva conceituação a partir dos trabalhos de Yujiro Hayashi e Yoneji Masuda – com destaque para este último –, versando sobre uma "sociedade de base informacional" ou "sociedade baseada na informação."[1] Por outro lado, há autores que rejeitam essa expressão, a exemplo de Zbigniew Brzezinski, que prefere a expressão "sociedade tecnotrônica".[2]

A expressão "sociedade da informação", ou sociedade informacional, como diz Manuel Castells[3] passou a ser utilizada como representativa do paradigma econômico-tecnológico de difusão da informação,[4] com estrutura e dinâmica impactadas pela fluidez

---

1. DUFF, Alistair A. *Information society studies*. Londres: Routledge, 2000, p. 3-4.
2. BRZEZINSKI, Zbigniew K. *Between two ages*: America's role in the technetronic era. Nova York: Viking Press, 1971, p. 11.
3. CASTELLS, Manuel. *The rise of the network society*. The information age: economy, society, and culture. 2. ed. Oxford: Blackwell, 2010, v. 1, p. 499.
4. A obra "A sociedade em rede" é composta de um prólogo, de sete capítulos e de uma conclusão. No prólogo, denominado "a rede e o ser", Castells trata do emergente fenômeno de informatização como uma tendência irreversível e do novo liberalismo mundial em que tudo é justificado em função do mercado, condicionando a fragmentação social, que se propaga a ponto de gerar situações que desestruturam movimentos sociais, mas não só, acabam contribuindo para a ressignificação de vários institutos jurídicos. Sobre o tema, Daniel Bell informa

informacional, associada à reestruturação e expansão do capitalismo em um período no qual o já mencionado Estado pós-social (ou pós-moderno, se preferir), é caracterizado pela dinâmica leve, fluida e célere, ou, como diz Zygmunt Bauman, por uma "modernidade líquida"[5] que impera nas ciências humanas a ponto de alterar a identidade do indivíduo pós-moderno a cada novidade que lhe é apresentada pelos avanços sociais e tecnológicos.

Bill Gates, Nathan Myhrvold e Peter Rinearson, em sua renomada obra, "A estrada do futuro", já destacavam o papel que a Internet desempenharia no Século XXI,[6] ainda que, no curso da década de 1990, se vislumbrasse tímidos fluxos de dados, com poucas imagens, textos e gráficos intercambiados em um sistema ainda rudimentar e pouco interligado chamado de *web 1.0* e concebido sob premissas militares pela Agência de Projetos de Pesquisas Avançadas – ARPA (*Advanced Research Projects Agency*) do Departamento de Defesa dos EUA.[7]

Avançou-se para a segunda "era", denominada *web 2.0*, e nela a Internet adquiriu uma dimensão jurídica fundamental, haja vista a intensificação do compartilhamento de dados e a expansão de seu uso; além disso, a rede passou a operar a curto prazo, exercendo influência marcante no cotidiano informacional e suscitando visões de uma era "pós-territorial" (sem fronteiras).[8]

Já se está na *web 3.0*, marcada pela operabilidade da rede em tempo real, pelo armazenamento ininterrupto de dados (*always recording*),[9] pela *web* criativa, pela tecnologia tridimensional e pelos avatares virtuais, dando origem à "*web* semântica" e à legibilidade da rede por máquinas – e não mais apenas por seres humanos – e à hiperconectividade, ligada às comunicações entre indivíduos (*person-to-person*, P2P), entre indivíduos e máquina (*human-to-machine*, H2M) ou entre máquinas (*machine-to-machine*, M2M), a partir de um vasto aparato técnico.[10]

Ademais, diversos autores já indicam que se está caminhando para a predominância da *web 4.0* ou "*web* inteligente", marcada pela presença da 'Internet das Coisas'[11] e pela

---

que "[a]s expressões sociedade industrial, pré-industrial e pós-industrial são sequências conceituais ao longo do eixo da produção e dos tipos de conhecimento utilizados". (BELL, Daniel. *O advento da sociedade pós-industrial*: uma tentativa de previsão social. Tradução de Heloysa de Lima Dantas. São Paulo: Cultrix, 1973, p. 25.)

5. *Cf.* BAUMAN, Zygmunt. *Modernidade líquida*. Tradução de Plínio Dentzien. Rio de Janeiro: Zahar, 2001.
6. GATES, Bill; MYHRVOLD, Nathan; RINEARSON, Peter. *A estrada do futuro*. Tradução de Beth Vieira, Pedro Maia Soares, José Rubens Siqueira e Ricarco Rangel. São Paulo: Cia. das Letras, 1995, p. 145-173.
7. KANAAN, João Carlos. *Informática global*. 2. ed. São Paulo: Pioneira, 1998, p. 23-31.
8. GOLDSMITH, Jack; WU, Tim. *Who controls the Internet?* Illusions of a borderless world. Oxford: Oxford University Press, 2006, p. 13.
9. FREDETTE, John *et al*. The promise and peril of hyperconnectivity for organizations and societies. In: DUTTA, Soumitra; BILBAO-OSORIO, Beñat (Ed.). *The global information technology report 2012*: living in a hyperconnected world. Genebra: Insead; World Economic Forum, 2012, p. 113.
10. QUAN-HAASE, Anabel; WELLMAN, Barry. Hyperconnected network: computer-mediated community in a high-tech organization. In: ADLER, Paul S.; HECKSCHER, Charles (Ed.). *The firm as a collaborative community*. Nova York/Oxford: Oxford University Press, 2006, p. 285.
11. Confira-se: GREENGARD, Samuel. *The Internet of Things*. Cambridge: The MIT Press, 2015, p. 188-189; HÖLLER, Jan; TSIATSIS, Vlasios; MULLIGAN, Catherine *et al*. *From Machine-to-Machine to the Internet of Things*: introduction to a new age of intelligence. Oxford: Academic Press/Elsevier, 2014, p. 10.

reestruturação organizacional em torno de modais tecnológicos que alteram rotinas, inter-relações e, evidentemente, as formatações empresariais clássicas.[12]

E, trabalhando as ideias de Castells e sua visão sobre a "sociedade da informação", Jorge Werthein indica algumas características preponderantes:

> A informação é sua matéria-prima: as tecnologias se desenvolvem para permitir o homem atuar sobre a informação propriamente dita, ao contrário do passado quando o objetivo dominante era utilizar informação para agir sobre as tecnologias, criando implementos novos ou adaptando-os a novos usos.
>
> Os efeitos das novas tecnologias têm alta penetrabilidade porque a informação é parte integrante de toda atividade humana, individual ou coletiva e, portanto todas essas atividades tendem a serem afetadas diretamente pela nova tecnologia.
>
> Predomínio da lógica de redes. Esta lógica, característica de todo tipo de relação complexa, pode ser, graças às novas tecnologias, materialmente implementada em qualquer tipo de processo.
>
> Flexibilidade: a tecnologia favorece processos reversíveis, permite modificação por reorganização de componentes e tem alta capacidade de reconfiguração.
>
> Crescente convergência de tecnologias, principalmente a microeletrônica, telecomunicações, optoeletrônica, computadores, mas também e crescentemente, a biologia. O ponto central aqui é que trajetórias de desenvolvimento tecnológico em diversas áreas do saber tornam-se interligadas e transformam-se as categorias segundo as quais pensamos todos os processos.[13]

A busca incessante por aumento de produtividade e pela alavancagem empresarial foram as principais forças-motrizes que culminaram no surgimento de instrumentais para o tratamento automático e racional da informação, que aos poucos se tornou o elemento de maior valorização para o incremento produtivo no período pós-Revolução Industrial.[14]

A consolidação da sociedade da informação é um fenômeno irrefreável[15] e que pode ser diagnosticado em qualquer ponto da esfera global, pois a tecnologia já se tornou parte integrante – e inexorável – do cotidiano humano.

---

12. CIRANI, Simone; FERRARI, Gianluigi; PICONE, Marco; VELTRI, Luca. *Internet of Things*: architectures, protocols and standards. Nova Jersey: John Wiley & Sons, 2019, p. 191. Dizem os autores: "The Internet of Things (IoT) refers to the Internet-like structure of billions of interconnected "constrained" devices: with limited capabilities in terms of computational power and memory. These are often battery-powered, thus raising the need to adopt energy-efficient technologies. Among the most notable challenges that building interconnected smart objects brings about are standardization and interoperability. Internet Protocol (IP) is foreseen as the standard for interoperability for smart objects. As billions of smart objects are expected to appear and IPv4 addresses have mostly been used, IPv6 has been identified as a candidate for smart-object communication".
13. WERTHEIN, Jorge. A sociedade da informação e seus desafios. *Ciência da Informação*, Brasília, v. 29, n. 2, p. 71-77, maio/ago. 2000, p. 72.
14. KANAAN, João Carlos. *Informática global*. 2. ed. São Paulo: Pioneira, 1998, p. 23-31.
15. A respeito desse fenômeno, Werthein alerta que: "A perda do sentimento de controle sobre a própria vida e a perda da identidade são temas que continuam preocupantes e que estão ainda por merecer estratégias eficientes de intervenção". (WERTHEIN, Jorge. A sociedade da informação e seus desafios. *Ciência da Informação*, Brasília, v. 29, n. 2, p. 71-77, mai./ago. 2000, p. 76.)

Segundo Boaventura de Sousa Santos, "estas transformações têm vindo a atravessar todo o sistema mundial, ainda que com intensidade desigual consoante a posição dos países no sistema mundial."[16]

Fato é que, diante da nova sociedade que se constrói, lastreada no poder da informação, a Internet se tornou uma locomotiva da economia mundial, irradiando efeitos sobre o Direito em proporções muito mais intensas do que aquelas da Revolução Industrial, o que fomentou a doutrina a se ocupar das consequências relacionadas à existência de um ambiente no qual se "operam e se autoproduzem regras sociais de comportamento suas e próprias".[17]

Esse fenômeno de penetração da tecnologia computacional e da Internet nas organizações representou uma explosão de produtividade e a transformação da economia global de modo que, atualmente, o sucesso empresarial está diretamente conectado com a alta produtividade e a boa gestão das informações – fenômeno que se convencionou chamar de *Big Data* – e o Direito, cada vez mais, vem recepcionando as relações no mundo virtual da melhor maneira possível, utilizando-se da informática, da telemática e da cibernética para construção de uma nova disciplina jurídica: o Direito Digital.

A esse respeito, Thales de Andrade aponta que:

> Nesse contexto, em que a estrutura organizacional assentada nos fluxos de informação passa a ser mais essencial que os próprios produtos desenvolvidos a partir das atividades tecnológicas, estabelece-se um novo conceito, o de sistemas nacionais de inovação. As interações entre os agentes econômicos, as instituições de pesquisa e organismos governamentais estipulam ações recíprocas que geram a capacidade de desenvolvimento de condições de inovação. Políticas locais e setorizadas passam a ser imprescindíveis para a compreensão do potencial inovativo de uma nação e região, independentemente da atividade específica de cada setor e das oscilações da demanda (Cassiolato e Lastres, 2000). A interação das firmas com e no sistema passa a adquirir significado estratégico. Essas capacidades, que anteriormente eram consideradas como que mais puramente administrativas ou gerenciais, são consideradas, no período atual, como parâmetros de inovação.[18]

Segundo João Victor Rozatti Longhi, "a *Internet* surgiu como um meio de comunicação difuso, cujo princípio básico é o de que não importa por onde as informações trafeguem, mas sim de onde partem e para onde vão".[19] Com base nessa premissa, mister trazer a lume os ensinamentos de John M. Staudenmaier, que sustenta existirem nove áreas centrais de análise relacionadas à história da tecnologia e quatro assuntos principais nesses âmbitos de estudo:

---

16. SANTOS, Boaventura de Sousa (Org.). *A globalização e as Ciências Sociais*. 2. ed. São Paulo: Cortez, 2002, p. 29.
17. ROSSELLO, Carlo. Riflessioni. De jure condendo in materia di responsabilità del provider. *Il Diritto dell'Informazione e Dell'Informatica*, Roma, v. 26, n. 6, p. 617-629, nov./dez. 2010, p. 618.
18. ANDRADE, Thales de. Inovação tecnológica e meio ambiente: a construção de novos enfoques. *Ambiente & Sociedade*, [S.l], v. VII, n. 1, p. 91, jan./jun. 2004, p. 91-92.
19. LONGHI, João Victor Rozatti. Marco Civil da Internet no Brasil: breves considerações sobre fundamentos, princípios e análise crítica do regime de responsabilidade civil dos provedores. In: MARTINS, Guilherme Magalhães; LONGHI, João Victor Rozatti (Coord.). *Direito digital*: direito privado e Internet. Indaiatuba: Foco, 2019, p. 128.

Entre as décadas de 1950 e 1970, existia um ponto em comum nos estudos sobre esse tema, que identificavam três tipos de atividade criativa diferentes no surgimento das novas tecnologias. A primeira seria a invenção, a qual teria como foco a solução de problemas técnicos. A segunda seria o desenvolvimento, que se consubstancia na criação de protótipos funcionais por meio de testes em ambientes controlados. Por fim, haveria a inovação, que seria representada pela junção do marketing e do processo de fabricação do produto nas indústrias, ambos voltados para a criação de tecnologias capazes de serem utilizadas cotidianamente pelas pessoas.[20]

Com base nisso e reportando-se à Lei nº 9.279/1996 (Lei de Propriedade Industrial), e mais especificamente ao seu artigo 8º, Eduardo Magrani assevera que "[o] conceito de novidade e aplicação industrial e a atividade inventiva são até hoje pré-requisitos para o enquadramento de uma criação intelectual como invenção".[21]

Para Laura Schertel Mendes, "(...) a vitalidade e a continuidade da Constituição dependem da sua capacidade de se adaptar às novas transformações sociais e históricas, possibilitando uma proteção dos cidadãos contra novas formas de poder que surgem na sociedade".[22] Noutros termos, constata-se que a nova tecnologia das comunicações eletrônicas inaugurou uma nova era e, avançando nessa noção de que a inovação está atrelada à presença maciça da tecnologia nas atividades empresariais, Jan Van Dijk aduz que:

A ascensão das novas redes de mídia deve ser explicada pelas necessidades de controle na complexa organização, produção, distribuição, no consumo e na comunicação da Economia contemporânea. Tais redes são capazes de dar suporte à flexibilidade, à eficiência e à produtividade das organizações para propulsionar todos os tipos de processos logísticos, substituir cadeias de transporte de mercadorias e pessoas para dar lugar à troca de informações e chegar públicos de consumidores segmentados.[23]

Tudo isso reverbera efeitos no direito empresarial, afetando as inter-relações que conduzem à formação de sociedades e parcerias, uma vez que tais redes contribuem para a criação de uma economia fluida que conecta incrementos e reduções na escala produtiva, que se descentraliza, ao passo que o capital e o controle societário são centralizados.[24]

Nesse contexto, surgem novos tipos de organizações: em rede e virtuais. As primeiras, via de regra, são uma nova formatação organizacional que se situa entre mercados tradicionais e mercados de escala.

---

20. STAUDENMAIER, John M. Recent trends in the history of technology. *The American Historical Review*, Bloomington, v. 95, n. 3, p. 715-725, jun. 1990, p. 717.
21. MAGRANI, Eduardo. *A internet das coisas*. Rio de Janeiro: FGV, 2018, p. 42.
22. MENDES, Laura Schertel. *Privacidade, proteção de dados e defesa do consumidor*: linhas gerais de um novo direito fundamental. São Paulo: Saraiva, 2014, p. 169.
23. VAN DIJK, Jan. *The network society*. 2. ed. Londres: Sage Publications, 2006, p. 93. No original: "The rise of the new media networks should be explained by the needs of control in the complex organization, production, distribution, consumption and communication of the contemporary economy. These networks are able to support the flexibility, efficiency and productivity of organizations, to improve all kinds of logistic processes, to replace transportation of goods and people by the exchange of information, and to reach a segmented public of consumers".
24. VAN DIJK, Jan. *The network society*. 2. ed. Londres: Sage Publications, 2006, p. 94.

2.1 AS ETAPAS DA FORMAÇÃO SOCIETÁRIA NA PERSPECTIVA RELACIONAL

O antigo modelo de constituição societária se dava, efetivamente, pela presença de alguns requisitos basilares do modelo de aproximação entre os indivíduos. E é possível dizer isso porque o agrupamento é um fenômeno aparentemente intrínseco à espécie humana, na medida em que, dentre essas relações, existem aquelas que são mais distantes e impessoais, apenas visando à viabilidade de convivência pacífica visando a um propósito pontual.

Nessa seara, surgindo entre partes autossuficientes a *affectio societatis* (vontade de se associarem), mesmo atingida pelo princípio da função social dos bens de produção em dinamismo, pressupõe-se a confiança recíproca e a perseguição de vantagens mútuas.

Nas palavras de Jean-Jacques Rousseau, tendo a família como primeiro modelo de sociedade política, o povo nasce livre, mas aliena sua liberdade em proveito da própria utilidade do Estado e do "chefe" paternalista que o administrará.[25] E, com essa premissa em mente, Arthur Schopenhauer destaca "o amor pela vida" como uma ferramenta poderosa que age como "o último fim de quase todo o esforço humano, que tem uma influência perturbadora nos negócios mais importantes".[26]

A partir de uma perspectiva histórica, exercendo hoje influência global, a afeição de sociedade se revela como elemento de cariz pré-estatal e continua existindo mesmo após a invenção do Estado. No contexto, observa-se que essas sociedades se revelam mais dinâmicas do que as grandes aglomerações nacionais, pois se beneficiam de uma maior praticidade de administração, além de um menor número de interesses coadunados por uma ligação consequentemente mais sólida.

Com isso, os movimentos convergentes (que aproximam potenciais sócios) são contrários à estagnação, espontâneos e independentes da necessidade de condução e coação; o que lhes atribui a aparência de naturalidade (do estado de natureza). Isso, na visão de Hannah Arendt, já a partir da Idade Moderna, decorre da busca por maior conforto, prazer, velocidade, praticidade, "felicidade" no atingimento de um objetivo comungado pelos indivíduos.[27]

Nessa ótica, não se questiona que a *affectio societatis* tem um sentido teleológico utilitarista, que se reporta à teoria propugnada e defendida por Jeremy Bentham[28] e John Stuart Mill,[29] observando-se a intensidade da busca do bem comum; porém, de "menor utilidade", tendo em vista o número de destinatários do bem – os sócios.

---

25. ROUSSEAU, Jean-Jacques. *Do contrato social*: princípios de direito político. Tradução de Antônio P. Machado. Rio de Janeiro: Nova Fronteira, 2016, p. 20.
26. SCHOPENHAUER, Arthur. *O mundo como vontade e como representação*, 1º tomo. Tradução de Jair Barboza. 2. ed. São Paulo: Unesp, 2015, p. 379.
27. ARENDT, Hannah. *A condição humana*. Tradução de Roberto Raposo. 10. ed. Rio de Janeiro: Forense, 2009, p. 321.
28. *Cf.* BENTHAM, Jeremy. *Os pensadores*. Tradução de João Marcos Coelho e Pablo R. Mariconda. 2. ed. São Paulo: Abril, 1979.
29. *Cf.* MILL, John Stuart. *Sobre a liberdade*. Tradução de Denise Bottmann. São Paulo: L&PM Editores, 2016.

Dessa forma, desnaturalizando o utilitarismo clássico, o conceito é o desejo de busca do maior bem ao menor número, ou, simplesmente, o *animus* de utilidade inerente unicamente aos participantes dessa conjugação de interesses ou, noutras palavras, a utilidade apenas a si mesmo.

Sabe-se que, quando empregada isoladamente, a palavra "sociedade" geralmente se refere a uma entidade, personificada ou não, nascida a partir do negócio jurídico societário,[30] ou seja, a manifestação de vontades, que configura a *affectio societatis*, é precedente[31] à constituição formal da sociedade, emanada de um contrato social ou estatuto.

Fato é que o Brasil se filiou à teoria de empresa italiana, de modo que o estudo da formação societária deve se desdobrar da conceituação jurídica da empresa, pois é ela quem determina e delimita o conteúdo do direito comercial moderno.

Isso fica bastante evidenciado nas palavras de Giorgio Oppo: "[c]om relação à diversificação da disciplina da empresa de acordo com o seu objeto, a questão é saber se o tratamento diferenciado ainda é justificado, considerando o advento de novas técnicas e das novas 'leis' do Mercado".[32]

Nesse contexto, o incremento informacional e a presença de uma sociedade em rede contribuem para a mudança dessa relação de fidúcia que sempre norteou a gênese da disciplina empresarial, iniciada com a constituição societária.

O Direito Empresarial moderno não pode se afastar dos efeitos da tecnologia quanto à incidência que a mesma exerce sobre as práticas de empreendedorismo, sendo curial a consideração da *affectio societatis* sob esse prisma tecnológico.

2.1.1 Idealização e concepção do objeto da empresa

Mais adiante se verá como os conceitos de empreendedorismo tangenciam a noção de inovação. De qualquer forma, é inegável que a capacidade de inovar é fruto, necessariamente, da aptidão organizacional para a produção de uma riqueza inteiramente nova, em termos sociais e técnicos, levando ao abandono sistemático das práticas pretéritas.

Nesse cenário, conceber o objeto de uma empresa, que antes era decorrência nacional da conjugação de vontades que norteava a formalização da *affectio societatis*, passou a ser um exercício de busca de oportunidades criativas, a partir de novos nichos de mercado, ou de nichos que possam ser incrementados, e, com base, nisso, desencadear-se um plano de ação voltado à maturação dessa ideia.

---

30. MARTINS, Fran. *Curso de direito comercial*. 30. ed. Rio de Janeiro: Forense, 2006, p. 170.
31. A distinção se revela com mais clareza nas companhias, em que há um ato constitutivo (assembleia geral ou escritura pública), que dá origem à sociedade *a posteriori*, por meio da edição de um estatuto.
32. OPPO, Giorgio. *Principi*. Turim: Giappichelli, 2001, n. 11, p. 53/54. No original: "Con riguardo ala diversificazione della disciplina delle imprese a seconda del loro oggetto, si pone il quesito se il diverso trattamento sia ancora giustificato, considerato l'avvento di nuove tecniche e di nuovo 'leggi' di mercato".

O advento de uma nova estrutura de sociedade, por óbvio, implica uma alteração das relações entre as partes nela envolvidas, o que conduz relações abstratas e concretas a um novo paradigma no qual a fidúcia dá lugar aos relacionamentos fluidos (e em rede), o que torna as interações cada vez mais interativas e virtuais – e menos próximas.[33]

Essa inegável mudança, contudo, já vem sendo antevista há décadas, desde a concepção de Castells no sentido de que as redes constituem uma nova morfologia social e a difusão da lógica das redes modifica, de forma substancial, a operação e os resultados dos processos produtivos e de experiência, poder e cultura.[34]

Não há dúvidas de que toda organização deve ser concebida a partir de "valores que refletem sua identidade, determinando os pilares intangíveis sobre os quais deverão se basear as práticas empresariais".[35]

Nesse campo, os recursos se subdividem em organizacionais, estruturais e humanos, o que faz surgir a necessidade de detalhamentos e cooperação para o fim de empreender. Noutros termos, não se concebe a inovação a partir de ideias carecedoras de validação fática, testagem, escalabilidade, confiabilidade e da possibilidade de formulação de redes e plexos de bases estruturantes que a tornem, efetivamente, aplicáveis.

2.1.2 Validação da ideia

Uma ideia brilhante não conduz, necessariamente, à prosperidade empresarial, notadamente em se tratando de uma *startup*, porquanto se demanda, via de regra, larga investigação para que se consiga atingir o encaixe de produto ou de mercado (*product/ Market fit*[36]), e para isso se deve proceder à validação da hipótese, o que reclama visão jurídica assertiva e analítica a respeito do modelo de negócio, com especial atenção a aspectos como "proteção intelectual de invenções técnicas ou artísticas, obtenção de patentes, registro de marcas, salvaguarda de códigos-fonte de programas de computador, criações por direitos autorais"[37] etc., pois:

> [e]ntender a relação do Direito com as *startups* é levar em conta as necessidades gerais e peculiares de tais empresas, como exposto até então. Preliminarmente, é preciso destacar que uma *startup*, antes de ser

---

33. VAN DIJK, Jan. *The network society*. 2. ed. Londres: Sage Publications, 2006, p. 39.
34. CASTELLS, Manuel. *The rise of the network society*. Col. The information age: economy, society, and culture. 2. ed. Oxford: Blackwell, 2010, v. 1, p. 500-509.
35. COUTINHO NETTO, Augusto Peres. Recursos para empreender. In: TEIXEIRA, Tarcísio; LOPES, Alan Moreira. *Startups e inovação*: Direito no empreendedorismo. Barueri: Manole, 2017, p. 83.
36. A expressão foi cunhada em 2007 por Marc Andreesen, fundador de empresas como Netscape e Ning, e corresponde a estar em um bom mercado com um produto capaz de satisfazê-lo. Tal conclusão decorreu de estudo empírico que tomou por base 101 startups que fracassaram, e, dentre as razões apontadas para o insucesso de cada modelo de negócio, a falta de interesse do mercado, de capital, de equipe adequada ou um produto ruim foram as preponderantes. (ANDREESEN, Marc. *The PMARCA guide to startups*. 25 de junho de 2007. Disponível em: https://pmarchive.com/guide_to_startups_part4.html . Acesso em: 7 jul. 2024.)
37. SCHAAL, Flávia Mansur Murad; FUGANHOLI, Nicola Sgrignoli. Propriedade intelectual. In: OIOLI, Erik Frederico (Coord.). *Manual de direito para startups*. São Paulo: Thomson Reuters Brasil, 2019, p. 61.

considerada como tal, é uma empresa como qualquer outra. Ou seja, apesar de a *startup* ser, em poucas palavras, uma empresa em estágio inicial de desenvolvimento, esse negócio não está isento de responsabilidades empresariais independentemente do país em que se encontra.[38]

Se a inovação não é essencialmente indispensável, é certo que "também marca fortemente a cultura das *startups*, por meio da formação de um ambiente propício para a criação".[39]

Não há dúvidas de que a delimitação do chamado mínimo produto viável (MPV) é o primeiro passo a ser trilhado no intuito de se delimitar os impactos de determinada inovação que se pretenda atribuir ao mercado, colhendo-se importantes aferições e *feedbacks* responsivos que tornarão mais clara a viabilidade da empreitada sem gerar prévio e excessivo custeio e esforço. O termo, que foi cunhado por Eric Ries,[40] consegue propiciar o alinhamento entre controle de custos para fins de testagem, o que se coaduna com modelagens marcadas pela escassez de recursos (materiais e humanos), que se convencionou denominar de *bootstraping*:

> As *startups* também são marcadas por um controle de custos e gastos significativo, denominado comumente *bootstraping* – as startups procuram utilizar ao máximo as capacidades individuais de cada sócio (*founder*) para diminuir os custos na contratação de parceiros e prestadores de serviço para focar os dispêndios financeiros na criação e manutenção do produto e/ou serviço oferecido ao público. O *bootstraping* permite que empresas nascentes possam buscar oportunidades sem possuir recursos consideráveis e sem mobilizar valores vultosos junto a financiadores externos.[41]

A testagem se lastreia principalmente no que a doutrina convencionou nomear de prova de conceito (*proof of concept*), que "pode ser feita inicialmente pelo fundador, mas, geralmente, é nesse momento que o fundador busca outros colaboradores para se associarem a ele, caso já não o tenha feito anteriormente no momento de elaboração da ideia a ser apresentada ao mercado".[42]

É nesse exato momento – busca por colaboradores – que se exprime com grande relevância a discussão em torno do *vesting* empresarial. Trata-se, portanto, de etapa fundamental para o planejamento do negócio a ser desenvolvido, para além da inserção do produto ou serviço no mercado, na medida em que a formação de uma equipe capaz de desenvolver o negócio – especialmente com parcos recursos (*bootstraping*) – perpassa por uma simbiose de etapas organizacionais crucial para o sucesso empresarial.

---

38. FEIGELSON, Bruno; NYBØ, Erik Fontenele; FONSECA, Victor Cabral. *Direito das startups*. São Paulo: Saraiva, 2018, p. 35.
39. OIOLI, Erik Frederico. Introdução: por que um 'direito para *startups*'? In: OIOLI, Erik Frederico (Coord.). *Manual de direito para startups*. São Paulo: Thomson Reuters Brasil, 2019, p. 15.
40. RIES, Eric. *The lean startup*: how today's entrepreneurs use continuous innovation to create radically successful businesses. Nova York: Crown, 2011, p. 82.
41. NYBØ, Erik Fontenele. Memorando de entendimentos para pré-constituição de uma *startup*. In: JÚDICE, Lucas Pimenta; NYBØ, Erik Fontenele. *Direito das startups*. Curitiba: Juruá, 2016, p. 31.
42. FEIGELSON, Bruno; NYBØ, Erik Fontenele; FONSECA, Victor Cabral. *Direito das startups*. São Paulo: Saraiva, 2018, p. 34.

Assim, não há como se questionar a relevância de um bom projeto de testagem para que a validação surta efeito. Somente com isso é que se revelará possível a aferição da viabilidade do negócio.

2.1.3 Implementação de políticas de gestão

No instante em que se parte para a validação do modelo de negócio, a interação e a pivotagem aparecem como etapas fundamentais para a implementação de políticas de gestão e ajustes entre os sócios.

A proteção da ideia é revelada, nessa seara, como um valor fundamental (e não decisório) a ser trabalhado entre os sócios, que, via de regra, se aproximarão pelo alinhamento de desígnios em torno da ideia, e não por prévia amizade ou conhecimento interpessoal duradouro, o que pode se tornar motivo para desavenças ulteriores e eventual ruptura.

2.1.4 Escala e desenvolvimento da empresa

Quando se trabalha com a ideia de crescimento em escala, tem-se, obviamente, o intuito de alavancagem da empresa a fim de que a mesma seja alçada a um patamar de elevada prosperidade.

Nesses momentos, notadamente em que se almeja a captação de recursos financeiros, "[o] investimento anjo, certamente, pode ser o divisor de águas na vida de uma *startup*, apresentando-se como o aporte de capital não somente financeiro, mas intelectual através de mentoria, necessário para que o projeto escale".[43]

As razões pelas quais esse relacionamento para fins de investimento se revela crucial para a viabilização do negócio decorrem da necessidade de alinhamento entre os "componentes criativos e os insumos necessários",[44] que estarão alinhados com a viabilização do negócio, previamente averiguada nos estágios já assinalados.

E, para além disso, os vínculos entre potenciais parceiros será um dos elementos mais importantes para a prosperidade do projeto, na medida em que a aproximação entre indivíduos com habilidades e conhecimentos específicos para cada área de atuação será o fator preponderante na formatação de um negócio exitoso.

2.2 RELAÇÕES B2C, B2B E B2B

Com o advento da Internet, germinaram as interações que, hoje, são a base essencial do comércio eletrônico. Os Estados Unidos da América foram o local apro-

---

43. COELHO, Giulliano Tozzi; GARRIDO, Luiz Gustavo. Dissecando o contrato entre startups e investidores anjo. In: JÚDICE, Lucas Pimenta; NYBØ, Erik Fontenele. *Direito das startups*. Curitiba: Juruá, 2016, p. 31.
44. COUTINHO NETTO, Augusto Peres. Recursos para empreender. In: TEIXEIRA, Tarcísio; LOPES, Alan Moreira (Coord.). *Startups e inovação*. Barueri: Manole, 2017, p. 87.

priado para isso, haja vista a pujança de seu meio empresarial, sempre fomentado por relações variadas em todos os *fronts*.[45] E, a partir disso, foram cunhadas as siglas B2B, B2C e B2b:

- *B2B (Business to Business)* é a sigla utilizada no comércio eletrônico para definir transações comerciais entre empresas, ou entre fornecedores. Noutras palavras, é um ambiente no qual uma empresa (indústria, distribuidor, importador ou revendedor) comercializa seus produtos para outras empresas, seja por operações de revenda, de transformação ou de consumo;
- *B2C (Business to Commerce)* é a sigla que define a transação comercial entre uma empresa (indústria, distribuidor ou revendedor) e um consumidor final, através de uma plataforma de comércio eletrônico, cuja natureza tende a ser apenas de consumo;
- *B2b (Business to business)*, com a inicial maiúscula na grafia do primeiro elemento, e minúscula na do segundo, é a sigla cunhada pela doutrina italiana para descrever a relação assimétrica na qual o empresário detentor de maior poder seria representado pelo "B" (maiúsculo) e o mais vulnerável seria representado pelo "b" (minúsculo); o segundo é designado de *imprenditore debole*,[46] ou seja, o comerciante mais fraco na relação comercial entabulada.

A dicotomia entre as relações B2B e B2C parece bastante evidente, na medida em que o destinatário final de uma e de outra definirá, em essência, o objetivo das atividades que se pretenda explorar. Isso caracterizará, naturalmente, uma relação assimétrica que poderá ser marcada pela disparidade informacional, mas, também, pela carência de outros tipos de assimetria – como a econômica.

Vincenzo Roppo é assertivo ao destacar que, mesmo nas relações havidas entre empresários, é possível observar-se desequilíbrios no que se refere à disponibilização de informações. Isto ocorreria, nos dizeres do autor, nos casos como os das contratações realizadas por micro e pequenas empresas, ou mesmo por empresas de médio porte, frente a grandes corporações, como bancos que se valem de fórmulas sofisticadas de financiamento ou mesmo grandes corporações que explorem atividades ligadas a informações de difícil compreensão ao mercado comum. Roppo ainda exemplifica este seu posicionamento ao citar a situação das empresas franqueadas em relação às empresas franqueadoras, mencionando a existência de legislação específica que protege

---

45. FALEIROS JÚNIOR, José Luiz de Moura. Startups e empreendedorismo de base tecnológica: perspectivas e desafios para o direito societário brasileiro. In: EHRHARDT JÚNIOR, Marcos; CATALAN, Marcos; MALHEIROS, Pablo (Coord.). *Direito civil e tecnologia*. 2. ed. Belo Horizonte: Fórum, 2021, t. I, p. 557-560.
46. PAGLIANTINI, Stefano. Per una lettura dell'abuso contrattuale: contratti del consumatore, dell'imprenditore debole e della microimpresa. *Rivista del Diritto Commerciale*, Pádua, n. 2, ano CVIII, p. 409/446, jan./dez. 2010, p. 413.

o franqueado de eventuais abusos de poder econômico do franqueador, ainda que esta não seja uma relação de consumo, tampouco de fornecimento.[47-48]

Mas, se estas situações específicas já não estariam subsumidas ao amparo da legislação (ainda que não específica), ou seja, se já existe legislação suficiente na ordenação jurídica, seja ela de natureza eminentemente civil, seja ela consumerista, não seria inócua uma teoria que defendesse a aplicação do sistema de proteção do consumidor ao empresário em posição desfavorável na relação contratual, do ponto de vista econômico, e não apenas informacional?

Na sociedade da informação, se a assimetria dá a tônica das novas relações, é através do reconhecimento destas relações entre empresários, nas quais algum deles seja considerado parte mais fraca, isto é, em que ocorra a desigualdade negocial, que se vai analisar a observância da disciplina específica de contratações que possam elevar riscos e tornar inviáveis determinadas relações jurídicas.

A esse respeito, Victor Cabral Fonseca e Juliana Oliveira Domingues lembrar que "os envolvidos em um *business* podem agir de forma oportunista, revelando informações em compasso com seus próprios interesses. Isto, desta forma, aumentaria o vácuo informacional entre um agente e outro".[49]

---

47. ROPPO, Vincenzo. Ancora su contratto assimmetrico e terzo contratto: le coordinate del dibattito con qualche elemento di novità. In: ALPA, Guido; ROPPO, Vincenzo (Org.). *La vocazione civile del giurista*: saggi dedicati a Stefano Rodotà. Roma: Laterza, 2013, p. 178-203.
48. Confira-se, ainda: PATTI, Francesco Paolo. Dai «contratti standard» al «contratto asimmetrico». Considerazioni su metodo e obiettivi delle ricerche di Vincenzo Roppo. *Jus Civile*, Roma: Università Roma Tre, n. 2, p. 226-245, jul./dez. 2018. Diz o autor (p. 229): "In relazione al metodo utilizzato, occorre osservare che l'argomento delle condizioni generali di contratto già nel 1975 non era un tema nuovo. Le disposizioni contenute nel codice civile del 1942, agli artt. 1341 e 1342 c.c., che nelle intenzioni del legislatore avrebbero dovuto eliminare gli abusi del passato, avevano indotto la dottrina a interrogarsi su specifiche questioni applicative che riguardavano soprattutto l'esigenza di conciliare la rilevanza attribuita alle determinazioni unilaterali del predisponente con il tradizionale schema dell'atto di autonomia privata, che richiede la cooperazione di entrambi i contraenti. Uno studio che rispecchia le questioni generalmente affrontate dalla dottrina italiana è quello di Anteo Genovese del 1954. Si trattava, in definitiva, di opere che, pur rigorose, affrontavano la tematica con metodi tramandati dal passato e che spesso si risolvevano in una esegesi delle norme del codice civile, concentrata sull'analisi del fenomeno in chiave negoziale, come problema relativo alla fase della formazione del contratto. Per risolvere il problema «sostanziale» della tutela dell'interesse dell'aderente occorreva ricorrere a metodi nuovi e valutare normative entrate in vigore in ordinamenti stranieri. La negoziazione standardizzata era da più parti considerata una delle espressioni più clamorose dela Herrschaft von Menschen über Menschen. Questo era già emerso nel corso del convegno organizzato a Catania nel maggio del 1969, i cui atti costituiscono un punto di riferimento in tutti gli studi in materia di condizioni generali di contratto".
49. FONSECA, Victor Cabral; DOMINGUES, Juliana Oliveira. Financiamento de startups: aspectos econômicos dos investimentos de alto risco e mecanismos jurídicos de controle. *Revista de Direito Econômico e Socioambiental*, Curitiba, v. 9, n. 1, p. 319-354, jan./abr. 2018, p. 328. Em complemento, os autores ainda registram as seguintes observações, remetendo ao trabalho de Douglas Cumming e Sofia Johan ("*Venture capital and private equity contracting*: *na international perspective*"): "Sumarizando o explanado em parágrafos anteriores, o trabalho de Cumming e Johan (2009, p. 305) considera que a assimetria informacional decorre de algumas características típicas de startups: a) pouco tempo para terem demonstrado resultado; b) um produto único, sem um potencial comercial demonstrado ou validado; e c) o papel do empreendedor é de extrema relevância para o sucesso da empresa, as informações a seu respeito são escassas e normalmente seus planos não são totalmente revelados. Estes traços, concluem os autores, tornam mais difícil a avaliação do investimento pleiteado".

Se a marca fundamental da disciplina das *startups* é a inovação, não se pode deixar de observar que seu florescimento estará condicionado à profissionalização, não se lhe bastando a boa ideia, a sagacidade, a boa vontade e o comprometimento. Investimentos serão necessários, assim como a cooperação entre participantes das atividades empresariais para que aquilo que restou meramente idealizado seja propulsionado pela força-motriz capaz de alçar a nova empresa a patamares de mais elevado sucesso.

Nesse campo, o pensamento dicotomizado até então existente quanto às relações comerciais, ora vistas como relações entre empresários (B2B), outrora como relações entre um empresário e um consumidor (B2C), passou a dar espaço a um novo viés, que dá margem a circunstâncias não estáticas e capazes de abrirem espaço à terceira modalidade relacional: das relações assimétricas (B2b).

A dúvida que se repete terá espaço no que concerne à eventual necessidade de que sejam definidos níveis de proteção diferenciados para tais relações jurídicas, porquanto as relações B2b representariam justamente uma nova fronteira, espelhada pelo paradigma tecnológico presente na relação contratual assimétrica entre empresas, mais especificamente, do *terzo contratto* descrito por Vincenzo Roppo, que representa a relação com assimetria de poder, havida entre dois empresários, em que um se coloca, praticamente, na posição de consumidor.

Diante disso, impõe-se breve análise acerca das relações de dependência econômica em contraponto à tendência de constituição de microssistemas, como o do Código de Defesa do Consumidor, que tangencia a matéria em pauta sem regulamentá-la de forma direta.

2.3 RELAÇÕES DE DEPENDÊNCIA ECONÔMICA E A CENTRALIDADE MICROSSISTÊMICA DO CÓDIGO DE DEFESA DO CONSUMIDOR

No Brasil, o Código de Defesa do Consumidor trata, em seu artigo 2º, parágrafo único, da figura do consumidor por equiparação,[50] descrevendo-o como a coletividade de pessoas que tenham intervindo na relação de consumo, ainda que sem ocupar posição ativa em um dos polos da mesma.

Na mesma linha, convém citar o disposto no artigo 17 do CDC brasileiro, que cuida dos *bystanders*, ou seja, consumidores por equiparação na medida em que tenham sido, ainda que indiretamente, afetados por vício do produto ou serviço ou por fato do serviço, merecendo proteção especial.

---

50. "Consumidor por equiparação será a pessoa que, embora não consumidora (no sentido de destinatário final de produtos ou serviços, a teor do art. 2º) mostra-se vulnerável e, como tal, sofre efeitos negativos dos contratos de consumo, justificando-se, assim, a aplicação da lei de proteção dos consumidores". (TEPEDINO, Gustavo. Os contratos de consumo no Brasil. In: TEPEDINO, Gustavo. *Temas de direito civil*. Rio de Janeiro: Renovar, 2006, t. II, p. 134.)

Cita-se, em terceiro lugar, a figura do artigo 29 do CDC, que cuida dos consumidores por equiparação (ainda que não sejam determinados[51]) que tenham sido expostos às práticas comerciais do capítulo V do *Codex*.

Nesse contexto, o estudo das relações de consumo tendo a figura do consumidor em seu núcleo revela a importância de se ter uma codificação especificamente destinada ao trato dessas relações: no Brasil, trata-se da Lei nº 8.078/1990.

A codificação nem sempre foi a solução mais adequada a determinadas hipóteses, mas é inegável que facilitou a convenção da matéria atinente às relações de consumo e, consequentemente, à instituição da efetiva defesa do consumidor, criando um sistema sólido e eficiente para tutelar as mais diversas demandas consumeristas.

Em termos históricos, Pietro Perlingieri assevera que "é significativa a experiência dos países anglo-saxões, os quais, apesar de possuírem um enorme número de leis, os chamados *statutes law* (que ademais se caracterizam por técnicas próprias), ainda são regidos pela chamada regra do precedente jurisprudencial".[52] Neste exato contexto, breve menção se impõe às lições de Ricardo Luis Lorenzetti: "o sistema jurídico é uma divisão de competências que tem ou busca um equilíbrio entre as diferentes partes, que torne possível a convivência".[53] A partir do avanço das codificações,[54] fomentou-se a necessidade de que se configurassem os chamados microssistemas, sendo o consumerista tido como o mais proeminente deles.

No Brasil, a questão relativa à definição do que seria o consumidor é tratada de forma simples, já que o Código de Defesa do Consumidor, bem como a jurisprudência pacífica a esse respeito, permite que sejam consideradas como consumidoras tanto pes-

---

51. Boa parte da doutrina brasileira defende a possibilidade de ampliação da proteção contratual do CDC mesmo àqueles que não são consumidores, desde que submetidos às suas práticas. Veja-se: "Ademais disso, considerado o ditame do art. 29 à luz da interpretação lógica e gramatical, é forçoso reconhecer-se que a extensão pretendida, ao equiparar a consumidores todas as pessoas determináveis ou não, está disciplinando relações jurídicas de toda ordem, mesmo que não sejam relações de consumo, e que de consumidor não se trate. Se a norma não estabelece limitações ou *discrimens* à equiparação, não cabe ao intérprete, ao seu alvedrio, fazê-lo, especialmente se não existe qualquer antinomia normativa a ser expurgada, não existindo também qualquer conflito com o sistema seja se considerado o microssistema das relações de consumo, ou nosso sistema jurídico como um todo". (SOUZA, James J. Marins de. Proteção contratual do CDC a contratos interempresariais, inclusive bancários. *Revista de Direito do Consumidor*, São Paulo: Ed. RT, v. 18, p. 94-104, abr./jun. 1996, p. 98).
52. PERLINGIERI, Pietro. *O direito civil na legalidade constitucional*. Tradução de Maria Cristina de Cicco. Rio de Janeiro: Renovar, 2008, p. 177.
53. LORENZETTI, Ricardo Luis. *Teoria da decisão judicial*. Tradução de Bruno Miragem. 2. ed. São Paulo: Ed. RT, 2010, p. 57.
54. Cita-se, novamente, lição de Lorenzetti: "O pensamento codificado se baseia no silogismo: o Código é uma lei geral; a lei especial e a sentença são uma especificação para casos concretos. A relação entre a lei geral e a especial se baseia em que ambas dividem um mesmo pressuposto de fato, mas este é recortado na segunda. O gênero e a espécie são o modelo hermenêutico. (...) Lamentavelmente, no direito também existem não poucos casos de interpretação hermética. Isso já foi objeto da advertência de muitos autores, que alertam sobre o "intuicionismo" dos juízes e a necessidade de se respeitar uma dimensão de concordância, já que não se pode convalidar qualquer interpretação". (LORENZETTI, Ricardo Luis. *Teoria da decisão judicial*. Tradução de Bruno Miragem. 2. ed. São Paulo: Ed. RT, 2010, p. 59; 69.)

soas físicas como as pessoas jurídicas que se encontrem em posição de hipossuficiência perante outra empresa, o que reúne alguns prós e contras.

Esta concepção foi brevemente analisada anteriormente e, se a situação de desequilíbrio contratual pode ser qualificada pela presença de um partícipe contratual qualificável como hipossuficiente econômica ou tecnicamente e, por conseguinte, caso isto venha a caracterizar uma relação de consumo, atraindo para si proteção diferenciada, por outro lado, é de se questionar se essa proteção pode alcançar empresas que não sejam "pequenas", mas que se encontrem em situação de fraqueza perante outra em determinada contratação; por exemplo, pelo aspecto tecnológico.

Na exata medida em que o consumo passou a balizar as relações humanas, começaram a surgir grupos organizados de consumidores com reivindicações que, ao longo do tempo, moldaram a necessidade de tratamento jurídico específico para tais contingências; de forma semelhante, observou-se tendência à consolidação, por exemplo, de um direito ambiental em torno de demandas protetivas dessas coletividades.[55]

A visão dos códigos como modelos ideais, na medida em que poderiam conter todo o acervo de regras necessário para regular as mais variadas relações jurídicas, de modo a afastar a intervenção estatal, se pautava na visão do Direito autossuficiente, capaz de mapear problemas, tutelá-los e prever soluções, prescindindo, portanto, de qualquer substrato externo, conforme indica Francisco Amaral:

> Em senso estrito, significa o processo de elaboração legislativa que marcou os séculos XVIII e XIX, de acordo com critérios científicos decorrentes do jusnaturalismo e o iluminismo, e que produziu os códigos, leis gerais e sistemáticas. Sua causa imediata é a necessidade de unificar e uniformizar a legislação vigente em determinada matéria, simplificando o direito e facilitando o seu conhecimento, dando-lhe ainda mais certeza e estabilidade. Eventualmente, constitui-se em instrumento de reforma de sociedade como reflexo da evolução social. Seu fundamento filosófico ou ideológico é o jusracionalismo, que vê nos códigos o instrumento de planejamento global da sociedade pela reordenação sistemática e inovadora da matéria jurídica, pelo que se afirma que os "os códigos jusnaturalistas foram atos de transformações revolucionárias".[56]

Para além dos estudos de Natalino Irti,[57] a compreensão dos fenômenos relacionados à codificação e à recodificação, especialmente nos sistemas jurídicos embasados no *civil law*, se destacam pela compreensão ampla do fragmentarismo que marca tais relações, sem se afastar de questionamentos importantes a respeito do escopo de aplicação desses microssistemas, para além dos modais inter-relacionais que visam proteger.

---

55. RAMSAY, Iain. Consumer protection in the era of informational capitalism. In: WILHELMSSON, Thomas; TUOMINEM, Salla; TUOMOLA, Heli (Ed.). *Consumer law in the information society*. Haia: Kluwer Law International, 2001, p. 45-65.
56. AMARAL, Francisco. *Direito civil*: introdução. 5. ed. Rio de Janeiro: Renovar, 2003, p. 122-123.
57. IRTI, Natalino. *L'età della decodificazione*. 2. ed. Milão: Giuffrè, 1986.

2.3.1 Relações S2C – *Society to client*

Assim como as relações interempresariais foram distintivamente designadas pelas nomenclaturas abordadas anteriormente – as siglas B2C, B2B e B2b – importante acrônimo foi desenvolvido para procurar compreender o novo papel do destinatário final da relação protetiva que se almeja abarcar no contexto da dependência econômica da chamada sociedade de consumo,[58] propiciando uma mudança social drástica e, em paralelo, desafiando o direito a prover soluções adequadas às novas contingências criadas, notadamente porque as relações privadas também passaram a sofrer irradiações dos direitos fundamentais, protegidos a nível constitucional.[59]

Com isso, a sigla S2C, também desenvolvida no contexto do comércio eletrônico, significa *society to client*, e revela uma preocupação com o cariz protetivo à figura do "cliente", em vez do "consumidor", a partir da necessidade de se repensar a criação de uma categoria que privilegie a figura do "consumidor" do serviço, ou seja, consumidor-cliente, aquele que adquire bens ou serviços do mercado, pouco importando se será ou não o destinatário final.

Noutras palavras, não se questiona, para esta teoria, se o adquirente utilizará (consumirá, esgotando seu uso), para si, o objeto da aquisição, ou se irá utilizá-lo para posterior reinserção na própria cadeia de consumo, o consumando (e não o consumindo), em relação a seu uso.

Também não é relevante a aferição da pessoa que "consuma" o bem ou serviço – se humana ou jurídica –, na medida em que também se costuma encontrar referências expressas ao conceito de "utente" como sendo algo mais abrangente que o consumidor.

Para citar um exemplo, faz-se menção às relações contratuais de turismo que, na União Europeia, se enquadram exatamente nesta sistemática, gozando de especial proteção a partir da diretiva do Conselho Europeu nº 90/314/CEE, de 13 de junho de 1990, que prevê regras específicas para os adquirentes de pacotes de viagem, pacotes de férias e pacotes turísticos, reportando-se ao vocábulo "utente" ao tratar desses indivíduos.

Retomando o raciocínio anterior para se trabalhar especificamente com o cenário brasileiro, o que se tem, com o advento do CDC, é a instituição de um microssistema que dá ensejo à delimitação da nomenclatura 'código', ao invés de simplesmente 'lei'.[60] E toda esta preocupação do legislador constituinte originário tem supedâneo em um principal aspecto do consumidor: a vulnerabilidade.[61]

Dessa forma, a atuação do legislador constituinte, ao inserir a proteção do consumidor no rol de direitos e garantias fundamentais contido na Constituição da Repú-

---

58. SLATER, Don. *Cultura de consumo & modernidade*. Tradução de Dinah de Abreu Azevedo. São Paulo: Nobel, 2002, p. 17.
59. *Cf.* STEINMETZ, Wilson. *A vinculação dos particulares aos direitos fundamentais*. São Paulo: Malheiros, 2004.
60. DE LUCCA, Newton. *Direito do consumidor*: aspectos práticos – perguntas e respostas. São Paulo: Ed. RT, 1995, p. 36-36.
61. NORONHA, Fernando. *Direito das obrigações*. 3. ed. São Paulo: Saraiva, 2010, p. 354.

blica, não somente almejou à instituição normativa capaz de atender às necessidades dos consumidores, mas também tutelou novas formas de contratação – algo essencial a partir do advento da Internet e à popularização de outras variantes que não foram previamente contempladas por ocasião da criação do Código de Defesa do Consumidor.

A isto se soma a necessidade de cognição específica sobre a maneira de se tutelar essas novas relações jurídicas, sem apego a fórmulas clássicas que, pelas próprias peculiaridades das hodiernas interações, alteram os critérios e formulações usualmente aplicados para a aferição do estado de vulnerabilidade de um contratante ou de outro.

2.3.2 Diálogo das fontes e a proteção das relações assimétricas

O "diálogo das fontes" é a teoria idealizada, na Alemanha, por Erik Jayme, professor da Universidade de Heidelberg, e trazida ao Brasil pelos escritos de Claudia Lima Marques.[62]

Propõe-se, essencialmente, que "o sistema jurídico pressupõe uma certa coerência – o direito deve evitar a contradição. O juiz, na presença de duas fontes... com valores contrastantes, deve buscar coordenar as fontes, num diálogo das fontes (*Dialog der Quellen*)".[63] Significa dizer que, para a ordenação jurídica brasileira, uma solução jurídica poderá ser encontrada a partir da aplicação coerente e coordenada das plúrimas fontes legislativas, leis especiais e gerais, de origem internacional e nacional, que possuem campos de aplicação convergentes.

Pela invocação dessa teoria, o "diálogo"[64] se revela na compreensão das antinomias e dos conflitos de leis no tempo ou em decorrência do critério hierárquico poderiam ser suplantadas para que seja possível buscar a melhor solução ao caso concreto, sempre de forma integrativa e coerente com a problemática enfrentada.[65]

Se as inquietações concernentes à disciplina das contratações assimétricas pairam sobre as relações jurídicas tecnológicas, é de se indagar sobre os limites da busca por respostas à carência legislativa sobre assuntos específicos, depositando em marcos normativos já existentes as expectativas para a solução desses impasses a partir das interações propiciadas.

---

62. *Cf.* MARQUES, Claudia Lima (Coord.). *Diálogo das fontes*: do conflito à coordenação de normas do direito brasileiro. São Paulo: Ed. RT, 2012.
63. JAYME, Erik. Visões para uma teoria pós-moderna do direito comparado. *Revista dos Tribunais*, São Paulo, v. 88, n. 759, p. 24-40, jan. 1999, p. 24 *et seq.*
64. Com efeito: "(...) "diálogo" em virtude das influências recíprocas, "diálogo" porque há aplicação conjunta das duas normas ao mesmo tempo e ao mesmo caso, seja complementarmente, seja subsidiariamente, seja permitindo a opção voluntária das partes pela fonte prevalente (especialmente em matéria de convenções internacionais e leis modelos) ou mesmo a opção por ter uma solução flexível e aberta, de interpenetração, ou a solução mais favorável ao mais fraco da relação". (MARQUES, Claudia Lima. Diálogo entre o Código de Defesa do Consumidor e o novo Código Civil: do diálogo das fontes no combate às cláusulas abusivas. *Revista de Direito do Consumidor*, São Paulo, v. 45, p. 71-99, jan./mar. 2003, p. 71.)
65. MARQUES, Claudia Lima. *Contratos no Código de Defesa do Consumidor*. 6. ed. São Paulo: Ed. RT, 2011, p. 615.

Nesse contexto, quando se investiga a pertinência do diálogo de fontes para as relações assimétricas, busca-se compreender em que medida as novas relações jurídicas propiciadas pelo advento da Internet e pelos novos avanços tecnológicos estariam aptas a receber tratamento e solução jurídica especial, a partir da interação entre leis que, em primeiro olhar, não lhes seriam especificamente dedicadas.

Imagine-se que, embora não se possa considerar como de consumo a relação entre um investidor e uma *startup*, porquanto ausente o requisito subjetivo (enquadramento de uma das partes no conceito de destinatária final do insumo), também não se possa questionar a existência de uma assimetria entre ambos que gera desequilíbrio, podendo conduzir à sobreposição de uma parte sobre a outra – não apenas do ponto de vista informacional; também, do ponto de vista econômico.

Nesse cenário, para poder se socorrer e angariar proteção jurídica adequada, a parte em posição de vulnerabilidade deverá buscar amparo em legislações como o próprio Código de Defesa do Consumidor, suscitando um diálogo desta fonte normativa com os regramentos do Código Civil e da Lei Complementar nº 123 – normas de regência da relação contratual estabelecida no exemplo apresentado –, caso contrário, estará sujeita ao flagelo de uma relação desigual, que lhe poderá prejudicar.

Em essência, o que se sustenta é que a teoria do diálogo das fontes aparece como uma ferramenta capaz de ofertar reequilíbrio às relações assimétricas fomentadas pela presença da tecnologia e da inovação.

Isto se dá, à toda evidência, com a garantia de aplicabilidade de certos instrumentais protetivos aos contratantes inseridos em posição desfavorável, ainda que em detrimento de algum critério formal de colmatação normativa, sem que isto implique em uma limitação objetiva à liberdade de contratar.

Veja-se o comentário de Enzo Roppo:

> Nestas hipóteses, de um certo ponto de vista, é possível falar, sem mais, de uma restrição da liberdade contratual de uma das partes da relação: no sentido em que ao aderente está, de facto, vedado o exercício de uma real autodeterminação, em ordem aos aspectos fundamentais em que se articula o poder de autonomia privada. Ele não é livre – como vimos – de discutir e contribuir para determinar o conteúdo do regulamento contratual; mas não é livre, sequer, na alternativa de contratar ou não contratar, porque quando a adesão ao contrato *standard* constitui o único meio de adquirir bens ou serviços essenciais e indispensáveis à vida de todos os dias, trata-se, na realidade, de uma escolha obrigada; e muitas vezes, por fim, não é livre, nem mesmo na individualização do parceiro com quem contratar; isso acontece todas as vezes que tais bens ou serviços são oferecidos ao público por uma empresa em posição de monopólio.[66]

A passagem acima transcrita não se refere à figura do consumidor, mas sim à figura do aderente. Com efeito, quando se migra o raciocínio atinente ao equilíbrio contratual da formulação clássica do consumidor vulnerável para a situação corriqueira do contrato de adesão, donde se deve aferir a presença de um consumidor ou não, a

---

66. ROPPO, Enzo. *O contrato*. Tradução de Ana Coimbra e M. Januário C. Gomes. Coimbra: Almedina, 2009, p. 317.

autodeterminação do aderente é frontalmente violada quando se trata de adesão, no exemplo de Roppo, a serviços essenciais, pois ao aderente sequer é dada a escolha entre contratar ou não contratar.

Situação semelhante se verifica no contexto da inovação, na medida em que certas imposições do mercado culminam na submissão do empresário a certos ditames econômicos de empresas que a ele se sobrepujam economicamente.

Assim, a proteção transversal do diálogo das fontes, face à aplicação e à supervisão das cláusulas contratuais gerais e ao seu respectivo controle dar-se-á nos casos em que haja, na relação contratual travada entre dois participantes das relações de marcado, evidente disparidade de poder contratual, levando a crer que a relação se encontra desequilibrada e precisa, pelos motivos já expostos, ser reequilibrada através de instrumentos já conferidos pela ordenação jurídica.

2.4 RELAÇÕES EMPRESARIAIS COLABORATIVAS NA SOCIEDADE EM REDE

Impossível trabalhar as novas relações jurídicas empresariais na sociedade da informação sem ponderar, especificamente, os conceitos desdobrados da visão de uma sociedade em rede.

O descompasso entre o avanço tecnológico e a evolução do direito e da justiça é sentido há tempos, gerando impactos que nem sempre são sentidos de forma imediata, conforme indica van Dijk:

> A lei e a justiça ficaram atrás de novas tecnologias em quase todos os períodos da história. Isso é compreensível, uma vez que a nova tecnologia deve se estabelecer na sociedade antes que a legislação possa ser aplicada a ela. Além disso, as consequências da nova tecnologia nem sempre são claras imediatamente. É por isso que a resposta legal geralmente tem o caráter de uma reação ou um ajuste dos princípios existentes.[67]

Nessa linha, diversos ajustes se fizeram necessários, em décadas recentes, para adaptar o direito aos recorrentes influxos tecnológicos, propiciando novas leituras dos vetustos institutos à luz de novas interpretações. Nesse contexto, começou-se a cogitar das chamadas redes contratuais, de inegável pertinência a esta investigação.

Para os propósitos desta averiguação, a regra seria a existência de uma rede na qual um determinado conjunto de contratos se vincularia por um objetivo geral unificador, como um projeto comercial constitutivo – ou uma ideia central inovadora, para os propósitos da pesquisa relacionada às *startups*.

Caracteristicamente, haveria um contrato principal (ou um número de contratos principais) ao qual outros contratos seriam ligados direta ou indiretamente, formando,

---

[67]. VAN DIJK, Jan. *The network society*. 2. ed. Londres: Sage Publications, 2006, p. 128. No original: "The law and justice have lagged behind new technology in almost every period in history. This is understandable, as new technology must become established in society before legislation can be applied to it. Furthermore, the consequences of new technology are not always clear right away. That is why the legal answer usually has the character of a reaction or an adjustment of existing principles".

efetivamente, uma rede.⁶⁸ Estaria implícito no contexto desta proposta que os contratantes com maior proeminência econômica sobre a relação negocial deveriam ser responsáveis pela rede contratual, agindo livremente, porquanto o desprezo às regras da rede, de forma inexorável, poderia acarretar consequências estruturais a toda a cadeia de formulações.

Noutros dizeres, pode-se afirmar que "as redes contratuais, conforme a sua configuração e a distribuição de poder entre os diversos contratantes, podem ser vistas funcionalmente como modelos análogos aos das empresas".⁶⁹ E a consequência mais proeminente disso é a reordenação jurídica a partir das redes (*networks*), que possibilitam o unidirecionamento e a coordenação em uma única direção para que os diversos agentes que compõem a rede atuem – embora na condição de entes independentes – de maneira funcionalmente análoga à dos grupos societários (coletividades de sociedades empresárias) ou grupos contratuais (como os contratos associativos, a exemplo dos consórcios e das *joint ventures*).

Em situações desse jaez, tem-se uma formação plurissocietária marcada pela unicidade decisória que, a toda conta, mudará substancialmente o funcionamento da organização.

Conforme se verá adiante, isto tem o potencial de alterar sobremaneira o modo como instrumentos modernos – a exemplo do *vesting*, que se pretende investigar com maior acuidade neste breve estudo – passam a ocupar um *locus* jurídico deixado em aberto pelo descompasso normativo em face das novas tecnologias.

Hugh Collins indica essa ressignificação tecnológica das redes contratuais ao elencar cinco aspectos fundamentais da arquitetura das cadeias de fornecimento: (i) pedidos do vendedor (*seller's orders*); (ii) decisões de marketing (*marketing decisions*); (iii) transparência informacional (*information disclosure*); (iv) projetos comuns (*joint designs*); (v) codificações arquitetônicas (*architectural codings*).⁷⁰

Para fins econômicos e regulatórios, a desverticalização é fenômeno realmente desejável, pois propulsiona e estimula o empreendedorismo e, evidentemente, a atuação independente dos atores das relações interempresariais, formando verdadeiras redes.

---

68. BROWNSWORD, Roger. Network contracts revisited. In: AMSTUTZ, Marc; TEUBNER, Gunther (Ed.). *Networks*: legal issues of multilateral co-operation. Oxford: Hart Publishing, 2009, p. 32. Nesta passagem, o autor ainda comenta: "Of course, the idea of a network, as outlined above, is not entirely original. In the English law of property, special rules for the running of covenants apply where a development is laid out as a so-called 'building scheme'; the idea of a contractual structure has been relied on by some judges in order to prevent tort claims being used where this would be inconsistent with what are, in effect, network expectations; and the network is not dissimilar to the concept of 'groups of contracts' (...)."
69. FRAZÃO, Ana; VIVIANI, Luís. Networks e redes contratuais II. *Jota*, São Paulo, 31 mai. 2017. Disponível em: https://www.jota.info/opiniao-e-analise/colunas/constituicao-empresa-e-mercado/networks-e-redes-contratuais-ii-31052017 . Acesso em: 7 jul. 2024.
70. COLLINS, Hugh. The weakest link: legal implications of the network architecture of supply chains. In: AMSTUTZ, Marc; TEUBNER, Gunther (Ed.). *Networks*: legal issues of multilateral co-operation. Oxford: Hart Publishing, 2009, p. 192-197.

Isto impõe uma conceituação individualizada para os termos 'mercado', 'empresa' e 'rede', que emergem de uma relação mutuamente implicada nas imbricações trazidas pela tecnologia.

Na acepção econômica do direito, a partir da aferição de custos transacionais,[71] seria possível indicar uma correlação entre o mercado e as empresas do ponto de vista organizacional, ao passo que as redes apareceriam como viés de equilíbrio, propiciando a governança como modal de reequilíbrio inter-relacional, para que não se caia na armadilha de ressuscitar modelos já superados de regulação.[72]

Entretanto, a aproximação entre empresas e mercado não pode se afastar do imperativo da regulação. Por mais que a presença da tecnologia mude sobremaneira a forma como as cadeias negociais ocorrem, não é crível que essa mesma tecnologia não produza substratos suficientes para a estruturação do *compliance* em torno dessas novas atividades empresariais.

Se é certo que os computadores podem conectar diversos membros de uma cadeia comercial, formando essencialmente uma relação B2B (ou, eventualmente, uma relação B2b), também é certo que as tomadas de decisão ocorrerão de forma integrada e em prol dessa rede de participantes da cadeia produtiva.

A arquitetura implementada será, portanto, crucial para a própria sobrevivência da *network*, pouco importando os termos contratuais redigidos para a regência desta plêiade de negócios jurídicos. E isto remonta às preocupações de Lawrence Lessig[73] quanto ao domínio exercido pela codificação do *software*, quiçá mais relevante que a própria estruturação jurídica em torno das formulações (e redes) contratuais.

Fundamental, no contexto da assimetria inter-relacional, é a garantia da adequada fluidez das informações para a garantia de segurança jurídica,[74] ou, como diz Collins:

> Ainda existem relações contratuais ao longo da cadeia, mas o desempenho sob o contrato é determinado pelo código do software, e não por referência aos termos do contrato: o software determina o que acontecerá; o contrato apenas se isso não acontecer. Além disso, a maneira como a cadeia de suprimentos está vinculada não depende tanto da relação contratual quanto da arquitetura do software.[75]

---

71. *Cf.* WILLIAMSON, Oliver. *The economic institutions of capitalism*. Nova York: The Free Press, 1986.
72. DEAKIN, Simon. The return of the guild? Network relations in historical perspective. In: AMSTUTZ, Marc; TEUBNER, Gunther (Ed.). *Networks*: legal issues of multilateral co-operation. Oxford: Hart Publishing, 2009, p. 73. Diz o autor: "In predicting the re-emergence of network forms, they pointed to the possible revival of types of regulation which predated the first great 'industrial divide' of the nineteenth century".
73. LESSIG, Lawrence. *Code 2.0*. 2. ed. Nova York: Basic Books, 2006, p. 123.
74. NISSENBAUM, Helen. *Privacy in context*: technology, policy and the integrity of social life. Stanford: Stanford University Press, 2010, p. 2. Diz a autora: "(...) What most people care most about is not simply restricting the flow of information but ensuring that it flows appropriately".
75. COLLINS, Hugh. The weakest link: legal implications of the network architecture of supply chains. In: AMSTUTZ, Marc; TEUBNER, Gunther (Ed.). *Networks*: legal issues of multilateral co-operation. Oxford: Hart Publishing, 2009, p. 197. No original: "There are still contractual relationships down the chain, but performance under the contract is determined by the code of the software, rather than by reference to the terms of the contract: the software determines what will happen; the contract only if it does not. Furthermore, how the

Para qualquer modelo de negócio que seja propulsionado pela presença de redes contratuais, a regulação travada deverá, evidentemente, ser regida por instrumentais jurídicos como as redes contratuais, necessariamente amplos e bem diagramados, para a prevenção de riscos e para o contingenciamento de situações específicas.

Por mais estranho que pareça, contudo, o contrato (e até mesmo a proteção jurídica) não servirá de salvaguarda frente a uma contingência técnica, haja vista a relevância da arquitetura aplicada na formalização e na manutenção da *network*.

Isto ganha contornos ainda mais especiais quando se está a trabalhar com inovação e com a presença das *startups* em modelos de negócio eivados de implementos tecnológicos e do desenvolvimento de *software*, que serão inexoravelmente relevantes para esse contexto.

2.4.1 Estruturas contratuais em rede: os contributos de Gunther Teubner

Não se questiona a importância dos ensinamentos de Gunther Teubner para o desenvolvimento das estruturas contratuais em rede. Sem dúvidas, os contributos do autor transcendem o dilema apresentado anteriormente sobre o enquadramento da conceituação jurídica de 'rede' (*network*).

Para Teubner, a rede não é um instituto jurídico.[76] Isso porque, não obstante o papel significativo que a análise científica do direito pode propiciar na identificação do funcionamento das redes, o direito precisa estar muito mais preocupado com as orientações normativas na sociedade, pois é esse o papel que as demais ciências não têm condições de fornecer.

As orientações normativas se correlacionam ao dogma jurídico observado no âmbito social que, em outras palavras, se desdobra de discursos nos quais as práticas sociais conseguem refletir suas próprias autopercepções. Segundo Teubner, a própria doutrina jurídica e a mãe de todos os dogmas, a teologia, são ambas organizadas como disciplinas acadêmicas, mas não são, evidentemente, ciências sociais no sentido mais estrito, pois representam práticas sociais de direito e religião que refletem sobre si mesmos, e o mesmo vale para outras disciplinas acadêmicas, como administração de negócios, economia e ciência política (ou, pelo menos, para algumas de suas subdisciplinas), que, como tal, não fazem parte da busca social-científica desinteressada e neutra em relação ao valor da verdade. Em vez disso, elas são a manifestação das práticas reflexivas que ocorrem em diferentes setores sociais.[77]

---

supply chain is linked together depends not so much on the contractual relationship as on the architecture of the computer software".
76. TEUBNER, Gunther. Coincidentia oppositorum: hybrid networks beyond contract and organisation. In: AMSTUTZ, Marc; TEUBNER, Gunther (Ed.). *Networks*: legal issues of multilateral co-operation. Oxford: Hart Publishing, 2009, p. 3.
77. TEUBNER, Gunther. Coincidentia oppositorum: hybrid networks beyond contract and organisation. In: AMSTUTZ, Marc; TEUBNER, Gunther (Ed.). *Networks*: legal issues of multilateral co-operation. Oxford: Hart Publishing, 2009, p. 8-9.

Inúmeros estudos jurídicos sobre redes (particularmente sobre as redes híbridas) encontram seu principal lastro no estudo dos negócios, particularmente na prática social reflexiva que procura averiguar as pré-condições normativas para o sucesso do negócio em uma determinada ordenação.

São incursões legais voltadas à identificação das oportunidades e dos riscos representados pelas redes híbridas de modo a permitir a aferição de soluções legais através de análises pioneiras sobre, por exemplo, conflitos de interesse em termos de subordinação, coordenação e coalizão, sujeição a regimes regulatórios específicos (contrato relacional, parceria e grupos empresariais). Enfim, faz-se a análise dos riscos representados por novas formas de dependência 'sistêmica' em arranjos contratuais *just-in-time* que são baseados em estudos organizacionais detalhados e reveladores da importância da integração baseada em computadores, em detrimento da dependência meramente contratual ou corporativa e, por analogia, das lacunas normativas relacionadas às redes contratuais.

Nota-se, nos escritos de Teubner, forte tendência à imposição dos ditames da governança corporativa para o atingimento de resultados adequados às formulações empresariais atuais. Noutros termos, o *compliance* se torna a tônica, para além da própria legislação.

Isto se conecta às exigências de uma função social da empresa,[78] cuja finalidade precípua é o direcionamento e a orientação do exercício dos direitos para a realização do interesse público, sem comprometer o núcleo de individualidade[79] inerente a tais direitos e ao desempenho das atividades da empresa.

2.4.2 Modelos hodiernos: impostações para a regulação das *startups*

Se a responsabilidade é o pilar final para a garantia da solidez de uma empresa, na medida em que o sistema jurídico, hígido que é, contém elementos normativos suficientes para salvaguardar uma série de contingências relacionadas ao funcionamento estrutural da empresa – em rede ou não – mister indicar, brevemente, quais são os substratos essenciais para a garantia do atingimento desse padrão ético.

Não basta mais falar em *compliance* ou governança corporativa sem que se exija tal parametrização de toda e qualquer empresa envolvida efetivamente no mercado. E, nesse contexto, até mesmo os mecanismos de governança podem vir a falhar, demandando solução específica, como anotam Nelson Rosenvald e Fabrício de Souza Oliveira:

---

78. *Cf.* FRAZÃO, Ana. *Função social da empresa*: repercussões sobre a responsabilidade civil de controladores e administradores de S/A's. Rio de Janeiro: Renovar, 2011.
79. FRIEDMAN, Milton. *Capitalism and freedom*. 40. ed. Chicago: University of Chicago Press, 2002, p. 133-135. Diz o autor: "The view has been gaining widespread acceptance that corporate officials and labor leaders have a "social responsibility" that goes beyond serving the interest of their stockholders or their members. This view shows a fundamental misconception of the character and nature of a free economy. In such an economy, there is one and only one social responsibility of business – to use its resources and engage in activities designed to increase its profits so long as it stays within the rules of the game, which is to say, engages in open and free competition, without deception or fraud".

E quando os mecanismos de governança *ex ante* falham? E quando os interesses presentes no conjunto de contratos (*nexus* contratual) não são suficientes para resolver os conflitos de agência? Uma resposta pode ser dada pelo conceito de *forbearance*. Nesse caso, a solução judicial deve ser evitada de maneira a forçar as partes a encontrarem a solução ótima. Isso, na proposta de Williamson, contribui para o desenvolvimento do conceito de hierarquia, elaborado por Coase, na medida em que o judiciário não deve se prestar a ser uma instância de resolução de conflitos existentes entre divisões internas da empresa, envolvendo matéria técnica.[80]

Foi-se o tempo em que somente as grandes multinacionais se submetiam às exigências de implementação de práticas corporativas capazes de reforçar a adesão e a obediência da empresa à legislação vigente, tendo por objetivo prevenir infrações ou mesmo reestruturar sua operação após o cometimento de um ilícito.[81]

A obra de André-Jean Arnaud traz imprescindíveis indicativos teóricos para a compreensão do tema em pauta, que tem suas raízes no direito privado, particularmente nas relações empresariais, mas as transcende para se imiscuir aos assuntos do Estado. Isso se dá, na visão do autor, pelo fato de a ordem ser proveniente da regulação estatal, pois, em países onde toda a ordem não vem do Estado, há espaço para governança.[82]

E, nesse plano, André Luiz Carvalhal da Silva se reporta à governança corporativa, definindo-a como:

> (...) o conjunto de práticas que tem por finalidade melhorar o desempenho de uma companhia ao proteger todas as partes interessadas, por exemplo, investidores, empregados e credores, facilitando o acesso ao capital. Segundo essa definição, a análise das práticas de governança corporativa aplicada ao mercado de capitais envolve principalmente: a transparência, equidade, de tratamento dos acionistas e prestação de contas.[83]

O resguardo corporativo frente aos inúmeros riscos apresentados pela própria evolução tecnológica e pela mudança das estratégias organizacionais impuseram a necessidade de constante aprimoramento das empresas, notadamente no trato de seus controles internos e em suas políticas te transparência. A cúpula de cada organização passou a necessitar de um departamento especificamente direcionado a um controle desses riscos. Essa "área", nas palavras de Mintzberg,

> (...) é encarregada de assegurar que a organização cumpra sua missão de modo eficaz e também que atenda às necessidades dos que a controlam ou que detêm poder sobre ela (como seus proprietários, órgãos governamentais, sindicatos de empregados, grupos de pressão).[84]

---

80. ROSENVALD, Nelson; OLIVEIRA, Fabrício de Souza. *O ilícito na governança dos grupos de sociedades*. Salvador: JusPodivm, 2019, p. 129-130.
81. STUCKE, Maurice E. In search of effective ethics & compliance programs. *Journal of Corporation Law*, Iowa City, v. 39, n. 769, p. 770-832, jun./ago. 2014, p. 771-772.
82. ARNAUD, André-Jean. *La gouvernance*: un outil de participation. Paris: LGDJ, 2014, p. 181-185.
83. SILVA, André Luiz Carvalhal da. *Governança corporativa e decisões financeiras no Brasil*. 2. ed. Rio de Janeiro: Mauad, 2005, p. 15.
84. MINTZBERG, Henry. *Criando organizações eficazes*: estruturas em cinco configurações. Tradução de Cyro Bernardes. 2. ed. São Paulo: Atlas, 2003, p. 24.

Como não poderia deixar de ser, o aprimoramento crescente das organizações foi norteado por eventos históricos e pelo advento de regulamentações que se traduziram em uma profissionalização crescente a ponto de culminar no afastamento do vetusto e histórico modelo das empresas familiares, avançando para o sistema da gestão corporativa adequada ao paradigma de *compliance*.[85]

Andrade e Rossetti citam, além do Relatório Cadbury, o ativismo pioneiro de Roberto Monks[86] e a divulgação do rol de princípios da Organização para a Cooperação e o Desenvolvimento Econômico (OCDE) como fatores preponderantes para o aprimoramento do tema.[87]

A cartilha de princípios da OCDE, agregada aos demais axiomas citados, despertou os valores que dão sustentação ao modelo de governança corporativa que se desenhou desde então. A doutrina indica os seguintes pilares de sustentação da nova teoria: (i) *fairness*, compreendido como o senso de justiça e a equidade no tratamento dos acionistas; (ii) *disclosure* ou a transparência nas informações; (iii) *accountability*, a prestação de contas; (iv) *compliance*, o atuar em conformidade, cujo consagrado conceito foi sendo aprimorado pela doutrina especializada, tornando-se o paradigma almejado.[88]

Na exata medida em que a responsabilidade social transcende a atividade empresarial e os objetivos empresariais, impondo ao ente privado o dever de interagir com as políticas públicas de maneira proativa e colaborativa, visando ao desenvolvimento econômico sustentável.[89] Por esse motivo, o *compliance* surge atrelado à condição de que a operacionalização esteja condicionada à existência de um benefício direto ou indireto à companhia para o implemento de sua responsabilidade social.[90]

Cabe destacar, neste ponto, importante colocação de Ana Prata:

> Uma imposição constitucional de actuação estatal pautada pela remoção dos obstáculos a uma efectiva igualdade entre os cidadãos não pode, desde logo, a um nível geral, deixar de determinar uma orientação

---

85. O estudo da governança corporativa muito se beneficia, aliás, do método trifásico proposto por Fabrício Oliveira. Referido autor aponta como fundamentos teóricos a Teoria dos Custos de Transação, a Teoria da Agência e a *Fiduciary law*, aplicando seu método em alguns espaços do direito societário e falimentar. É valiosa a leitura do artigo no qual sintetiza tais ideias: OLIVEIRA, Fabrício. Uma proposta metodológica para a análise dos problemas de governança corporativa: o método trifásico. *Revista IBERC*, Belo Horizonte, v. 4, n. 1, p. 83-102, jan./abr. 2021. Disponível em: https://doi.org/10.37963/iberc.v4i1.156 Acesso em: 7 jul. 2024.
86. Robert Monks, nascido no ano de 1933, em Boston, Massachusetts, nos Estados Unidos da América, foi um advogado de classe média e empreendedor bem sucedido que levantou a bandeira da governança corporativa, tendo escrito diversos livros nos quais proclamou a necessidade de monitoramento empresarial por parte dos acionistas.
87. ANDRADE, Adriana de; ROSSETTI, José Paschoal. *Governança corporativa*: fundamentos, desenvolvimento e tendências. São Paulo: Atlas, 2009, p. 31.
88. ANDRADE, Adriana de; ROSSETTI, José Paschoal. *Governança corporativa*: fundamentos, desenvolvimento e tendências. São Paulo: Atlas, 2009, p. 140.
89. HUSNI, Alexandre. *Empresa socialmente responsável*: uma abordagem jurídica e multidisciplinar. São Paulo: Quartier Latin, 2007, p. 52.
90. FRAZÃO, Ana. *Função social da empresa*: repercussões sobre a responsabilidade civil de controladores e administradores de S/A's. Rio de Janeiro: Renovar, 2011, p. 138.

legislativa e jurisdicional no sentido de integrar as posições de desequilíbrio contratual através de medidas tuteladoras da capacidade negocial real das partes contratualmente débeis.[91]

Essa responsabilidade possui cariz preventivo e, certamente, pode se manifestar nas relações contratuais. Segundo Almeno de Sá, a inclusão de cláusulas contratuais gerais em determinados contratos, pode redundar no imediato dever de comunicação quanto ao conteúdo das demais cláusulas, de modo que o aderente tome conhecimento efetivo de seus termos, sendo este o ponto no qual reside o *disclosure* inerente às boas práticas da governança corporativa.[92]

O que se pretendeu destacar nas breves linhas desse tópico, certamente, não esgota o tema do *compliance*, mas sinaliza sua imprescindibilidade para toda e qualquer corporação – inclusive para as *startups* – haja vista sua pertinência e sua relação de necessariedade com a prevenção de riscos para a viabilização das atividades empresariais.

Outros itens são igualmente relevantes, e, sem a pretensão de esgotar o assunto nesta obra, é importante apontá-los antes de adentrar efetivamente na cognição do empreendedorismo hodierno, que conduz ao elemento contratual denominado *vesting*.

2.4.3 *Due diligence* como parâmetro nuclear da empresa

O controle, nesse sentido, pode se dar pela chamada *due diligence* ("devida diligência", no português), que nada mais é que uma auditoria realizada com o objetivo de prevenir responsabilidades e otimizar a gestão empresarial.[93]

No âmbito empresarial, trata-se de prática amplamente utilizada para a análise de riscos de operações jurídicas e financeiras, compreendendo etapas que partem do pressuposto de que se deve verificar se o negócio está ajustado às condições que o investidor acreditava estar quando da apresentação de sua proposta negocial.

Esta prática é amplamente utilizada nos Estados Unidos da América, notadamente nas aquisições e fusões de empresas (*mergers and acquisitions*, ou M&A) e na realização de investimentos, o que Luis Henrique Ventura classifica como nada mais, nada menos, que uma auditoria empresarial, na qual o investidor tem planos de se associar ou investir com o menor risco possível.[94]

O lastro essencial deste parâmetro regulatório extralegal tem como pressuposto essencial a cooperação entre investidor e empresário, que, agindo de boa-fé, devem alinhar os procedimentos que irão contribuir para um estudo eficiente sobre as nuan-

---

91. PRATA, Ana. *A tutela constitucional da autonomia privada*. Coimbra: Almedina, 1982, p. 106.
92. SÁ, Almeno de. *Cláusulas contratuais gerais e directiva sobre cláusulas abusivas*. 2. ed. Coimbra: Almedina, 2005, p. 233-234.
93. FALEIROS JÚNIOR, José Luiz de Moura. *Accountability* e devida diligência como vetores da governança corporativa nos mercados ricos em dados. *Revista Semestral de Direito Empresarial*, Rio de Janeiro, v. 26, n. 1, p. 183-211, jun. 2020, p. 189.
94. VENTURA, Luis Henrique. *Contratos internacionais empresariais*. Belo Horizonte: Del Rey, 2002, p. 59-60.

ces do objeto sobre o qual desejam empreender, normalmente compondo-se de cinco etapas principais, assim sintetizadas por Dirceu Pereira de Santa Rosa:

> 1) Declaração de intenção do comprador. Esta fase inicial envolve a celebração de um acordo preliminar de compra (conhecido como *engagement letter*) ou uma carta de intenções preliminar. É onde são determinadas as regras da *due diligence*, através de um documento que indica normas e temas estratégicos importantes, tanto para o potencial vendedor como para o comprador, bem como aborda aspectos como confidencialidade, direito de preferência no negócio, entre outros. Sendo um acordo que formata uma negociação que se dará entre as partes, não existe como enumerar com precisão o que deve constar neste documento. O bom senso das partes é o que prevalece. Geralmente uma *engagement letter* vem acompanhada da prestação de diversos *representations and warranties* por parte do vendedor, uma parte importante do seu conteúdo; 2) Envio de *check list*. Documento que geralmente é preparado pelos advogados contratados para realizar a *due diligence*, listando as informações que deverão ser disponibilizadas pela empresa-alvo. Um *check list* pode até mesmo incluir perguntas diretas e geralmente é entregue aos diretores da empresa-alvo pouco depois da assinatura da *engagement letter*; 3) Fornecimento e/ou obtenção das informações. Após o recebimento do *check list*, inicia-se a fase mais árdua da *due diligence*, que envolve a revisão das informações passadas pela empresa-alvo, bem como a pesquisa e coleta de dados complementares. Pode ser efetuado através da consulta em bases de dados públicos (como o site do INPI, no caso de propriedade industrial) da análise dos documentos entregues pela empresa-alvo, entre outros. Os documentos podem ser disponibilizados em local determinado, que no jargão negocial é conhecido como *data room*, uma opção que garante maiores cuidados quanto ao sigilo e segurança dos documentos; 4) Consolidação das informações. Após a análise dos dados coletados pelas equipes de advogados, um extenso relatório é preparado, nos moldes solicitados pela contratante do serviço e seguindo os padrões adotados pelos advogados responsáveis; 5) Entrega do relatório final de *due diligence*. Este relatório poderá ser utilizado pelo encomendante diretamente na mesa de negociações, ou ser criteriosamente analisado pelo mesmo ao avaliar a viabilidade da transação. A partir daí, caberá a ambas as partes continuar as negociações até a assinatura de um acordo final.[95]

Em linhas gerais, o procedimento de devida diligência revela exatamente a preocupação com a atuação em conformidade às normas, com o fim de identificar riscos, mitigando-os em possíveis negociações. Nada mais é que uma formatação preventiva do *compliance*, aplicada, via de regra, às incorporações societárias e aos investimentos.

Para qualquer investidor, a possibilidade de demonstrar que agiu nos limites das cautelas minimamente esperadas é um trunfo no momento de afastar ou reduzir sua responsabilização por qualquer evento decorrente do negócio, principalmente no plano jurídico. Primeiro, porque o valor do investimento pode ser prejudicado por riscos legais ocultos, como proteção insuficiente da propriedade intelectual, inexistência de boas práticas nas relações consumeristas, tributárias e trabalhistas etc.; segundo, porque termos jurídicos podem gerar impacto significativo sobre o capital real de retorno de investimentos de riscos.

Por essa razão, a *due diligence* jurídica abrange aspectos legais e riscos envolvidos nos negócios de uma empresa, incluindo os riscos relativos a possíveis responsabilidades (incluindo resolução de litígios e responsabilidades ambientais) contratos, assistências

---

95. ROSA, Dirceu Pereira de Santa. A importância da *due diligence* de propriedade intelectual nas reorganizações societárias. *Revista da Associação Brasileira da Propriedade Intelectual*, Rio de Janeiro, v. II, n. 60, p. 03-19, set./out. 2002, p. 06-07.

e outras áreas.⁹⁶ Porém, uma vez que seu escopo é amplo e subdividido entre a análise financeira e a jurídica, percebe-se o que o estudo isolado desta última não deve estar dissociado dos aspectos econômicos, pois as normas jurídicas servem para instrumentalizar e viabilizar o mercado, de forma eficaz e justa.

E o parâmetro essencial dessa operacionalização deve ser, indistintamente, a boa-fé, que "apresenta virtualidades operativas superiores aos de outros modelos conhecidos".⁹⁷

Todo trabalho de prevenção de riscos e responsabilização envolve, para além do *due diligence*, a busca por mecanismos alternativos de solução de conflitos. Isso porque os limites do sistema jurídico devem ser sempre considerados na tutela de direitos eventualmente violados em razão da utilização da Internet, e o primeiro problema que surge desses limites é a definição das leis e da jurisdição aplicáveis a cada caso.

A jurisdição, segundo Dinamarco, nada mais é que a "função do Estado destinada à solução imperativa de conflitos",⁹⁸ e seu exercício se dá pela incidência do direito em casos concretos, o que impossibilita a um Estado a imposição de suas decisões para além de suas próprias fronteiras – tema maninho em uma sociedade permeada pelas relações digitais e pelo amplo acesso à informação a partir de qualquer ponto do planeta.

Este incontestável fato é, simultaneamente, saudável e perigoso, conforme sejam as interações e redes contratuais utilizadas para o intercâmbio de informações entre os povos ou sirva de instrumento para a prática de ilegalidades em âmbito global na atual sociedade da informação.

A inexistência de fronteiras físicas no ciberespaço gera embaraços jurídicos de todo tipo, pois não existe, na Internet, um Estado soberano, mas apenas uma representação audiovisual criada e mantida por sistemas informáticos e programas de computador, presente em quase todos os países do mundo. Por essa razão, torna-se muitas vezes impossível o exercício da jurisdição.

Como se não bastasse, tem-se ainda a barreira cultural, haja vista a multiplicidade de valores sociais radicalmente diferentes nas mais variadas vertentes culturais do mundo contemporâneo – fala-se até mesmo em uma vida digital.⁹⁹ Isto acarreta, como não poderia deixar de ser, perspectivas distintas sobre a licitude ou ilicitude de uma conduta. Assim, para determinados povos, a divulgação de certas informações de outrem, particularmente dados pessoais,¹⁰⁰ na Internet, pode não parecer grave, ao passo que, para outras populações, pode se tratar de ilícito gravíssimo.

---

96. FALEIROS JÚNIOR, José Luiz de Moura. *Accountability* e devida diligência como vetores da governança corporativa nos mercados ricos em dados. *Revista Semestral de Direito Empresarial*, Rio de Janeiro, v. 26, n. 1, p. 183-211, jun. 2020, p. 190-191.
97. SÁ, Almeno de. *Cláusulas contratuais gerais e directiva sobre cláusulas abusivas*. 2. ed. Coimbra: Almedina, 2005, p. 74.
98. DINAMARCO, Cândido Rangel. *Instituições de direito processual civil*. São Paulo: Malheiros, 2001, v. 1, p. 305.
99. *Cf.* NEGROPONTE, Nicholas. *A vida digital*. Tradução de Sergio Tellaroli. São Paulo: Cia. das Letras, 1995.
100. A proteção de dados pessoais, aliás, tem grande relevância para o ecossistema empresarial de *startups*: "O poder dos métodos estatísticos, a massa de dados, o barateamento de tratamento, bem como o ambiente em que esses

Novamente, o exercício da jurisdição encontra limites frente à amplitude da Internet, posto que é praticamente inviável que determinado indivíduo pretenda fazer cessar determinada divulgação de informações tidas como ilícitas em seu país, se, no país de origem do provedor onde tais informações estão hospedadas, as mesmas são lícitas.

É justamente devido à impossibilidade de controle direto sobre informações de acesso livre e lícitas em seus países de origem, que determinadas nações, especialmente as de regime político totalitário, optam por impedir e cercear a consulta a conteúdos considerados subversivos ou imorais, instalando junto aos provedores equipamentos capazes de bloquear automaticamente tentativas de acesso a certas páginas na Internet.

Embora existam carências como a valorização da norma e a necessidade de uma sensibilidade interdisciplinar, a aplicação da conciliação já potencializa os princípios e direitos fundamentais constitucionais, como a razoável duração do processo, o acesso à justiça e a cidadania, proporcionando elementos capazes de fundamentar a nova, considerando tanto os aspectos afetivos quanto os jurídicos.

Nada obstante, impõe-se a prevenção como elemento essencial à sobrevida de qualquer empreendimento que se dedique à exploração de algum tipo de atividade relacionada à tecnologia e à Internet.

Nesse campo, o empreendedorismo de base tecnológica surge atrelado à necessidade de reforço normativo das bases que asseguram a sustentação de cada modelo de negócio, pois, somente assim, se fará possível a manutenção das atividades empresariais almejadas.

2.4.4 Legal design para *startups* e a redução de assimetrias

Aspecto de importantíssima menção, ainda que em linhas preliminares, diz respeito ao grande valor das técnicas contemporâneas de estruturação do design contratual[101] e de viabilização do legal design para *startups*.

São temas muito novos e que vêm despertando interesse pela pujança que há em torno das iniciativas de superação da assimetria contratual atípica nas relações B2b em contextos interempresariais. E, por essa exata razão, ainda são iniciais os estudos disponíveis acerca da matéria, embora muitos benefícios possam ser constatados pelo simples vislumbre dos bons resultados derivados da implementação de determinadas

---

dados são formados, são fatores que apenas fortalecem um laço indissociável entre dados e inteligência artificial. (...) Uma *startup* que respeite tal direito tão importante no âmbito de direitos fundamentais estará passos à frente das demais, podendo se tornar referência face às outras quanto à conformidade com a legislação, em âmbito nacional e internacional". (QUINELATO, Pietra Daneluzzi. A proteção de dados pessoais no âmbito das startups. In: OIOLI, Erik Frederico (Coord.). *Manual de direito para startups*. São Paulo: Thomson Reuters Brasil, 2019.)

101. O tema ganhou recentíssima proeminência na Europa e suas principais diretrizes foram sistematizadas por COMPAGNUCCI, Marcelo Corrales; HAAPIO, Helena; FENWICK, Mark. The many layers and dimensions of contract design. In: COMPAGNUCCI, Marcelo Corrales; HAAPIO, Helena; FENWICK, Mark (Ed.). *Research handbook on contract design*. Cheltenham: Edward Elgar, 2022.

técnicas no ecossistema de alavancagem de *startups* nas quais se verifique a presença de algum grau de assimetria.

O legal design, nesse sentido, se manifesta pela conjugação de elementos de design contratual ao design de informação, que, nos dizeres de Pietra Daneluzzi Quinelato e Gabriel Fernandes Khayat, "apesar de não ser uma técnica recente, foca na organização de dados para que sejam transmitidos de forma eficiente e eficaz às pessoas, desenvolvendo documentos facilmente compreensíveis".[102] Noutros termos, é essencial que os documentos façam sentido, sejam cognoscíveis e, por óbvio, viabilizem o resultado prático que se almeja.

Essa premissa é válida para uma série de documentos jurídicos[103] e suas benesses ultrapassam o debate técnico e a complexidade inerente ao Direito. Por outro lado, não indicam qualquer espécie de simplificação forçada ou que despreze aspectos essenciais do negócio jurídico. Bem ao contrário, trata-se de simplificar o que é dispensável para maximizar resultados, o que é absolutamente desejável do ponto de vista da estruturação contratual incremental ou disruptiva percebida em *startups*:

> Se uma das dimensões do legal design consiste na estruturação criativa de operações jurídicas, as *startups* são as organizações mais propícias a sua aplicação. Como visto, a proposta do tema está intrinsecamente ligada com características de uma startup, como a redução das complexidades internas para deliberação e a inovação trazida em seu seio.[104]

O que se verá adiante, quando for analisado o *vesting* propriamente dito, é que o cerne da discussão relacional pode se beneficiar muito de modelos contratuais mais compreensíveis e formatados de modo a evitar ambiguidades e contradições. Isso se conecta diretamente ao elemento fiduciário que se almeja consolidar a partir do *vesting* e que, no intuito de sufragar a assimetria informacional atípica das relações contratuais B2b, pode levar a enormes ganhos para todos os participantes da *startup*.

2.5 O MARCO LEGAL DAS *STARTUPS* (LEI COMPLEMENTAR Nº 182/2021)

A Lei Complementar nº 182, de 1º de junho de 2021, que é resultado de proposta apresentada pelo Executivo Federal[105] e que "institui o marco legal das *startups* e do

---

102. QUINELATO, Pietra Daneluzzi; KHAYAT, Gabriel Fernandes. A importância do legal design para startups. In: FALEIROS JÚNIOR, José Luiz de Moura; CALAZA, Tales (Coord.). *Legal design*: teoria e prática. Indaiatuba: Foco, 2021, p. 284.
103. MAIA, Ana Carolina; NYBØ, Erik Fontenele; CUNHA, Mayara. *Legal design*: criando documentos que fazem sentido para o usuário. São Paulo: Saraiva Educação, 2020, especialmente o Capítulo 8 ("Aplicação de legal design em diferentes tipos de documentos jurídicos").
104. QUINELATO, Pietra Daneluzzi; KHAYAT, Gabriel Fernandes. A importância do legal design para startups. In: FALEIROS JÚNIOR, José Luiz de Moura; CALAZA, Tales (Coord.). *Legal design*: teoria e prática. Indaiatuba: Foco, 2021, p. 287.
105. BELCHIOR, Wilson Sales. Executivo apresenta marco legal das startups e do empreendedorismo inovador. *Consultor Jurídico*, 24 out. 2020. Disponível em: https://www.conjur.com.br/2020-out-24/belchior-executivo-apresenta-marco-legal-startups. Acesso em: 7 jul. 2024.

empreendedorismo inovador", trouxe à tona temas de grande relevância para o ecossistema de investimentos e de alavancagem empresarial no Brasil, pois, "diante de um novo empreendimento econômico, uma questão que sempre se coloca diz respeito às fontes de recursos necessárias para que a atividade da empresa nascente seja colocada em marcha".[106] Referida lei, dentre outros temas, tratou dessa questão.[107]

E, de fato, embora reformas importantes já tivessem sido realizadas anteriormente, a exemplo da criação da figura do investidor-anjo pela Lei Complementar nº 155, de 27/10/2016, que inseriu o artigo 61-A e seus respectivos parágrafos na Lei Complementar nº 123, de 14/12/2006, tendo como objetivo primordial o fomento à inovação,[108] somente agora o legislador delineou um rol de instrumentos para a formalização de aportes de capital a empresas enquadradas como *startups*.

Comentando alguns destaques da reforma promovida pela LC 155/2016 e da criação da figura do investidor-anjo no Brasil, Emanoel Lima da Silva Filho diz que:

> [a] primeira conclusão que extraímos da análise detalhada da Lei Complementar nº 155/2016 é que o investidor-anjo recebeu tratamento muito semelhante ao dos sócios da sociedade em diversos aspectos, tais como a forma de remuneração e resgate do aporte e a previsão de direito de preferência e venda conjunta. (...) É inegável, porém, a relevância da proteção conferida pela Lei Complementar nº 155/2016 ao investidor-anjo, cujo patrimônio não será atingido por dívidas da sociedade investida.[109]

Mais recentemente, a LC 182/2021 não abordou, entretanto, o *vesting* empresarial ou qualquer instrumento semelhante, assim como não o havia feito a LC 155/2016. Seu foco está voltado à inovação e aos investimentos, mas não necessariamente a outras questões igualmente importantes para a alavancagem empresarial, como as relações interpessoais e o fomento à estruturação de parcerias estratégias.

Conforme se verá nos capítulos seguintes, o escopo primordial do *vesting*, ainda que tenha relevância funcional em comparação aos meios de investimento, tem seu lastro justamente no fomento à consolidação de parcerias. Noutros termos, pode-se dizer que o contexto no qual eventualmente se pretenda formalizar o *vesting* é essencialmente decorrente da aproximação de pessoas, e não da busca por capital.

---

106. OIOLI, Erik Frederico; RIBEIRO JR., José Alves; LISBOA, Henrique. Financiamento da startup. In: OIOLI, Erik Frederico (Coord.). *Manual de direito para startups*. São Paulo: Thomson Reuters Brasil, 2019, p. 99.
107. JABORANDY, Clara Cardoso Machado; GOLDHAR, Tatiane Gonçalves Miranda. Marco legal para startups no Brasil: um caminho necessário para segurança jurídica do ecossistema de inovação. In: EHRHARDT JÚNIOR, Marcos; CATALAN, Marcos; MALHEIROS, Pablo (Coord.). *Direito civil e tecnologia*. 2. ed. Belo Horizonte: Fórum, 2021, t. I, p. 574-579.
108. MORETTI, Eduardo. Investimento-anjo: instrumentos legais e os impactos da Lei Complementar nº 155/2016. In: MORETTI, Eduardo; OLIVEIRA, Leandro Antonio Godoy (Org.). *Startups*: aspectos jurídicos relevantes. 2. ed. Rio de Janeiro: Lumen Juris, 2019, p. 25. Anota: "Por expressa disposição legal, a finalidade de fomento a inovação e investimentos produtivos deverá constar expressamente no contrato de investimento-anjo, por disposição do § 1º, art. 61-A, da LC 155/2016. O mencionado dispositivo regulamenta, ainda, a denominação do contrato de investimento-anjo adotada pela lei ("contrato de participação") e define como prazo máximo de vigência o período de 7 anos".
109. SILVA FILHO, Emanoel Lima da. *Contratos de investimento em startups*: os riscos do investidor-anjo. São Paulo: Quartier Latin, 2019, p. 88-89.

Não significa dizer, porém, que o Marco Legal das *Startups* não tenha seu valor. Bem ao contrário, na grande maioria dos casos, parcerias estratégicas serão alavancadas em *startups* – e o *vesting* tem exatamente essa função! Por isso, é importante elucidar alguns temas de peculiar importância do Marco Legal para os propósitos descritivos desta obra.

2.5.1 Em busca de um conceito para um peculiar objeto de estudo

Antes de mencioná-los, convém lembrar que o próprio conceito de startup – que remete aos emblemáticos textos de Eric Ries[110] –, agora, está definido no texto da lei. São consideradas startups "as organizações empresariais ou societárias, nascentes ou em operação recente, cuja atuação caracteriza-se pela inovação aplicada a modelo de negócios ou a produtos ou serviços ofertados" (art. 4º, *caput*), desde que observados os critérios de elegibilidade (natureza jurídica, faturamento, tempo de constituição etc.) e de prazo dos §§ 1º e 2º do art. 4º da LC 182/2021.[111]

Reforma anterior, levada a efeito pela Lei Complementar nº 167, de 24 de abril de 2019 (que instituiu o "Inova Simples" e trouxe várias importantes alterações), acrescentou o artigo 65-A à conhecida Lei Complementar nº 123/2006 (Estatuto da

---

110. RIES, Eric. *The lean startup*: how today's entrepreneurs use continuous innovation to create radically successful businesses. Nova York: Crown, 2011, p. 24. Em seu clássico conceito, uma startup pode ser definida como "(...) an organization dedicated to creating something new under conditions of extreme uncertainty."

111. "Art. 4º São enquadradas como startups as organizações empresariais ou societárias, nascentes ou em operação recente, cuja atuação caracteriza-se pela inovação aplicada a modelo de negócios ou a produtos ou serviços ofertados.

    § 1º Para fins de aplicação desta Lei Complementar, são elegíveis para o enquadramento na modalidade de tratamento especial destinada ao fomento de startup o empresário individual, a empresa individual de responsabilidade limitada, as sociedades empresárias, as sociedades cooperativas e as sociedades simples:

    I – com receita bruta de até R$ 16.000.000,00 (dezesseis milhões de reais) no ano-calendário anterior ou de R$ 1.333.334,00 (um milhão, trezentos e trinta e três mil trezentos e trinta e quatro reais) multiplicado pelo número de meses de atividade no ano-calendário anterior, quando inferior a 12 (doze) meses, independentemente da forma societária adotada;

    II – com até 10 (dez) anos de inscrição no Cadastro Nacional da Pessoa Jurídica (CNPJ) da Secretaria Especial da Receita Federal do Brasil do Ministério da Economia; e

    III – que atendam a um dos seguintes requisitos, no mínimo:

    a) declaração em seu ato constitutivo ou alterador e utilização de modelos de negócios inovadores para a geração de produtos ou serviços, nos termos do inciso IV do caput do art. 2º da Lei nº 10.973, de 2 de dezembro de 2004; ou

    b) enquadramento no regime especial Inova Simples, nos termos do art. 65-A da Lei Complementar nº 123, de 14 de dezembro de 2006.

    § 2º Para fins de contagem do prazo estabelecido no inciso II do § 1º deste artigo, deverá ser observado o seguinte:

    I – para as empresas decorrentes de incorporação, será considerado o tempo de inscrição da empresa incorporadora;

    II – para as empresas decorrentes de fusão, será considerado o maior tempo de inscrição entre as empresas fundidas; e

    III – para as empresas decorrentes de cisão, será considerado o tempo de inscrição da empresa cindida, na hipótese de criação de nova sociedade, ou da empresa que absorver, na hipótese de transferência de patrimônio para a empresa existente."

Microempresa e da Empresa de Pequeno Porte), cujo § 1º – agora revogado pela LC 182/2021 – à época passou a descrever o seguinte:

> Art. 65-A. (...)
> § 1º Para os fins desta Lei Complementar, considera-se *startup* a empresa de caráter inovador que visa a aperfeiçoar sistemas, métodos ou modelos de negócio, de produção, de serviços ou de produtos, os quais, quando já existentes, caracterizam *startups* de natureza incremental, ou, quando relacionados à criação de algo totalmente novo, caracterizam *startups* de natureza disruptiva. (Incluído pela Lei Complementar nº 167, de 2019) [*atualmente revogado*]

Era um conceito descritivo, atrelado ao conceito de inovação e que determinava como aspecto central para a caracterização de uma *startup* a presença do incremento empresarial ou da disrupção; o primeiro dizia respeito ao aperfeiçoamento de sistemas, métodos ou modelos de negócio já existentes e o segundo envolvia a concepção de algo inédito.

Tratava-se, enfim, de um conceito não restritivo, ou seja, que não cingia a ideia de *startup* a um único tipo societário – embora tenha sido inserido na LC 123/2006, que tem escopo mais restrito – ou a determinado critério distintivo de caráter objetivo. Embora conceitualmente louvável, era certamente muito difícil delimitar com precisão o *telos* de uma *startup* apenas em função dos fenômenos incremental e disruptivo.

Em 2021, dois meses antes da promulgação da LC 182, curiosamente, o legislador havia delineado um conceito um pouco diverso – mas não incompatível com o Marco Legal das Startups –, na nova Lei de Licitações e Contratos Administrativos (Lei nº 14.133, de 1º de abril de 2021), ao tratar do Procedimento de Manifestação de Interesse. Referida norma, em seu artigo 81, § 4º, prevê que "o procedimento previsto no *caput* deste artigo poderá ser restrito a startups, assim considerados os microempreendedores individuais, as microempresas e as empresas de pequeno porte, de natureza emergente e com grande potencial, que se dediquem à pesquisa, ao desenvolvimento e à implementação de novos produtos ou serviços baseados em soluções tecnológicas inovadoras que possam causar alto impacto, exigida, na seleção definitiva da inovação, validação prévia fundamentada em métricas objetivas, de modo a demonstrar o atendimento das necessidades da Administração".

Não há dúvidas do escopo mais restritivo da descrição contida na nova Lei de Licitações e Contratos Administrativos, que se limita a mencionar microempreendedores individuais, microempresas e empresas de pequeno porte, ao passo que o conceito trazido pelo Marco Legal das Startups considera, além dessas figuras, o empresário individual (não necessariamente enquadrado como MEI, para os fins da Lei Complementar nº 128, de 19/12/2008), a empresa individual de responsabilidade limitada (sobre a qual se deve ter em vista a recentíssima previsão do art. 41 da Lei nº 14.195, de 26/08/2021[112]), as sociedades empresárias, as sociedades cooperativas e as sociedades simples. O rol, portanto, é amplo.

---

112. "Art. 41. As empresas individuais de responsabilidade limitada existentes na data da entrada em vigor desta Lei serão transformadas em sociedades limitadas unipessoais independentemente de qualquer alteração em seu ato constitutivo. Parágrafo único. Ato do Drei disciplinará a transformação referida neste artigo".

A conclusão que se extrai da conceituação definida pela LC 182/2021, enfim, denota o aspecto objetivo, baseado estritamente na ideia de enquadramento e no preenchimento de requisitos categóricos da lei. Os aportes conceituais permanecem válidos, mas não geram os mesmos efeitos técnicos que o enquadramento objetivo nos dizeres dos incisos do § 1º do artigo 4º do Marco Legal. Por essa razão, quando se investiga mais detidamente o *vesting*, nota-se a importância de transcender o próprio Marco Legal, uma vez que, conforme se verá, seu escopo de aplicação é mais aberto.

2.5.2 A limitação de responsabilidade do empreendedor

No contexto específico dos investimentos, prevê o art. 5º, § 1º, do Marco Legal das Startups os seguintes instrumentos: (i) contrato de opção de subscrição de ações ou de quotas celebrado entre o investidor e a empresa (inc. I); (ii) contrato de opção de compra de ações ou de quotas celebrado entre o investidor e os acionistas ou sócios da empresa (inc. II); debênture conversível emitida pela empresa nos termos da Lei nº 6.404, de 15 de dezembro de 1976 (inc. III); contrato de mútuo conversível em participação societária celebrado entre o investidor e a empresa (inc. IV); estruturação de sociedade em conta de participação celebrada entre o investidor e a empresa (inc. V); o já citado contrato de investimento-anjo do art. 61-A da Lei Complementar nº 123/2006 (inc. VI); outros instrumentos[113] de aporte de capital em que o investidor, pessoa física ou jurídica, não integre formalmente o quadro de sócios da *startup* e/ou não tenha subscrito qualquer participação representativa do capital social da empresa (inc. VII).

Para o fomento às *startups*, já era usual, em anos recentes, a utilização da maioria dos instrumentos acima listados. A grande dúvida, como ressalta Éderson Garin Porto, sempre envolveu a avaliação de uma startup e do consequente risco de nela investir, além, é claro, da dificuldade de seleção do melhor instrumento para isso.[114]

De fato, os chamados *pitchs* – eventos realizados para a apresentação de ideias ou negócios inovadores[115] – se tornaram frequentes no Brasil. Rodadas de investimentos também já eram uma realidade antes do advento da lei e, sem dúvidas, a pujança da inovação no país, especialmente no contexto do empreendedorismo de base tecnológica, já havia se tornado verdadeira força-motriz de um novo modo de empreender. Como consequência, a formalização de pactos estruturados das mais diversas maneiras – nem sempre adequadas –, com o objetivo precípuo de permitir investimentos, demandava resposta legislativa.

O resguardo dos investidores, como se sabe, nunca foi absoluto. Riscos são inerentes a qualquer negócio, em especial aos que ainda estão em estágios muito iniciais,

---

113. Nesse conceito aberto, pode-se enquadrar o *vesting* empresarial, omitido na lei, embora houvesse grande expectativa de que alguns delineamentos conceituais sobre sua aplicabilidade fossem nela inseridos.
114. PORTO, Éderson Garin. *Manual jurídico da startup*. 2. ed. Porto Alegre: Livraria do Advogado, 2020, p. 65-69.
115. CREMADES, Alejandro. *The art of startup fundraising*: pitching investors, negotiating the deal, and everything else. Nova Jersey: John Wiley & Sons, 2016, p. 26.

pouco maduros, ou que dependam de ideias inovadoras, mas carentes de testagem. Por isso, conflitos de interesse entre investidores e empreendedores sempre assombraram o ecossistema de inovação brasileiro. Além disso, soluções adaptadas, como mútuos feneratícios pouco claros e mal estruturados, ou até mesmo a constituição de sociedades em comandita simples, serviam como expedientes alternativos para tentativas vãs de "blindagem" contra o insucesso. Porém, outras formas de investimento, como mútuos conversíveis e *stock options*, propiciavam resultados mais satisfatórios e melhor segurança jurídica.

Naturalmente, eventual falência e suas nefastas consequências sempre foram e continuarão sendo abominadas por investidores que desejam investir, lucrar e fomentar a inovação disruptiva. Para criar um ambiente de maior segurança e incentivo, a própria figura do investidor-anjo já havia sido salvaguardada por previsão legal expressa de não responsabilização e não contemplação pela desconsideração da personalidade jurídica, como se lê na própria legislação: "o investidor-anjo (...) não responderá por qualquer dívida da empresa, inclusive em recuperação judicial, não se aplicando a ele o art. 50 da Lei nº 10.406, de 10 de janeiro de 2002 – Código Civil" (art. 61-A, § 4º, II, LC 155/2016).

O mesmo se fez, agora, quanto aos demais instrumentos definidos no Marco Legal, cujo artigo 8º prevê, em seu inciso I, que o investidor "não será considerado sócio ou acionista nem possuirá direito a gerência ou a voto na administração da empresa, conforme pactuação contratual"; além disso, também prevê, em seu inciso II, que "não responderá por qualquer dívida da empresa, inclusive em recuperação judicial, e a ele não se estenderá o disposto no art. 50 da Lei nº 10.406, de 10 de janeiro de 2002 (Código Civil), no art. 855-A da Consolidação das Leis do Trabalho (CLT), aprovada pelo Decreto-Lei nº 5.452, de 1º de maio de 1943, nos arts. 124, 134 e 135 da Lei nº 5.172, de 25 de outubro de 1966 (Código Tributário Nacional), e em outras disposições atinentes à desconsideração da personalidade jurídica existentes na legislação vigente".

Tais previsões estão plenamente alinhadas ao que já se esperava da nova lei e ao que já existia para a figura do investidor-anjo, e revelam o incremento da segurança jurídica para o investidor que deseje se valer de algum dos instrumentos listados no artigo 5º da lei. Não o responsabilizar, por não ter ele qualquer ingerência sobre a administração empresarial, é medida coerente e lógica; da mesma forma, impedir que se lhe atinja eventual desconsideração da personalidade jurídica da startup na qual investiu é medida que produz equilíbrio no ecossistema brasileiro de inovação.

Como alerta Leonardo Parentoni, "não há que se falar em desconsideração da personalidade jurídica, qualquer que seja a modalidade, quando não se está diante de ao menos dois centros autônomos de imputação, cada qual dotado de patrimônio próprio, ao qual se limita a responsabilidade de seus membros, pois a função desta teoria é justamente responsabilizar um deles por dívida formalmente contraída pelo outro".[116]

---

116. PARENTONI, Leonardo Netto. *Desconsideração contemporânea da personalidade jurídica*: dogmática e análise científica da jurisprudência brasileira. São Paulo: Quartier Latin, 2014, p. 195.

Porém, há uma regra excepcional. Pelo que consta do parágrafo único do artigo 8º, "as disposições do inciso II do *caput* (...) não se aplicam às hipóteses de dolo, de fraude ou de simulação com o envolvimento do investidor."

Tais situações conduzirão à responsabilização do investidor e, naturalmente, dependerão de provas robustas do elemento subjetivo descrito na norma para que as garantias definidas sejam afastadas. Nota-se, nessa exceção, a preocupação do legislador com a garantia da higidez das relações jurídicas e da responsabilidade contratual nos instrumentos de investimento e fomento à inovação e ao empreendedorismo.

Um rol claro de instrumentos, com garantias explícitas que equilibram o referido ecossistema e geram incentivos, certamente produzirá bons efeitos, pois a lei não estabelece um "salvo-conduto" ao investidor. Ao contrário, o que se espera – inclusive em desejável atuação cooperativa e direcionada à consecução das finalidades contratuais – é que haja constante fiscalização do bom desempenho da startup, com vistas à constituição de ambientes favoráveis ao seu florescimento e à sua alavancagem no mercado. Para tanto, a valorização da segurança jurídica e da liberdade contratual atuam como premissas para a promoção do investimento e do aumento da oferta de capital direcionado a iniciativas inovadoras, que conectam investidores e empreendedores nesse irrefreável ecossistema.

A nova lei, apesar de omissa quanto a alguns temas que poderia ter abordado melhor, tem muitos méritos, pois traz clareza a assuntos que já haviam se tornado comuns na práxis contratual e não perde de vista a complexidade da matéria, uma vez que não cria contextos de absoluta irresponsabilidade para investidores.

2.5.3 Modelos de investimento

O Marco Legal das Startups teve o grande mérito de estabelecer detalhado rol de instrumentos de investimento,[117] que constam nos incisos do artigo 5º da lei, a saber:

> Art. 5º As startups poderão admitir aporte de capital por pessoa física ou jurídica, que poderá resultar ou não em participação no capital social da *startup*, a depender da modalidade de investimento escolhida pelas partes.
>
> § 1º Não será considerado como integrante do capital social da empresa o aporte realizado na *startup* por meio dos seguintes instrumentos:
>
> I – contrato de opção de subscrição de ações ou de quotas celebrado entre o investidor e a empresa;
>
> II – contrato de opção de compra de ações ou de quotas celebrado entre o investidor e os acionistas ou sócios da empresa;
>
> III – debênture conversível emitida pela empresa nos termos da Lei nº 6.404, de 15 de dezembro de 1976;
>
> IV – contrato de mútuo conversível em participação societária celebrado entre o investidor e a empresa;
>
> V – estruturação de sociedade em conta de participação celebrada entre o investidor e a empresa;

---

117. Para uma averiguação mais detalhada de cada um desses instrumentos, conferir MICHILES, Saulo. *Marco Legal das Startups*. Salvador: Juspodivm, 2021, p. 31-84.

VI – contrato de investimento-anjo na forma da Lei Complementar nº 123, de 14 de dezembro 2006;

VII – outros instrumentos de aporte de capital em que o investidor, pessoa física ou jurídica, não integre formalmente o quadro de sócios da startup e/ou não tenha subscrito qualquer participação representativa do capital social da empresa.

Alguns dos instrumentos agora previstos em lei já eram amplamente utilizados por *startups* em todo o Brasil.[118] Nos incisos I e II, por exemplo, estão contemplados os contratos de opção de subscrição de ações ou de quotas e de compra de ações/quotas, que não se confundem com as *stock options*.[119] São clássicos instrumentos que buscam garantir ao investidor o direito/opção de adquirir participação societária na *startup*, a partir de um valor prefixado ou ao menos uma forma de definição de valor predeterminada. Na maioria dos casos, as opções não preveem um pagamento antecipado, mas é possível que existam serviços atrelados à opção de compra para justificar a própria existência do contrato.

Por sua vez, as debêntures conversíveis, previstas no inciso III, são um tipo de instrumento que já era popularmente utilizado pelas sociedades anônimas – e por isso há remissão expressa à Lei nº 6.404/1976. De forma resumida, debêntures são títulos de crédito que garantem ao investidor o direito de reaver o valor corrigido por um índice de reajuste predeterminado. Simbolizam uma forma de as sociedades empresárias buscarem investimento no mercado privado sem terem de recorrer a financiamentos bancários.

Os mútuos conversíveis, previstos no inciso IV, são subespécies do contrato de mútuo amplamente utilizadas pelas *startups* no Brasil.[120] De forma simples, o mútuo conversível é um instrumento pelo qual a *startup* recebe um empréstimo do investidor na expectativa de pagar esse valor emprestado com participação societária ou em valor devidamente corrigido, sendo mais usual que se busque a contraprestação em participação societária.

Se diferenciam, pois, das opções de compra:

---

118. Sobre o tema, conferir, por todos, CAMINHA, Lucas; COELHO, Gustavo Flausino. *Captação de recursos por startups*. São Paulo: Almedina, 2020.
119. VEIGA, Felipe Barreto; CARVALHO, Leonardo da Costa. Planos de opção de compra de ações: impacto da ausência das stock options no Marco Legal das Startups. In: MATIAS, Eduardo Felipe P. (Coord.). *Marco Legal das Startups*: Lei Complementar 182/2021 e o fomento ao empreendedorismo inovador no Brasil. São Paulo: Thomson Reuters Brasil, 2021, p. 169-188.
120. Sobre o tema: "Na prática, em um instrumento conversível o investidor empresta uma quantia ao empreendedor; decorrido o prazo contratual, pode então: (i) resgatar o valor emprestado, com ou sem juros; ou (ii) converter aquele empréstimo em participação societária na empresa, em condições preestabelecidas (cálculo da participação, tipos de ações a serem emitidas, entre outras.). Neste caso, enquanto o negócio ainda é muito embrionário e ainda depende de muitos fatores para crescer e provar seu potencial, aquele investidor não é sócio e não corre os mesmos riscos que o empreendedor. A conversão se dará normalmente pela vontade do investidor ou condicionada ao cumprimento de metas". (FONSECA, Victor Cabral; DOMINGUES, Juliana Oliveira. Financiamento de startups: aspectos econômicos dos investimentos de alto risco e mecanismos jurídicos de controle. *Revista de Direito Econômico e Socioambiental*, Curitiba, v. 9, n. 1, p. 319-354, jan./abr. 2018, p. 343.)

As principais diferenças entre a opção de compra e o mútuo conversível referem-se a: (i) natureza jurídica, (ii) momento do pagamento e (iii) incidência de Imposto sobre Operações de Crédito, Câmbio e Seguro, ou relativas a Títulos ou Valores Mobiliários (IOF).[121]

Quanto às sociedades em conta de participação, registra-se que o tipo societário já era previsto nos artigos 991 e seguintes do Código Civil, o que leva a crer que a *mens legis* do Marco Legal das *Startups* é reforçar a constatação de que esse tipo de estrutura societária tem validade para cenários de investimento em *startups*. Como essa afirmação era nebulosa antes da promulgação da nova lei, sempre houve dúvidas sobre se seria um modelo seguro ou propício para se investir em *startups*. Na prática, a sociedade em conta de participação resulta de um contrato entre duas partes, sendo o sócio ostensivo uma sociedade empresária, no caso, a *startup*, e os sócios participantes, caso sejam vários, os investidores.

A figura do investidor-anjo já era prevista anteriormente no artigo 61-A da Lei Complementar nº 123/2006 desde a reforma promovida pela Lei Complementar nº 155/2016.[122] Em síntese, o investimento realizado por investidor-anjo é marcado pela aplicação de capital próprio[123] em empresas nascentes com alto potencial de crescimento apresentando as seguintes características: (i) é efetuado por profissionais (empresários, executivos e profissionais liberais) experientes, que agregam valor para o empreendedor com seus conhecimentos, experiência e rede de relacionamentos, além dos recursos financeiros, por isto é conhecido como s*mart-money*; (ii) o investidor-anjo tem, normalmente, uma participação minoritária no capital social; (iii) não gera ao investidor-anjo posição executiva na empresa, mas revela função específica de apoio ao empreendedor, pois atua como uma espécie de mentor ou conselheiro.

Com efeito:

> (...) é possível extrair da prática do mercado um perfil de investidor-anjo padrão, que se verifica na maior parte dos casos e que é relevante para a análise específica dos fatores de risco aqui estudados. Esse perfil se caracteriza por: (i) realização de investimento com recursos próprios; (ii) interação com a *startup* e com os empreendedores caracterizada por atividades de mentoria e compartilhamento de rede de relacionamento (*network*); (iii) ausência de interferência direta na gestão da sociedade ou de direito de voto nas deliberações sociais; e (iv) necessidade de realização dos ganhos, em prazo relativamente curto, por meio de evento de saída (venda de participação societária).[124]

---

121. SILVA FILHO, Emanoel Lima da. *Contratos de investimento em startups*: os riscos do investidor-anjo. São Paulo: Quartier Latin, 2019, p. 70.
122. *Cf.* LEMOS, Raquel Garcia. Investidores-anjo, startup: aspectos societários para empresas da Internet. In: LONGHI, Maria Isabel Carvalho Sica; COSTA-CORRÊA, André; PREDOLIM, Emerson Alvarez; REBOUÇAS, Rodrigo Fernandes (Coord.). *Direito e novas tecnologias*. São Paulo: Almedina, 2020.
123. Remetendo o leitor às diferenças acima apontadas entre opção de compra e mútuo conversível, Emanoel Lima da Silva Filho arremata: "Entendemos que essas diferenças são parte das razões pelas quais os investidores-anjo têm optado pela utilização de contratos de mútuo conversível". SILVA FILHO, Emanoel Lima da. *Contratos de investimento em startups*: os riscos do investidor-anjo. São Paulo: Quartier Latin, 2019, p. 70.
124. SILVA FILHO, Emanoel Lima da. *Contratos de investimento em startups*: os riscos do investidor-anjo. São Paulo: Quartier Latin, 2019, p. 150.

Finalmente, o inciso VII do §1º do artigo 5º do Marco Legal deixa aberta a possibilidade de as *startups* e os investidores convencionarem o investimento a partir de outro tipo de contrato/instrumento. É importante que haja esse tipo de abertura para evitar eventual interpretação de rol taxativo no que diz respeito aos contratos de investimento em *startups*. O mercado evolui e cria mecanismos de tempos em tempos, o que é natural, mas essa cláusula aberta não indica a possibilidade, por si só, a viabilidade de que o *vesting* seja concebido como meio de investir na *startup*.

Conforme se verá, a preponderância do aspecto relacional é o cerne do *vesting* e por isso é que os instrumentos descritos acima dele se diferenciam, pois são, essencialmente, mecanismos de investimento.

3
O EMPREENDEDORISMO DE BASE TECNOLÓGICA

Eric Schmidt, ex-CEO da Google, Inc., afirmou, em entrevista concedida em 2010, que ao longo de dois dias é produzida a mesma quantidade de informação que a humanidade criou, desde a sua gênese, até 2003.[1] E, evidentemente, esta constatação aponta a relevância do estudo do empreendedorismo para o fim de se delimitar, no campo tecnológico, o papel que novos arquétipos societários propiciam às organizações habilidades de adaptação para a sustentação de seus modelos de negócio a partir do bom uso da tecnologia.

A ideia de empreendedorismo surge a partir de três elementos essenciais: inovação tecnológica, crédito bancário e o perfil inovador do empresário. Tais fatores são detidamente analisados por Schumpeter por serem os principais indicadores de desenvolvimento para a Economia de um país, destacando-se, na formação de uma empresa, a transformação do empresário em empreendedor quando se conjugam em um processo produtivo eficiente e eficaz. Nesse contexto, a inovação tecnológica não apenas impulsiona a criação de novos produtos e serviços, mas também a otimização de processos internos, promovendo maior competitividade no mercado. O acesso ao crédito bancário, por sua vez, viabiliza a concretização de projetos inovadores, permitindo que empresas de diversos portes possam investir em pesquisa e desenvolvimento.

Para o autor, "o empresário nunca é aquele que corre risco",[2] pois este é assumido por quem concede crédito – o investidor – para a alavancagem do negócio. Esta visão, de vanguarda à época em que foi concebida, se revela ainda mais atual em tempos de empreendedorismo de base tecnológica, na medida em que as *startups*, que serão melhor analisadas adiante, se caracterizam pela grande dificuldade de constituição de um modelo de negócio com riscos calculados.

Peter Drucker destaca o perfil empreendedor como sendo "aquele que sempre está buscando a mudança, reage a ela, e a explora como sendo uma oportunidade",[3] ou seja,

---

1. SCHMIDT, Eric. *Every 2 days we create as much information as we did up to 2003*, 04 ago. 2010. Entrevistador: M. G. Siegler. São Francisco: TechCrunch, 2010. Disponível em: https://techcrunch.com/2010/08/04/schmidt-data/ Acesso em: 7 jul. 2024.
2. SCHUMPETER, Joseph Alois. *Teoria do desenvolvimento econômico*: uma investigação sobre lucros, capital, crédito, juro e o ciclo econômico. São Paulo: Abril Cultural, 1982, p. 92.
3. DRUCKER, Peter Ferdinand. *Inovação e espírito empreendedor (entrepreneurship)*: prática e princípios. Tradução de Carlos Malferrari. São Paulo: Pioneira, 1987, p. 36.

o empreendedor é, na essência, um desafiador, que está em constante fase de mutação e adaptação, sujeitando-se às infinitas transformações sociais, que interferem diretamente em suas atividades, mas assumindo, ainda, o papel de transferir recursos econômicos de um setor de menor produtividade para outro, de maior. Além disso, o perfil inovador do empresário é crucial para a identificação e exploração de oportunidades de mercado que outros possam negligenciar. Empreendedores com visão estratégica são capazes de antecipar tendências, adaptar-se rapidamente às mudanças e construir modelos de negócio sustentáveis. Esse dinamismo é especialmente relevante em um cenário de rápida evolução tecnológica, no qual a capacidade de inovação pode determinar a longevidade e o sucesso de uma organização. Portanto, o estudo do empreendedorismo e de suas bases teóricas é fundamental para compreender como as empresas podem prosperar em um ambiente cada vez mais digital e competitivo.

Segundo Ronald Degen, "ser empreendedor significa ter, acima de tudo, a necessidade de realizar coisas novas, pôr em prática ideias próprias, característica de personalidade e comportamento que nem sempre é fácil de se encontrar".[4] Esta concepção é corroborada por Dornelas, que faz alusão ao empreendedorismo como sendo o agente responsável pelo crescimento econômico, a partir de sua habilidade de vislumbrar o futuro, inovar, tomar decisões com dinamismo, conhecimento, dedicação, trabalho em equipe e, especialmente, criar valor para a sociedade.[5]

Este viés "humanista" é abordado, também, por Ulrich Beck, que assimila a diferença entre globalismo e globalização ao explicitar que, enquanto no primeiro fenômeno há unicamente a preocupação econômica e a tentativa de ordenação espontânea do mercado, há, no segundo, a inserção de pautas de direitos fundamentais que explicitam este destacado viés, propiciando uma ressignificação do Direito Civil.[6] Nesse sentido, a globalização é vista não apenas como um processo econômico, mas também como um fenômeno social e cultural que implica uma maior responsabilidade das *startups* em relação aos impactos de suas atividades na sociedade e no meio ambiente. Além disso, a abordagem humanista do empreendedorismo reforça a importância de práticas empresariais éticas e sustentáveis, que considerem não apenas o lucro, mas também o bem-estar dos funcionários, consumidores e comunidades envolventes. Isso significa que o verdadeiro empreendedor deve estar comprometido com a criação de um valor compartilhado, onde os benefícios do sucesso empresarial sejam distribuídos de maneira equitativa, contribuindo para o desenvolvimento sustentável e para a melhoria da qualidade de vida das pessoas. Dessa forma, o empreendedorismo pode ser um poderoso

---

4. DEGEN, Ronald Jean. *O empreendedor*: fundamentos da iniciativa empresarial. São Paulo: Pearson Prentice Hall, 2009, p. 10.
5. DORNELAS, José Carlos de Assis. *Empreendedorismo*: transformando ideias em negócios. 3. ed. Rio de Janeiro: Elsevier, 2008, *passim*.
6. BECK, Ulrich. *O que é globalização? Equívocos do globalismo*: respostas à globalização. Tradução de André Carone. São Paulo: Paz e Terra, 1999, p. 265.

motor de transformação social, promovendo não apenas o crescimento econômico, mas também o desenvolvimento sustentável.

3.1 AS *STARTUPS* E SUA RELEVÂNCIA PARA O FOMENTO EMPRESARIAL

Traduzindo literalmente do inglês, *startup* significa partida, início, começo, denotando-se a figura de um projeto, ideia ou modelo de negócio que tem um ponto de partida, mas carece de formatação jurídico-administrativa.

Não existe na doutrina uma definição unânime sobre o que são, efetivamente, as *startups*, e este tem sido um desafio recorrentemente enfrentado pela doutrina que se debruça sobre o estudo dessa disciplina a ponto de propor modelagens que a distingam das estruturas empresariais tradicionais. É o caso de Eric Ries, que desenvolve o conceito da "*startup* enxuta" (*lean startup*) em sua obra de mesmo título, na qual apresenta o seguinte conceito de *startup*: "(...) uma instituição humana projetada para criar novos produtos e serviços sob condições de extrema incerteza".[7]

Este conceito, desdobrado a "extrema incerteza" propugnada pelo autor, revela o principal desafio que se tem na condução das atividades empresariais desenvolvidas quando da criação de uma *startup*. Entretanto, a visão de Ries não revela nenhum elemento concernente ao tamanho da empresa, da atividade ou do setor da Economia em que supostamente se insere este peculiar modelo societário.

É indubitável que qualquer pessoa que decida se aventurar e empreender a partir de uma ideia ou modelo de negócio que desenvolva, enfrentará uma série de incertezas (muitas delas extremas), que poderão inviabilizar sua proposta. E, nesse contexto, tentando detalhar melhor o conceito apresentado por Ries, Steve Blank e Bob Dorf definem uma *startup* como uma organização temporária e que é constituída sob um modelo de negócio recorrente e escalável.[8]

A característica de ser uma organização temporária destaca a natureza experimental das *startups*, que buscam validar seu modelo de negócio antes de se tornarem empresas estabelecidas. Essa busca constante por inovação e adaptação é o que permite que muitas *startups* transformem setores inteiros, impulsionando avanços tecnológicos e mudanças significativas no mercado. Esta noção de escalabilidade parte de uma premissa denominada "alto risco, alto ganho" ("*high risk, high reward*"), que há décadas já era apontada por Schumpeter a partir da complexidade de determinados modelos de negócio, cujo objeto explorado pode propiciar atrativos pelo próprio risco envolvido,

---

7. RIES, Eric. *The lean startup*: how today's entrepreneurs use continuous innovation to create radically successful businesses. Nova York: Crown, 2011, p. 24. No original: "(...) an organization dedicated to creating something new under conditions of extreme uncertainty".
8. BLANK, Steve; DORF, Bob. *The startup owner's manual*: The Step-by-Step Guide for Building a Great Company. Pescadero: K&S Ranch, 2012, p. 19.

haja vista a alta lucratividade que pode gerar, a despeito da possibilidade de perda de todo o investimento.[9]

O empreendedorismo *startup* teve sua popularização a partir da década de 1990, de forma coincidente com a ascensão da Internet nos Estados Unidos da América e, posteriormente, no mundo todo. O acesso à informação propiciou um recrudescimento do acesso a ideias e disso se desdobrou esta aceleração do empreendedorismo, geralmente baseado na utilização e aplicação da tecnologia.[10]

Como anotam Victor Cabral Fonseca e Juliana Oliveira Domingues,

> (...) em determinado momento a empresa recorre a investimentos externos para desenvolver suas atividades, o que faz com que o problema envolva um terceiro: o investidor, que busca o melhor retorno para o capital aportado. A questão, neste caso, é que *startups* possuem potencial de retorno, mas operam em situação de notória incerteza – como demonstrado. Assim, acabam sendo consideradas como investimentos de risco, principalmente no momento em que estão em etapas mais embrionárias.[11]

Segundo David Johnson, empreender requer dedicação e foco no que diz respeito à empresa. O empreendedor, nesse sentido, deve ter iniciativa, assumir responsabilidade e agir criativamente para atingir resultados na administração dos riscos inerentes ao processo, mantendo-se sempre alerta quanto à habilidade de enxergar o futuro como uma oportunidade de negócios inovadores, mesmo em face de obstáculos e dificuldades.[12]

Uma *startup* se inicia a partir de um número ilimitado de metas, algumas delas ligadas a pontos de referência da empresa e voltadas à delimitação de um progresso importante ao longo da estrada para o sucesso e para a prosperidade empresarial. Para Guy Kawasaki, destacam-se sete aspectos: (i) a comprovação da concepção da ideia; (ii) a geração de especificações completas de projeto; (iii) a conclusão de um protótipo; (iv) o levantamento de capital; (v) a realização de testes com o público-alvo; (vi) levar aos consumidores uma versão final do produto; (vii) gerenciar com equilíbrio as receitas e despesas.[13]

Como se vê, não basta uma ideia inovadora para se conceber um novo modelo de negócio, uma vez que é essencial saber o que se quer fazer com o novo produto ou serviço, mas há outras etapas para a consolidação de um empreendimento. Ademais,

---

9. SCHUMPETER, Joseph Alois. *Teoria do desenvolvimento econômico*: uma investigação sobre lucros, capital, crédito, juro e o ciclo econômico. São Paulo: Abril Cultural, 1982, p. 92.
10. FALEIROS JÚNIOR, José Luiz de Moura. Startups e empreendedorismo de base tecnológica: perspectivas e desafios para o direito societário brasileiro. In: EHRHARDT JÚNIOR, Marcos; CATALAN, Marcos; MALHEIROS, Pablo (Coord.). *Direito civil e tecnologia*. 2. ed. Belo Horizonte: Fórum, 2021, t. I, p. 551-553.
11. FONSECA, Victor Cabral; DOMINGUES, Juliana Oliveira. Financiamento de startups: aspectos econômicos dos investimentos de alto risco e mecanismos jurídicos de controle. *Revista de Direito Econômico e Socioambiental*, Curitiba, v. 9, n. 1, p. 319-354, jan./abr. 2018, p. 325.
12. JOHNSON, David. What is innovation and entrepreneurship? Lessons for larger organizations. *Industrial and Commercial Training*, v. 33, n. 4, 2001, p. 135-140.
13. KAWASAKI, Guy. *A arte do começo*. Tradução de Celina Cavalcante Falck-Cook. 4. ed. Rio de Janeiro: Best Seller, 2011, *passim*.

a flexibilidade e a capacidade de rápida adaptação são traços distintivos das *startups* em comparação com empresas tradicionais. Essas qualidades permitem que *startups* respondam mais eficientemente às demandas do mercado e às novas oportunidades, ajustando suas estratégias e operações conforme necessário. A utilização de metodologias ágeis e a ênfase na experimentação contínua ajudam a minimizar os riscos e maximizar as chances de sucesso. Portanto, a compreensão aprofundada das dinâmicas e desafios enfrentados pelas *startups* é essencial para quem deseja atuar nesse ambiente altamente competitivo e inovador.

O primeiro estágio para se empreender parte, segundo Bessant e Tidd e em continuidade às ideias de Kawasaki, da avaliação da oportunidade, momento em que ocorre a geração, a avaliação e o aprimoramento do conceito de negócio, ou seja, a ideia para o negócio que se pretende criar poderá surgir a partir de extensões ou adaptações de produtos ou serviços já existentes, aplicação de produtos existentes em outros mercados, adição de valor a um produto ou a um serviço ou, até mesmo, o desenvolvimento de um produto ou serviço completamente novo.[14]

Em segundo lugar, os mesmos autores apontam a necessidade de desenvolvimento de um plano de negócio[15] e a tomada de decisão com relação à estrutura da empresa para que seja viável a etapa seguinte, qual seja, a aquisição de recursos e financiamentos necessários à implementação do negócio – o que engloba as parcerias entre indivíduos e o apoio especializado para a consecução do objetivo empresarial – tendo como fontes mais comuns o autofinanciamento ou a busca de investidores formais, a tomada de empréstimos bancários ou de incentivos governamentais.[16]

Enfim, tem-se a etapa de crescimento e acompanhamento do empreendimento, além da obtenção de resultados. E é importante destacar que há várias maneiras[17] de um negócio crescer e criar valor adicional, como o crescimento orgânico, a aquisição ou fusão com outras empresas, a venda do negócio para uma outra empresa ou até mesmo a oferta pública de ações nas bolsas de valores.[18]

---

14. BESSANT, John; TIDD, Joe. *Inovação e empreendedorismo*. Tradução de Elizamari Rodrigues Becker, Gabriela Perizzolo e Patrícia Lessa Flores da Cunha. Porto Alegre: Bookman, 2009, p. 305.
15. Um plano de negócio (ou *business plan*, em inglês) serve para dar tangibilidade à ideia, eliminando ou reduzindo falsas ilusões e eliminando discussões futuras sobre papéis e responsabilidades, sendo composto de definições importantes como detalhes do produto, oportunidade de mercado, público alvo, barreiras de entrada e análise de concorrentes, estratégia, definição e identificação de riscos.
16. BESSANT, John; TIDD, Joe. *Inovação e empreendedorismo*. Tradução de Elizamari Rodrigues Becker, Gabriela Perizzolo e Patrícia Lessa Flores da Cunha. Porto Alegre: Bookman, 2009, p. 306.]
17. O crescimento pode ser exitoso a partir do reconhecimento de uma oportunidade real, pela qual o empreendedor precisará conectar sua nova tecnologia ou *know-how* a uma necessidade de mercado, a uma demanda real que lhe crie uma oportunidade comercial. Além disso, não se pode olvidar do compromisso do empreendedor, especialmente até o surgimento do negócio, quando precisará tomar ações e decisões com a persistência necessária ao sucesso do negócio.
18. BESSANT, John; TIDD, Joe. *Inovação e empreendedorismo*. Tradução de Elizamari Rodrigues Becker, Gabriela Perizzolo e Patrícia Lessa Flores da Cunha. Porto Alegre: Bookman, 2009, p. 306-307.

Nota-se a presença de quatro dimensões para a criação de um novo empreendimento: indivíduos, organização, ambiente para empreender e processos,[19] que se conjugam em macro etapas identificáveis a partir de alguns elementos coincidentes, abrindo caminho para a formatação de um processo aderente a diversos tipos de negócio.

É nesse contexto que as ideias de Ries ou de Blank e Dorf ganham corpo, já que os conceitos de escalabilidade, recorrência e lucratividade que constituem uma *startup* denotam um núcleo essencial que coincide com a visão empreendedora. Noutras palavras, a combinação de estratégias bem definidas e a adaptação constante às condições do mercado são fundamentais para transformar uma ideia inovadora em um empreendimento sustentável e lucrativo. Assim, o estudo aprofundado das dinâmicas que regem as *startups* pode fornecer *insights* valiosos para empreendedores e investidores que buscam maximizar o potencial de novos negócios em um ambiente cada vez mais competitivo e tecnológico.

Outra característica marcante das *startups* é a ênfase no crescimento rápido e na escalabilidade. Diferentemente das sociedades empresárias mais tradicionais, que podem focar em um crescimento estável e gradual, as *startups* buscam expandir rapidamente sua base de clientes e sua presença no mercado.[20] Esse crescimento acelerado frequentemente é impulsionado por modelos de negócios disruptivos e pelo uso intensivo de tecnologias avançadas, que permitem alcançar uma vasta audiência com investimentos relativamente menores. A abordagem de "falhar rápido e aprender rápido" também é uma prática comum entre as *startups*, pois os erros são vistos como oportunidades de aprendizado e ajuste rápido das estratégias. Stanley Sutton identifica, neste campo, um compilado de características comuns às *startups*: (i) a pouca experiência acumulada no ramo negocial explorado, que é comum em empreendimentos novos e sem grande história em termos de processos empresariais; (ii) a escassez de recursos; (iii) a maior suscetibilidade a influências internas e externas do mercado, de competidores e investidores, o que as obrigam a adaptações mais céleres e frequentes; (iv) a utilização da tecnologia e sua inserção em mercados dinâmicos.[21]

Uma ferramenta essencial para suportar esse crescimento acelerado e garantir a retenção de talentos é o *vesting* empresarial – tema central desta obra e que será mais bem analisado no capítulo seguinte – pelo qual os colaboradores adquirem, ao longo do

---

19. GARTNER, William B. A conceptual framework for describing the phenomenon of new venture creation. *The Academy of Management Review*, p. 696-706, v. 10, n. 4, 1985, p. 699.
20. Especificamente quanto às *startups*, Henrique Arake comenta o seguinte: "Com efeito, a experiência profissional denota que *startups* têm preferido celebrar contratos de investimento mais flexíveis. Uma possível explicação para essa observação que contradiz os resultados teóricos de nosso modelo é o fato de os investidores possuírem um "poder de barganha" superior ao da sociedade (talvez em função de eventual restrição de crédito ou alta de juros bancários como alternativa)". ARAKE, Henrique. Estratégias de startups no tabuleiro legal: perspectivas da teoria dos jogos sobre os instrumentos de investimento em inovação. In: OLIVEIRA, Fabrício de Souza; FALEIROS JÚNIOR, José Luiz de Moura (Coord.). *Direito, governança corporativa e startups*. Indaiatuba: Foco, 2024. p. 238-239.
21. SUTTON, Stanley M. The role of process in a software start-up. *IEEE Software*, [S.l], v. 17, n. 4, p. 33-39, 2000, p. 34.

tempo, direitos sobre ações/quotas na sociedade. Essa prática é especialmente relevante nas *startups*, pois alinha os interesses dos *stakeholders* com os objetivos de longo prazo da sociedade, incentivando-os a permanecerem comprometidos e contribuírem para o crescimento da organização. O *vesting* não apenas motiva os colaboradores a entregar resultados de alta performance, mas também a se sentirem parte integral do sucesso da *startup*, criando um vínculo mais forte e sustentável.

Além disso, a capacidade de atrair e reter talentos é crucial para o sucesso das *startups*. Equipes pequenas, mas altamente qualificadas e motivadas, são essenciais para implementar as inovações e responder de forma ágil às mudanças do mercado. A flexibilidade e a habilidade de trabalhar em um ambiente de constante mudança fazem com que os colaboradores das *startups* sejam frequentemente escolhidos por sua capacidade de lidar com a incerteza e por suas habilidades multifuncionais. O *vesting* empresarial fortalece essa dinâmica ao garantir que os colaboradores compartilhem tanto dos riscos quanto dos benefícios do crescimento da *startup*. Assim, as *startups* não apenas enfrentam desafios significativos, mas também têm a oportunidade de revolucionar setores inteiros por meio de suas abordagens inovadoras e ágeis, sustentadas por uma força de trabalho motivada e comprometida.

3.2 O CICLO DE VIDA DE UMA *STARTUP*

Blank e Dorf identificam quatro etapas que marcam o ciclo de vida de uma *startup*: (i) *customer discovery*; (ii) *customer validation*; (iii) *customer creation*; (iv) *company building*.[22]

Em simples linhas, inicia-se com o entendimento do cliente, ou seja, procura-se entender se o produto ou serviço que será explorado pela *startup* é capaz de solucionar problemas reais do potencial cliente; em seguida, são realizados testes de validação por amostragem com alguns consumidores; prossegue-se a uma etapa de validação da escalabilidade das vendas e fidelização de clientela; finalmente, constrói-se a empresa, firmando-se um modelo de negócio comprovado, escalável e repetível no qual se formalizam departamentos que constituirão as frentes de atuação da empresa.

O sucesso, segundo Bessant e Tidd, dependerá de alguns fatores que são identificáveis em empreendimentos de sucesso, como a presença de inovação, o ritmo de crescimento e a escalabilidade dos lucros.[23]

Steve Blank, em outra obra na qual analisa os fundamentos que marcam o ciclo de vida de uma *startup*, aponta quatro eixos: (i) descoberta, (ii) validação, (iii) eficiência e (iv) escala, e cada um desses eixos se conjuga na formatação de temas relacionados à

---

22. *Cf.* BLANK, Steve; DORF, Bob. *The startup owner's manual*: The Step-by-Step Guide for Building a Great Company. Pescadero: K&S Ranch, 2012.
23. BESSANT, John; TIDD, Joe. *Inovação e empreendedorismo*. Tradução de Elizamari Rodrigues Becker, Gabriela Perizzolo e Patrícia Lessa Flores da Cunha. Porto Alegre: Bookman, 2009, p. 7.

gestão e ao planejamento como pré-requisito para a prosperidade do negócio.[24] Esses eixos são interdependentes e destacam a importância de um planejamento cuidadoso e da capacidade de adaptação rápida. A fase de eficiência, por exemplo, é crítica para otimizar recursos e processos antes de entrar na fase de escala, pois o crescimento rápido precisa ser sustentado por uma base sólida. A incorporação de práticas de *vesting* durante essas fases pode proporcionar uma estrutura robusta para recompensar o desempenho e incentivar a lealdade, essencial para a construção de uma proposta de engajamento duradoura e bem-sucedida.

Para além disso, a sobrevivência de uma *startup* dependerá de fatores como a criação e manutenção de uma estrutura organizacional flexível, composta de pessoas engajadas com o propósito da empresa; ainda, dependerá da gestão do conhecimento a partir da disponibilidade de recursos humanos altamente qualificados e da presença, na organização, de indivíduos que apoiem os projetos de inovação tecnológica em momentos críticos; o apoio à inovação tecnológica e a implementação de ferramentas de gestão.[25]

A implementação da tecnologia e a utilização de ferramentas de gestão, atrelados a seleção de equipe qualificada e plenamente apta ao desempenho das funções propugnadas é que dá a tônica do núcleo da *startup* (a inovação), irradiando efeitos sobre quatro *fronts*: produto, processo, posição e paradigma.[26] Essa listagem, que a doutrina chama de "quatro P's", representam o potencial espaço para inovação dentro da empresa, e são elementos cruciais para a sobrevida da mesma no mercado.

No campo tecnológico, a compreensão da sobrevida de uma *startup* se solidifica sobre alguns grandes pilares, que serão esmiuçados nos subtópicos a seguir.

3.2.1 Grau de novidade e desenvolvimento da ideia

Toda inovação apresenta algum grau de impacto, podendo ser incremental ou disruptivo (radical), ou seja, uma inovação pode propiciar melhorias que apenas incrementam algum produto ou serviço já existente, ou podem propiciar mudanças absolutamente radicais, que transformam por completo a aplicação de um produto ou serviço no campo prático.[27]

O grau de inovação se desdobra de um fluxo dinâmico denominado pela doutrina de *effectuation*,[28] termo que busca definir, no campo de pesquisa e desenvolvimento

---

24. BLANK, Steve. *The four steps to the epiphany*: successful strategies for products that win. 3. ed. Sussex: Quad/Graphics, 2007, p. 133.
25. BARAÑANO, Ana Maria. Gestão da inovação tecnológica: estudo de cinco PMEs portuguesas. *Revista Brasileira de Inovação*, Rio de Janeiro, n. 1, v. 4, 2005, p. 61.
26. BESSANT, John; TIDD, Joe. *Inovação e empreendedorismo*. Tradução de Elizamari Rodrigues Becker, Gabriela Perizzolo e Patrícia Lessa Flores da Cunha. Porto Alegre: Bookman, 2009, p. 24.
27. BESSANT, John; TIDD, Joe. *Inovação e empreendedorismo*. Tradução de Elizamari Rodrigues Becker, Gabriela Perizzolo e Patrícia Lessa Flores da Cunha. Porto Alegre: Bookman, 2009, p. 30.
28. O termo *effectuation*, oriundo do inglês, pode ser traduzido para efetuação ou eficácia, sendo o oposto de "causal" e significando o cariz racional da noção de eficácia.

(P&D) os objetivos e meios para a consecução das metas traçadas para o crescimento da empresa.[29]

A convergência do ciclo de restrições em objetivos propicia a busca por novos meios e novos objetivos, acarretando uma expansão do ciclo dos recursos empresariais, o que justifica o potencial de escalabilidade do grau de novidade de um produto ou serviço.[30]

Assim, a própria ideia de inovação perpassa por investimentos sólidos e contínuos no desenvolvimento e na materialização de ideias para que se tenha, no plano prático, a verdadeira eficácia.[31] No mais, a materialização de ideias inovadoras exige uma abordagem holística, que integra diferentes áreas de conhecimento e expertise dentro da *startup*. Investimentos em tecnologia, capacitação de talentos, proteção à propriedade intelectual e infraestrutura são essenciais para transformar conceitos em realidades tangíveis que geram valor.[32]

A partir de uma boa ideia, o(s) fundador(es) da *startup* capturam sua paixão e a descrevem como missão ou visão para o desenvolvimento da empresa, transformando a concepção que, originariamente, existia em formato bruto, em um conjunto de ideias-chave, que, rapidamente, se tornam um plano de negócios. Surge uma "visão da empresa", lastreada na inovação almejada.[33] Essa visão é essencial para guiar todas as etapas do crescimento da *startup*, desde a fase inicial de descoberta e validação até a construção de uma empresa escalável e sustentável. A clareza na missão e visão da empresa não só orienta os esforços de inovação, mas também atrai investidores e ta-

---

29. Sobre o assunto: "Ideas are meaningless without a masterful execution. Attracting investors is about more than a great idea. It's about showing the correct preparatory skills that will persuade potential investors that you will handle their capital diligently. The most effective way to do this is to put the core structure of your business in place before you begin seeking substantial investment. If you have not taken the steps to prepare your business adequately, this will count against you significantly during negotiations". CREMADES, Alejandro. *The art of startup fundraising*: pitching investors, negotiating the deal, and everything else. Nova Jersey: John Wiley & Sons, 2016, p. 26.
30. WILTBANK, Robert et al. What to do next? The case for non-predictive strategy. *Strategic Management Journal*, [S.l], v. 27, n. 10, p. 981-998, 2006, p. 992.
31. Não se desconsidera o contexto das startups sociais, que enfrentam múltiplos desafios e podem necessitar de mais tempo para atingir o equilíbrio econômico e gerar valor socioambiental, pois seu propósito é resolver problemas complexos e operar em mercados difíceis. Elas precisam equilibrar a geração de retorno financeiro para investidores com a criação de valor social e ambiental, o que pode ocasionar conflitos e comprometer seu crescimento. Para mais detalhes, conferir, por todos, STEPHAN, Clarisse; MATOS, Pedro Verga; BORIO, Marcello. Startups sociais: estudos e contributos para o desenvolvimento de um ecossistema de inovação social. In: OLIVEIRA, Fabrício de Souza; FALEIROS JÚNIOR, José Luiz de Moura (Coord.). *Direito, governança corporativa e startups*. Indaiatuba: Foco, 2024. p. 285-312.
32. *Cf.* VICENTE, Débora Cristina de Andrade; CESÁRIO, Kone Prieto Furtunato. Como startups (não) se sobressaem pelo uso do sistema de propriedade intelectual. In: OLIVEIRA, Fabrício de Souza; FALEIROS JÚNIOR, José Luiz de Moura (Coord.). *Direito, governança corporativa e startups*. Indaiatuba: Foco, 2024. p. 241-260.
33. BLANK, Steve. *The four steps to the epiphany*: successful strategies for products that win. 3. ed. Sussex: Quad/Graphics, 2007, p. 4. E o autor ainda faz o alerta: "Every traveler starts a journey faced with the decision of what road to take. The road well traveled seems like the obvious choice. The same is true in the search for startup success: following a path of common wisdom – one taken by scores of startups before, seems like the right way. Yet the advice offered two thousand years ago is relevant for startups today, namely that the wide road often leads straight to disaster".

lentos que compartilham dos mesmos objetivos, potencializando o impacto da *startup* no mercado.

Este traço diferencia as *startups* das demais empresas, conforme se infere das asserções de Jessica Livingston:

> As *startups* são diferentes das empresas estabelecidas – quase que surpreendentemente, quando estão começando. Seria bom se as pessoas prestassem mais atenção a esse nicho importante, mas muitas vezes incompreendido, do mundo dos negócios, porque é aqui que você vê a essência da produtividade. Em sua forma simples, a produtividade parece tão estranha que muitas pessoas parecem "não-comerciais". Mas se as *startups* em estágio inicial não são de negócios, então o mundo corporativo poderia ser mais produtivo se fosse menos profissional.[34]

Para o completo desenvolvimento da ideia, as questões que envolvem o produto precisam ser definidas: (i) Qual é o conceito de produto ou serviço? (ii) É possível desenvolver? (iii) Mais pesquisas técnicas são necessárias para garantir que o produto possa ser desenvolvido? (iv) Quais são os recursos e benefícios do produto? (v) Segundo, quem serão os clientes e onde eles serão encontrados? (vi) Dados estatísticos e de pesquisa de mercado, além de possíveis entrevistas com clientes, determinam se as ideias têm mérito.[35]

Diversos são os desafios, razão pela qual a perseverança é importante, uma vez que, em uma *startup*, dificilmente se consegue planejar e prever todas as contingências que podem vir a ocorrer.[36] Os fundadores vivem diariamente com uma sensação de incerteza, isolamento e, por vezes, falta de progresso. Além disso, as *startups*, por sua natureza, trabalham com inovação, "e quando você faz coisas novas, as pessoas muitas vezes rejeitam você".[37]

A seguir, deve-se investigar como o produto alcançará o cliente e qual será o possível canal de distribuição desse produto. Nesta fase, as empresas começam a lidar com a problemática relacionada à identificação dos concorrentes e como eles se diferem. É preciso desenhar e mapear cenários de posicionamento de mercado a fim de que essa clareza transmita a segurança necessária à obtenção de investimentos.

---

34. LIVINGSTON, Jessica. *Founders at work*: stories of startups' early days. Berkeley: Apress, 2007, p. xiv. No original: "Startups are different from established companies – almost astonishingly so when they are first getting started. It would be good if people paid more attention to this important but often misunderstood niche of the business world, because it's here that you see the essence of productivity. In its plain form, productivity looks so weird that it seems to a lot of people to be "unbusinesslike." But if early-stage startups are unbusinesslike, then the corporate world might be more productive if it were less businesslike".
35. BLANK, Steve. *The four steps to the epiphany*: successful strategies for products that win. 3. ed. Sussex: Quad/Graphics, 2007, p. 4-6.
36. GRUBER, Frank. *Startup mixology*: tech cocktail's guide to building, growing & celebrating startup success. Nova Jersey: John Wiley & Sons, 2014, p. 23. Em transcrição literal dos dizeres do autor: "Throughout your regular day, you may encounter a problem or something inefficient or irritating. Carry a notepad or use your mobile device, and write it down. No need to come up with a solution or product right now; just look at the world with a problem-oriented eye".
37. LIVINGSTON, Jessica. *Founders at work*: stories of startups' early days. Berkeley: Apress, 2007, p. xiv.

A discussão sobre distribuição leva a algumas suposições básicas sobre preços. Combinado com os custos do produto, um orçamento de engenharia e cronogramas, isso resulta em uma planilha que se assemelha ao primeiro plano financeiro (*financial plan*) do plano de negócios (*business plan*) da empresa. Se a *startup* deve ser apoiada por investidores de risco, o modelo financeiro tem que ser atraente e crível.

3.2.2 Plataformas utilizadas

O conceito-base de um produto ou serviço inovador pode ser adaptado ou remodelado para servir a uma vasta gama de aplicações semelhantes, e a plataforma eleita para a implementação deste conceito-base é crucial para a definição de outros aspectos que nortearão as atividades da *startup*, como público-alvo e a necessidade de parcerias para o incremento das atividades desenvolvidas.[38]

Evidentemente, o investimento na plataforma pode se revelar crucial para a maturação do negócio, o que, embora eleve o custo de implementação da *startup*, pode se revelar determinante para o seu sucesso.

Nesse contexto, o empreendedorismo de base tecnológica acaba por depender fortemente da delimitação de plataformas sobre as quais seus produtos ou serviços serão prestados, o que gera uma dependência, na tomada de decisões sobre os rumos da empresa, acerca de linguagens de programação e *software* de terceiros que porventura se utilize para a concretização do modelo de negócio. Além disso, a escolha de uma plataforma adequada pode influenciar diretamente a escalabilidade e a flexibilidade do produto, permitindo que a *startup* se adapte rapidamente às mudanças de mercado e às novas demandas dos clientes.

Nesta etapa, é preciso delimitar atribuições, incumbir departamentos e, efetivamente, é o estágio no qual se encerra a idealização e se inicia a materialização: a empresa começa a se especializar por funções. Alguns se concentram na construção do produto; outros projetam o produto, alguns especificam o primeiro lançamento e contrata-se uma equipe para construir o produto. Tudo é trabalhado em detalhes, dentro de uma plataforma procedimentalizada com gráficos detalhados do método e do caminho crítico, com marcos-chave, estimando-se a logística envolvida e os custos de desenvolvimento.[39] A utilização de plataformas robustas e flexíveis também facilita a integração com outras tecnologias e serviços, ampliando o ecossistema no qual a *startup* opera. Isso pode incluir a colaboração com outras empresas para desenvolver funcionalidades complementares ou a utilização de APIs (interfaces de programação de aplicativos) para expandir as capacidades do produto. Dessa forma, a *startup* pode criar um valor adicional significativo, oferecendo soluções mais completas e integradas

---

38. BESSANT, John; TIDD, Joe. *Inovação e empreendedorismo*. Tradução de Elizamari Rodrigues Becker, Gabriela Perizzolo e Patrícia Lessa Flores da Cunha. Porto Alegre: Bookman, 2009, p. 30.
39. BLANK, Steve. *The four steps to the epiphany*: successful strategies for products that win. 3. ed. Sussex: Quad/Graphics, 2007, p. 5.

aos seus clientes. A seleção estratégica da plataforma, aliada ao investimento contínuo em seu desenvolvimento, torna-se, assim, um fator crítico para a viabilidade e o crescimento sustentado do negócio.

Neste segundo estágio, já se espera da *startup* uma atuação segmentada, inclusive com um departamento dedicado ao *marketing*, que refinará o tamanho do mercado definido no plano de negócios (sendo curial a remissão, nesse ponto, às redes contratuais desdobradas da formação de mercado a que se fez referência no capítulo 2) e inicia-se a segmentação dos primeiros clientes.[40]

3.2.3 Inovação descontínua e testagem alfa/beta

Também são diversas as situações em que, durante um processo de inovação, pode ocorrer algum evento que desloque o padrão e as regras preestabelecidas, tendo tais acontecimentos o poder de redefinir as condições para que a inovação aconteça, a partir de mudanças na penetração de mercado ou na sua diversificação.[41] Essas mudanças podem representar tanto desafios quanto oportunidades. Por exemplo, uma mudança regulatória pode inicialmente parecer um obstáculo, mas também pode abrir novas possibilidades para *startups* que conseguem se adaptar mais rapidamente do que seus concorrentes maiores e mais estabelecidos. Da mesma forma, a introdução de uma nova tecnologia pode obrigar uma reestruturação completa do modelo de negócio, mas também pode oferecer uma vantagem competitiva significativa para aqueles que conseguem incorporá-la de maneira eficaz.[42] A capacidade de navegar por esses eventos disruptivos e de se reinventar continuamente é uma característica essencial para a longevidade e o sucesso das *startups* inovadoras.

Mudanças inesperadas, segundo Bessant e Tidd, ao mesmo tempo que desafiam as elementares que já estavam em jogo, podem trazer novas oportunidades de atuação, como o surgimento de novos mercados, novas tecnologias ou novas regras políticas, que são situações sem perspectivas originalmente vislumbradas, para além de mu-

---

40. Em uma *startup* bem organizada (com procedimentos operacionais bem desenhados), o pessoal envolvido nas ações de *marketing* pode até mesmo dirigir um ou dois grupos-foco no mercado em que acreditam estar e preparar projetos de demonstração de vendas, como gravações, apresentações, planilhas de dados e contratar terceiros, como agências de publicidade.
41. ANSOFF, Igor. *Strategic management*. Nova Jersey: John Wiley & Sons, 1979, p. 92.
42. Com efeito: "Este saber pode ser gerado dentro das organizações, em centros de pesquisa, departamentos ou equipes próprias. Pode ser adquirido de outra organização, como a Apple fez com o projeto do mouse da Xerox® e a Microsoft® com os smartphones da Nokia®. Compartilhado com outras instituições, como acontece com empresas incubadas em universidades e apoiadas por programas de governo[38], ou ainda participando de processos de inovação aberta. Quanto à sua orientação, o conhecimento pode ser desenvolvido por meio de pesquisas de base ou aplicadas. Na primeira enquadram-se as pesquisas científicas com resultados mais complexos, de médio a longo prazo, não relacionadas diretamente ao processo produtivo/comercial da empresa. Já as pesquisas aplicadas são voltadas para melhorar a relação entre o produto e o mercado, com resultados mais práticos de médio a curto prazos" MINGHINI, Luciano; GIMENEZ, Fernando Antônio Prado. A equipe, a liderança criativa e a tecnologia. In: BUETTGEN, John Jackson; FREDER, Schirlei Mari (Org.). *Economia criativa*: inovação, cultura, tecnologia e desenvolvimento. Curitiba: Juruá, 2015. p. 90.

danças no comportamento e na sensibilidade do mercado, e de mudanças de regimes regulatórios; ainda, os autores mencionam os eventos imprevistos e as alterações do paradigma tecnoeconômico.[43]

Os testes alfa e beta remontam à validação da ideia que, em uma plataforma de base tecnológica, trabalha quase sempre com um pequeno grupo de usuários externos para garantir que o produto funcione conforme especificado e testa-o quanto a *bugs* (problemas).[44]

Tudo é aferido a partir de métricas. Todas as informações coletadas nos estágios alfa e beta são equacionadas em números que permitirão aprimorar as atividades que impulsionam o sucesso da *startup*.[45]

Nas *startups*, a principal ênfase das etapas de desenvolvimento e testagem está em "conclua e conclua rapidamente". Por isso, é natural que se procure vendas, *marketing* e números e se contrate especialistas em vendas por suas experiências anteriores, cujos conhecimentos para executar os programas de vendas e *marketing* são vistos como importantes soluções.[46]

Para Steve Blank, essa é, via de regra, uma suposição incorreta, pois, antes que se possa pensar em vender um produto, é preciso perguntar e responder algumas perguntas muito básicas: Quais são os problemas que nosso produto resolve? Os clientes percebem esses problemas como importantes ou "obrigatórios"? Se estamos vendendo para empresas, quem em uma empresa tem um problema que nosso produto poderia resolver? Se estamos vendendo para os consumidores, como podemos alcançá-los? Quão grande é esse problema? Quem fazem as primeiras vendas? Quem mais tem que aprovar a compra? Quantos clientes precisam ser rentáveis? Qual é o tamanho médio do pedido? E o próprio autor assevera:

> A maioria dos empresários dirá: "Eu já conheço todas as respostas. Por que preciso fazer de novo?" É da natureza humana que o que você acha que sabe nem sempre é o que você sabe. Um pouco de humildade vai longe. Sua experiência passada pode não ser relevante para sua nova empresa. Se você realmente souber as respostas às perguntas do cliente, o processo de desenvolvimento do cliente será rápido e reafirmará sua compreensão.[47]

---

43. BESSANT, John; TIDD, Joe. *Inovação e empreendedorismo*. Tradução de Elizamari Rodrigues Becker, Gabriela Perizzolo e Patrícia Lessa Flores da Cunha. Porto Alegre: Bookman, 2009, p. 30.
44. BLANK, Steve. *The four steps to the epiphany*: successful strategies for products that win. 3. ed. Sussex: Quad/Graphics, 2007, p. 5-6.
45. GRUBER, Frank. *Startup mixology*: tech cocktail's guide to building, growing & celebrating startup success. Nova Jersey: John Wiley & Sons, 2014, p. 89.
46. BLANK, Steve. *The four steps to the epiphany*: successful strategies for products that win. 3. ed. Sussex: Quad/Graphics, 2007, p. 6. E complementa: "Most entrepreneurs will tell you "I know all the answers already. Why do I have to go do it again." It's human nature that what you think you know is not always what you know. A little humility goes far. Your past experience may not be relevant for your new company. If you really do know the answers to the customer questions, the Customer Development process will go quickly and it will reaffirm your understanding".
47. BLANK, Steve. *The four steps to the epiphany*: successful strategies for products that win. 3. ed. Sussex: Quad/Graphics, 2007, p. 6.

Eventos que deslocam padrões preestabelecidos podem acelerar o crescimento de uma *startup* se ela for capaz de capitalizar rapidamente sobre novas oportunidades de mercado. Isso pode envolver pivotar para um novo segmento de clientes, diversificar a oferta de produtos ou serviços, ou até mesmo explorar novos mercados geográficos. A capacidade de responder de forma ágil a essas mudanças e de ajustar a estratégia empresarial para aproveitar ao máximo essas oportunidades pode determinar a trajetória de crescimento e a sustentabilidade a longo prazo da *startup*.

Enfim, lança-se o produto e o primeiro envio ao cliente é a etapa final desse modelo de inovação descontínua e para o que a empresa tem buscado, especialmente no plano logístico.[48] Assim, com o produto funcionando, a empresa entra no modo de gastos e de delimitação de planos de alavancagem e expansão; o canal de vendas passa a operar com cotas e metas de vendas; o *marketing* atua eficazmente. A empresa começa a medir o seu desempenho na execução de vendas em relação ao seu plano de negócios (que, normalmente, era escrito um ano ou mais antes, quando o empreendedor estava à procura de investimentos iniciais).

3.2.4 Tempo/oportunidade

Eric Ries aponta que, em uma *startup*, os produtos mudam de forma constante através do processo de otimização,[49] o que faz surgir oportunidades únicas. Inovar requer oportunismo e o tempo é um fator preponderante para a implementação de uma nova ideia, uma vez que as oportunidades mudam com o passar do tempo, de modo que empresas mais jovens acabam encontrando largo campo de experimentação de novos conceitos, ao passo que empresas mais maduras tendem a focar em inovação de processos ou de posição.[50] Essa dinâmica é fundamental para as *startups*, pois a capacidade de iterar rapidamente permite que elas testem e ajustem suas propostas de valor com base no *feedback* do mercado, aprimorando continuamente seus produtos e serviços para melhor atender às necessidades dos clientes.

Esse cenário é campo fértil para a seleção de uma dentre várias abordagens de boa aderência a empresas inovadoras por tratarem de mercado, produto, soluções e fidelizações de clientela. E, para uma empresa de tecnologia – foco de estudo deste trabalho – a preocupação deve se debruçar sobre a volatilidade do mercado, desde sua fase inicial, até o momento do desenvolvimento de soluções eficientes e que

---

48. FALEIROS JÚNIOR, José Luiz de Moura. Contratos relacionais e *vesting* empresarial nos instrumentos de parceria para startups de base tecnológica. *Revista Fórum de Direito Civil*, Belo Horizonte, ano 10, n. 26, p. 13-42, jan./abr. 2021, p. 21.
49. RIES, Eric. *The lean startup*: how today's entrepreneurs use continuous innovation to create radically successful businesses. Nova York: Crown, 2011, p. 20.
50. BESSANT, John; TIDD, Joe. *Inovação e empreendedorismo*. Tradução de Elizamari Rodrigues Becker, Gabriela Perizzolo e Patrícia Lessa Flores da Cunha. Porto Alegre: Bookman, 2009, p. 30-31.

permitam evitar que o cliente abandone o produto ou solução apresentado para o da concorrência.[51]

Além disso, a agilidade das *startups* em se adaptar e aproveitar novas oportunidades pode ser um diferencial competitivo significativo. A rapidez na implementação de mudanças e a flexibilidade para pivotar quando necessário são essenciais para sobreviver e prosperar em mercados voláteis e em constante evolução. Por outro lado, iniciativas mais maduras, embora possam ter recursos e experiência em seu favor, muitas vezes enfrentam barreiras internas à inovação rápida devido a processos estabelecidos e estruturas organizacionais rígidas. Portanto, enquanto *startups* têm a vantagem de explorar novas ideias com maior liberdade, empresas estabelecidas devem buscar formas de cultivar uma cultura de inovação que permita a experimentação e a adoção de novas tecnologias e processos.

A inter-relação entre tempo e oportunidade é estudada por Utterback e Abernathy, citados por Bessant e Tidd, que descrevem o ciclo-padrão da inovação no tempo a partir de três estágios: (i) uma fase fluida, em que há grande incerteza quanto à configuração da inovação e quanto à delimitação do público alvo; (ii) uma fase dominante, quando são estabelecidas as "regras do jogo", ou seja, quando o projeto predominante se estabelece e o foco passa a ser a imitação e o desenvolvimento ao seu redor; (iii) finalmente, uma fase específica, em que já existe amadurecimento e a inovação ganha ênfase, com a migração da preocupação do campo criativo para o campo gerencial (especialmente com custos).[52]

Michael Porter é quem trabalha essa ideia da correlação entre tempo e oportunidade a partir de uma perspectiva das vantagens competitivas que produtos únicos ou posicionamentos de baixo custo podem trazer como estratégias de diferenciação ou de liderança em custos, propiciando segmentação de mercado.[53]

A habilidade de equilibrar a inovação incremental com a disruptiva é crucial para todas as ideias inovadoras. *Startups* podem focar em criar algo totalmente novo ou transformar iniciativas existentes, enquanto iniciativas empresariais mais maduras podem utilizar sua base sólida para implementar melhorias contínuas que aumentem a eficiência e a competitividade. Em ambos os casos, o tempo continua sendo um fator crucial, pois *startups* que se movem rapidamente para explorar novas ideias podem estabelecer uma posição de mercado antes que concorrentes maiores possam reagir, enquanto empresas maduras que agilizam seus processos de inovação podem defender e expandir sua liderança de mercado.

---

51. JUSSANI, Ailton Conde *et al*. Reflexions on Blue Ocean Strategy: a comparison with Ansoff's, Porter and Hax and Wilde's strategy. *Future Studies Research Journal*, v. 2, n. 2, p. 17-35, 2010, p. 33.
52. BESSANT, John; TIDD, Joe. *Inovação e empreendedorismo*. Tradução de Elizamari Rodrigues Becker, Gabriela Perizzolo e Patrícia Lessa Flores da Cunha. Porto Alegre: Bookman, 2009, p. 32-33.
53. PORTER, Michael E. *Competitive strategy*. Nova York: The Free Press, 1980, p. 41.

3.3 *STARTUP* 'ENXUTA', PIVOTAGEM E O PAPEL DAS PARCERIAS INTERPESSOAIS

Conforme já se salientou em tópicos anteriores, o conceito de *startup* 'enxuta' é atribuído a Eric Ries e sua conceituação se baseia na abordagem de produção coerente com alguns princípios fundamentais relacionados ao aproveitamento do conhecimento e da criatividade de cada funcionário, com redução do tamanho dos lotes, implementação de produção *just in time* e aceleração dos ciclos produtivos.[54]

A visão do autor é a de que uma teoria voltada para o empreendedorismo deve auxiliar primordialmente na gestão de suas etapas iniciais de formação, tratando de temas relacionados à visão, ao conceito e ao desenvolvimento do produto ou serviço, às frentes de atuação de *marketing* e vendas, ao aumento de escala, à formalização de parcerias (especialmente quando dependentes de programação e alavancagem tecnológica), à estrutura e ao desenho organizacional da empresa.

É nesse segmento que se inserem conceitos como o da construção de um mínimo produto viável (MPV)[55] e de pivotagem, tendo o cliente como núcleo de direcionamento das pesquisas e do desenvolvimento focado na execução, nos prazos de entrega e no processo contraposto às demandas reais de cada cliente.[56]

Com base nisso, Ries destaca que uma *startup* de sucesso precisa "aprender" o que os clientes de fato querem, e a partir desse *iter* cognitivo, será possível traçar as diretrizes de desenvolvimento que viabilização todo o processo de demonstração empírica das necessidades de sua viabilização.[57]

Para o autor, na medida em que ocorrem interações dos clientes com os produtos, dados qualitativos e quantitativos são extraídos e disso se obtém conclusões importantes para a implementação do modelo de negócio,[58] a partir de um processo ideal circular, que se repete entre as atividades de construir, medir e aprender, que conduzirão ao estágio final de uma *startup* considerada enxuta: a implementação inovadora, com capacidade de prosperar, ou, em caso de inviabilidade, os alertas para os riscos de se prosseguir[59]

---

54. RIES, Eric. *The lean startup*: how today's entrepreneurs use continuous innovation to create radically successful businesses. Nova York: Crown, 2011, *passim*.
55. Segundo Ries, o MPV é a versão do produto que permite uma volta completa do ciclo 'construir-medir-aprender', com o mínimo de esforço e o menor tempo de desenvolvimento, embora carecendo de diversos recursos que podem se provar necessários *a posteriori*. (RIES, Eric. *The lean startup*: how today's entrepreneurs use continuous innovation to create radically successful businesses. Nova York: Crown, 2011, p. 70.)
56. BLANK, Steve. *The four steps to the epiphany*: successful strategies for products that win. 3. ed. Sussex: Quad/Graphics, 2007, p. 2; 16.
57. RIES, Eric. *The lean startup*: how today's entrepreneurs use continuous innovation to create radically successful businesses. Nova York: Crown, 2011, p. 69.
58. FALEIROS JÚNIOR, José Luiz de Moura. Contratos relacionais e *vesting* empresarial nos instrumentos de parceria para startups de base tecnológica. *Revista Fórum de Direito Civil*, Belo Horizonte, ano 10, n. 26, p. 13-42, jan./abr. 2021, p. 20.
59. *Cf.* BESSANT, John; TIDD, Joe. *Inovação e empreendedorismo*. Tradução de Elizamari Rodrigues Becker, Gabriela Perizzolo e Patrícia Lessa Flores da Cunha. Porto Alegre: Bookman, 2009.

e a apresentação de uma saída ou válvula de escape que permita ao empreendedor retroagir e lapidar melhor seu projeto a fim de repensá-lo ou até mesmo desistir.[60] Esse ciclo contínuo de construção, medição e aprendizado, conforme descrito por Eric Ries, é fundamental para a sobrevivência e sucesso das *startups*, pois proporciona uma metodologia estruturada para testar hipóteses e iterar rapidamente com base no *feedback* real dos usuários.[61] Ao implementar pequenas mudanças e medir seus impactos, as *startups* podem ajustar suas estratégias e produtos de maneira mais eficaz, minimizando desperdícios de recursos e maximizando as chances de encontrar um modelo de negócio viável. Essa abordagem permite que os empreendedores identifiquem precocemente os pontos fracos e fortalezas de suas ofertas, adaptando-se conforme necessário para melhor atender às necessidades do mercado.

O papel das parcerias interpessoais, que será mais bem esmiuçado quando se trabalhar com o conceito de *vesting* empresarial, é de curial importância para o sucesso da empresa, na medida em que todos os estudos de MVP, pivotagem e concretização de uma *startup* enxuta dependerão da escolha de pessoas que possam agregar à ideia, contribuindo efetivamente para ela, mas com baixos riscos.[62]

Logo, o processo de aprendizado constante promove uma cultura de melhoria contínua dentro da *startup*. As equipes são incentivadas a experimentar, aprender com seus erros e compartilhar *insights*, o que pode levar a inovações mais significativas e a um desenvolvimento mais rápido. Essa mentalidade ágil e iterativa também ajuda as *startups* a navegar por incertezas e mudanças de mercado, permitindo que elas sejam mais resilientes e prontas para ajustar seu curso quando necessário.[63] Portanto, a implementação desse ciclo não apenas aumenta a eficiência operacional, mas também posiciona a *startup* para uma trajetória de crescimento sustentável e inovador, pronta para se adaptar às futuras exigências e oportunidades do mercado.

Os idealizadores da empresa devem ter ciência de que este é um dos momentos jurídicos de maior relevância para a formatação da empresa, pois dúvidas surgem quanto a se associarem a terceiros, ou a formalizarem contratações mediante contratos de trabalho, com regularidade trabalhista, ou até mesmo pelo viés da terceirização. E é evidente que, sem a regularização legal, a empresa ficará na informalidade, o que cria diversos entraves na captação de clientes (alavancagem), à obtenção de investimentos, ao recolhimento de tributos e à realização de vendas, o que será um obstáculo ao crescimento da *startup*.

---

60. RIES, Eric. *The lean startup*: how today's entrepreneurs use continuous innovation to create radically successful businesses. Nova York: Crown, 2011, p. 108.
61. RIES, Eric. *The lean startup*: how today's entrepreneurs use continuous innovation to create radically successful businesses. Nova York: Crown, 2011, p. 111.
62. FALEIROS JÚNIOR, José Luiz de Moura. Startups e empreendedorismo de base tecnológica: perspectivas e desafios para o direito societário brasileiro. In: EHRHARDT JÚNIOR, Marcos; CATALAN, Marcos; MALHEIROS, Pablo (Coord.). *Direito civil e tecnologia*. 2. ed. Belo Horizonte: Fórum, 2021, t. I, p. 555.
63. RIES, Eric. *The lean startup*: how today's entrepreneurs use continuous innovation to create radically successful businesses. Nova York: Crown, 2011, p. 115.

3.4 A REGULAMENTAÇÃO DA MATÉRIA NO BRASIL

Trabalhar com a ideia de um marco regulatório específico para conectar ciência, tecnologia e inovação é uma preocupação que sempre permeou os debates acerca dos reflexos jurídicos do empreendedorismo no Brasil. Esse marco regulatório deve contemplar incentivos fiscais, simplificação de processos burocráticos, proteção à propriedade intelectual e mecanismos de financiamento para *startups*. Além disso, deve haver uma harmonização entre as diversas esferas de regulamentação, facilitando a cooperação entre instituições de pesquisa, universidades e empresas. Isso pode resultar em um ecossistema mais integrado e eficiente, onde a transferência de tecnologia e conhecimento ocorra de maneira fluida e produtiva.

Não há dúvidas de que inovação e empreendedorismo devem ser entendidos como competências que permitem a introdução de novidade ou aperfeiçoamento no ambiente produtivo e social do qual novos produtos e serviços sejam gerados, e, ainda, quando resultem em novos produtos, serviços ou processos ou mesmo que compreenda a agregação de novas funcionalidades ou características a produtos, serviços ou processos já existentes e capazes de propiciar ganhos sociais.

Nesse contexto, conforme aduz a doutrina:

> Admite-se que a pesquisa e o desenvolvimento (P&D) de novas tecnologias possui papel importante no progresso do país. Além disso, é notório que a participação das instituições governamentais e acadêmicas no processo de inovação é subsidiário à atuação das próprias empresas, de acordo com o modelo conhecido como Tríplice Hélice – no qual a inovação é fruto de interação e cooperação de três esferas: indústria, universidade e governo.[64]

Dessa premissa se desdobraram diversas normativas específicas com vistas à regulamentação da inovação, sendo a primeira delas a Lei nº 10.973/2004, conhecida como Lei de Inovação Tecnológica, da qual se desdobraram diversas nuances importantes para a compreensão do papel que os núcleos de inovação, principalmente devido à alavancagem tecnológica, passariam a desempenhar no que diz respeito ao sucesso empresarial.[65] Esta lei dispõe sobre incentivos à inovação e à pesquisa científica e tecnológica no ambiente produtivo, estabelecendo mecanismos para estimular a cooperação entre instituições de pesquisa, universidades e empresas. A criação dos Núcleos de Inovação Tecnológica (NITs) é um dos pontos centrais da lei, visando

---

64. FEIGELSON, Bruno; NYBØ, Erik Fontenele; FONSECA, Victor Cabral. *Direito das startups*. São Paulo: Saraiva, 2018, p. 263-264.
65. A doutrina anota que "a Lei de Inovação Tecnológica, ao buscar estabelecer um diálogo cada vez mais intenso entre as instituições produtoras de bens de conhecimento e as produtoras de bens e serviços, surge como mais um instrumento para facilitar a criação de uma cultura de inovação no País. Sua aprovação, entretanto, não é suficiente para mudar a realidade atual existente nesse campo. Observa-se que os instrumentos estão sendo disponibilizados, mas é preciso um maior envolvimento e compromisso por parte dos atores envolvidos no assunto". .MATIAS-PEREIRA, José; KRUGLIANSKAS, Isak. Gestão de inovação: a lei de inovação tecnológica como ferramenta de apoio às políticas industrial e tecnológica do Brasil. *Revista de Administração de Empresas*, São Paulo, v. 4, n. 1, p. 1-21, jul./dez. 2005, p. 15.

promover a transferência de tecnologia e proteger a propriedade intelectual gerada no ambiente acadêmico.[66]

A Lei de Inovação Tecnológica de 2004 criou um ambiente mais favorável para o desenvolvimento de parcerias público-privadas e para a valorização do conhecimento produzido nas universidades e centros de pesquisa. Ela prevê, entre outras coisas, incentivos fiscais para empresas que investem em pesquisa e desenvolvimento (P&D), a possibilidade de compartilhamento de infraestrutura entre entes públicos e privados, e a criação de fundos de financiamento voltados para a inovação. Além disso, a lei incentiva a mobilidade de pesquisadores entre o setor público e privado, promovendo uma maior integração entre as necessidades do mercado e as pesquisas desenvolvidas nas instituições de ensino e pesquisa.

Posteriormente, a Lei nº 13.243/2016, conhecida como Marco Legal da Ciência, Tecnologia e Inovação, veio aprimorar e expandir os mecanismos estabelecidos pela Lei nº 10.973/2004. Essa lei trouxe diversas alterações significativas para incentivar ainda mais o desenvolvimento científico, a pesquisa, a capacitação científica e tecnológica, e a inovação no Brasil. Entre as principais mudanças, destaca-se a simplificação dos processos burocráticos para a realização de projetos de P&D, o fortalecimento das parcerias entre universidades, institutos de pesquisa e o setor produtivo, e a facilitação do acesso a recursos financeiros para a inovação.

A Lei nº 13.243/2016 também introduziu importantes mudanças na legislação de compras públicas, permitindo que a administração pública compre produtos e serviços inovadores desenvolvidos por *startups* e empresas de base tecnológica. Essa medida visa não apenas estimular a inovação dentro do setor público, mas também proporcionar um mercado inicial para novas tecnologias, ajudando *startups* a validar e escalar suas soluções. Além disso, a lei incentiva a criação de ambientes colaborativos de inovação, como parques tecnológicos e incubadoras, que oferecem suporte essencial para o crescimento e desenvolvimento de novas empresas inovadoras. Com essas leis, o Brasil deu passos importantes para criar um ecossistema mais propício à inovação, conectando ciência, tecnologia e empreendedorismo de maneira mais eficaz. A implementação dessas políticas tem o potencial de transformar o ambiente produtivo nacional, promovendo um ciclo virtuoso de inovação que beneficia não apenas as empresas e instituições de pesquisa, mas toda a sociedade. A continuidade e o aprimoramento dessas políticas são fundamentais para manter o país competitivo no cenário global e para garantir que os avanços científicos e tecnológicos se traduzam em desenvolvimento econômico e social sustentável.

Além dessas leis, o Estatuto Nacional da Microempresa e da Empresa de Pequeno Porte, instituído pela Lei Complementar nº 123/2006, trouxe uma série de benefícios e

---

66. REINA, Márcia Cristina Tomaz; THOMAZ, Carlos Augusto; MAGALHÃES, Jorge Lima. Análise da Gestão dos Núcleos de Inovação Tecnológica (NITs): um diagnóstico empresarial usando o modelo de excelência em gestão para inovação organizacional. *Cadernos de Prospecção*, Salvador, v. 14, n. 3, p. 732, 2021.

simplificações para as micro e pequenas empresas no Brasil, facilitando o acesso ao crédito, reduzindo a carga tributária e desburocratizando processos. A Lei Complementar nº 155/2016 reformulou essa legislação, reorganizando e simplificando a metodologia de apuração do imposto devido por optantes pelo Simples Nacional. Essas medidas visam criar um ambiente mais favorável para a criação e crescimento de pequenas empresas, que são fundamentais para a economia e inovação no país.

A Lei Complementar nº 167/2019 introduziu a figura da Empresa Simples de Crédito (ESC), permitindo que pessoas físicas emprestem recursos próprios a micro e pequenas empresas, criando uma nova fonte de financiamento. Esta lei também criou o Inova Simples, um regime especial simplificado para a abertura e fechamento de *startups*, incentivando a formalização e o desenvolvimento de novos negócios inovadores. Por fim, o Marco Legal das *Startups*, instituído pela Lei Complementar nº 182/2021, trouxe avanços significativos ao estabelecer um ambiente regulatório mais favorável para *startups* e empreendimentos inovadores, incluindo medidas para facilitar o investimento, a contratação pública de soluções inovadoras e a proteção da propriedade intelectual. A continuidade e o aprimoramento dessas políticas são fundamentais para manter o país competitivo no cenário global e para garantir que os avanços científicos e tecnológicos se traduzam em desenvolvimento econômico e social sustentável.

3.5 PARCERIAS E CONTRATAÇÕES – O CERNE PARA A EXPLORAÇÃO DO *VESTING*

Independentemente de ser um fundador de determinada *startup* ou administrar uma já existente, é imperativo ao empresário o dever de se cercar de parceiros e colaboradores aptos a batalhar em prol da alavancagem da empresa. Especialmente nos estágios mais iniciais de desenvolvimento, as interações com essas pessoas serão constantes e baseadas na confiança.[67] É comum que muitos detalhes relacionados à essência do negócio sejam revelados e o empenho, o comprometimento, a lealdade e a vocação de cada talento serão cruciais para que o negócio prospere.

Construir uma equipe, ou saber em que medida se deve partilhar segredos, delegar tarefas ou mesmo entabular acordos para a partilha do capital social são elementos cruciais para qualquer empresa. Isto, porém, não é tão fácil quanto parece em uma primeira avaliação. A escolha dos parceiros certos pode definir o sucesso ou o fracasso de uma *startup*. A confiança mútua e a capacidade de trabalhar em conjunto em um ambiente de alta pressão são essenciais para superar os desafios iniciais e alcançar os objetivos de crescimento. A clareza nas responsabilidades e a transparência nas relações são fundamentais para manter a harmonia e a eficácia operacional.[68]

---

67. KAPLAN, Jerry. *Startup*: uma aventura no Vale do Silício. Tradução de Luiz Chagas. São Paulo: Cultura, 1996, p. 127-156.
68. ROSENVALD, Nelson; OLIVEIRA, Fabrício de Souza; FALEIROS JÚNIOR, José Luiz de Moura. Limitação de responsabilidade do investidor no Marco Legal das Startups e do Empreendedorismo Inovador. In: OLIVEIRA,

Nesse contexto, algumas anotações se fazem necessárias antes de se avançar em definitivo ao estudo do *vesting* empresarial e de suas nuances e particularidades. Compreender como implementar um plano de *vesting* adequado pode ser a diferença entre construir uma equipe comprometida e motivada e enfrentar problemas de rotatividade e desmotivação. Assim, ao explorar as particularidades do *vesting* empresarial, é possível desenvolver estratégias mais eficazes para o crescimento sustentável e a estabilidade da *startup*.

3.5.1 Quais são as características que se deve buscar em um parceiro/colaborador?

Frank Gruber anota diversas reflexões acerca de aspectos essenciais para uma boa contratação ou para a formatação de uma sólida parceria. Estudioso das *startups*, o autor indica alguns elementos da personalidade que são, basicamente, o rol de atributos que um novo empreendedor deve tentar aferir em seus potenciais parceiros e colaboradores.[69]

Com efeito:

- *Atitude*: A FeedBurner foi uma *startup* de Chicago que criou o equivalente ao encanamento para a *Internet* distribuída: uma plataforma para fornecer *feeds* de conteúdo em toda a *Web*. Foi fundada em 2004 por Dick Costolo, Matt Shobe, Steve Olechowski e Eric Lunt, e, depois de levantar US$ 8 milhões em financiamento, o FeedBurner foi adquirido pelo Google por US$ 100 milhões.

- *Talento*: Se a atitude deles é certa, a próxima coisa a procurar nos funcionários em potencial é o talento. Nas palavras de Napoleon Dynamite, "as garotas só querem namorados que tenham grandes habilidades". Uma maneira de testar as habilidades é fazer com que os potenciais contratados façam primeiramente algum tipo de projeto de teste e sejam pagos por isso. Isso permite que você tente antes de contratar. Você pode fazer isso com projetos de curto prazo ou até mesmo com projetos de longo prazo, trazendo as pessoas como contratadas, primeiro, e, se você gostar delas e do seu trabalho, eventualmente contratá-las em tempo integral. Fiz isso um pouco, com muitos membros da equipe fazendo testes ou trabalhando primeiro como contratados. Se as coisas não funcionarem, é muito mais fácil para todos rescindirem um contrato do que terminarem uma relação de emprego. Michael Chasen, o co-fundador da Blackboard e agora fundador da SocialRadar, contrata pessoas que são mais do que qualificadas para suas funções atuais, para que possam crescer rapidamente em novas funções. "Lembra de que, quando criança, seus pais comprariam para você um casaco de inverno em tamanho grande demais para que servisse não apenas nesta estação, mas na

---

Fabrício de Souza; FALEIROS JÚNIOR, José Luiz de Moura (Coord.). *Direito, governança corporativa e startups*. Indaiatuba: Foco, 2024. p. 215-226.

69. GRUBER, Frank. *Startup mixology*: tech cocktail's guide to building, growing & celebrating startup success. Nova Jersey: John Wiley & Sons, 2014, p. 98-100.

próxima? Eles tinham um plano", diz ele. "Você quer pessoas que não se contentem com um papel limitado no presente, mas que ajudem a empresa a chegar à próxima fase o mais breve e suavemente possível. Não se trata de contratar pessoas superqualificadas. Se trata de contratar pessoas cujas qualificações se tornarão mais relevantes a cada semana que passa."

- *Cultura*: Durante todo o processo, fique de olho no ajuste cultural. Lunt é o primeiro a destacar que as primeiras contratações têm um impacto enorme na cultura da empresa. "Pense na porcentagem de influência na cultura da empresa que esses primeiros funcionários têm. Enquanto os fundadores ainda têm uma influência pesada, o resto da equipe também vai dar o tom para todos os outros depois deles. Então você realmente precisa fazer uma triagem para o ajuste cultural", diz ele. (...)

- *Personalidade*: além de atitudes, habilidades e cultura, comece a pensar nos traços de personalidade que você deseja que seus primeiros funcionários tenham. Você pode querer pessoas com motivação ou empatia, pessoas que sejam jogadores de equipe ou que pensem fora da caixa, ou pessoas que sejam positivas e responsáveis. Você decide. Mas uma coisa é inegociável: ser apaixonado pela empresa e pela missão. O diretor de operações (COO) da *startup* Boston Jebbit, Jonathan Lacoste, explica: "Se você encontrar alguém que tenha um desejo ardente de mudar o mundo todas as manhãs, isso fará maravilhas para a motivação da equipe e gerará química. Você verá que essas são as pessoas que "empolgam" você regularmente e se tornam trunfos contra sua maior concorrência."

Nas sugestões do autor, nota-se um aspecto crucial: a busca por características que não apenas permitam à *startup* a exploração do potencial individual de cada membro, mas que irradiem efeitos motivacionais positivos para todos os demais.

Idalberto Chiavenato diz que "a seleção de pessoas funciona como uma espécie de filtro que permite que apenas algumas pessoas possam ingressar na organização: aquelas que apresentam características desejadas pela organização (...)".[70] Nesse espírito, é preciso ter em conta que as pessoas são o maior patrimônio que uma organização pode ter, pois é do trabalho e do envolvimento de cada um que a eficiência organizacional advirá, e é por essa razão que a valorização de determinados atributos, para além das habilidades técnicas, deve ser uma preocupação desde os estágios germinais das atividades da *startup*.

Valorizar pessoas e, ao mesmo tempo, ter o colaborador certo para determinada atividade da empresa é um desafio que toda organização tem de enfrentar nos tempos atuais, e essa aproximação pode se dar por diversos vieses, mas nem sempre com o profissionalismo almejado.

---

70. CHIAVENATO, Idalberto. *Planejamento, recrutamento e seleção de pessoal*. 4.ed. São Paulo: Atlas, 1999, p. 133.

Há autores que se reportam à expressão "capital humano", embora a mesma não reflita com a necessária acuidade, s.m.j., o que representa a formação de uma boa equipe para o sucesso da empresa, pois qualquer recrutamento implica certa dose de responsabilidade coletiva (para com a equipe amplamente considerada).[71] De qualquer forma, o que se almeja é a boa perícia, a educação e a experiência de longos anos adquirida por um profissional que possa contribuir ativamente para as atividades da empresa, e, simultaneamente, enfrentar adversidades que certamente irromperão no curso do labor operacional, agregando valor mutuamente.[72]

Quando se trabalha com *startups* de base tecnológica, um outro fator emerge: o trato com a tecnologia acaba, por vezes, implicando averiguação geracional do candidato em potencial. Fala-se em *baby boomers* e gerações X, Y e Z como indicativos de pessoas que já nasceram, cresceram e se formaram tendo contato direto com a tecnologia, com a Internet e com o espírito empreendedor que a inovação carrega em si.

Sobre isso, confira-se:

Nascidos até 1964 – Geração dos 'baby boomers': Os representantes desta geração demonstram ser mais motivados, são otimistas e *workaholics*. Apresentam um senso de procura por oportunidades de inserção econômica em diversas ocupações no campo do trabalho social. Aplicaram seus esforços escolares em carreiras que prometiam facilidades na busca de posições garantidas no universo empresarial. Em linhas gerais, especialistas dedicados ao tema apontam como características principais dos *baby boomers* o fato de terem sido jovens rebeldes que, em sua maioria, tornaram-se adultos conservadores, embora não rígidos. Valorizam o *status* e a ascensão profissional dentro da empresa, à qual são leais e altamente comprometidos.

Nascidos entre 1965 e 1977 – Geração X: A geração X encontrou um cenário de mudanças na família, com pai e mãe trabalhando, sentimentos de culpa das mulheres pela ausência do lar, gerando dificuldades de colocar limites em seus filhos. No trabalho, a percepção de que adultos leais à empresa perderam seus postos estimulou a tendência de desenvolver habilidades que melhorassem a empregabilidade, já que não se poderia mais esperar estabilidade. As pessoas da Geração X tendem a ser individualistas, irreverentes, autoconfiantes; valorizam muito a lealdade a si mesmas, já que a aspiração de conseguir um emprego por toda a vida deixou de existir. No ambiente de trabalho, gostam de variedade, desafios e oportunidades, querem trabalhar com liberdade, flexibilidade e sentem necessidade de feedback. Costumam adotar uma postura mais cética e defendem um ambiente de trabalho mais informal e hierarquia menos rigorosa. Essa geração carrega o fardo de ter crescido durante o florescimento do *downsizing* corporativo, ou seja, a diminuição da burocracia corporativa desnecessária, que afetava a segurança no emprego.

Nascidos de 1978 em diante – Geração Y: Cresceram em contato com as tecnologias de informação e são mais individualistas. Quando as pessoas dessa geração começaram a nascer, encontraram o Brasil passando por grande instabilidade econômica e, pouco depois, reinstalando a democracia. Já no cenário mundial, presenciaram a cultura da impermanência e a falta de garantias, em decorrência dos mercados voláteis. É a primeira geração da história a ter maior conhecimento do que as anteriores na tecnologia. Convivendo

---

71. FAISSAL, Reinaldo; PASSOS, Antônio Eugênio Valverde Mariani; MENDONÇA, Márcia da C. Furtado de; ALMEIDA, Walnice Maria da Costa de. *Atração e seleção de pessoas*. 2. ed. Rio de Janeiro: FGV, 2009, p. 70.
72. DUTRA, Joel Souza. *Gestão de pessoas*: modelo, processos, tendências e perspectivas. São Paulo: Atlas, 2002, p. 71. Diz ainda o autor: "[a]s organizações estão tornando-se cada vez mais complexas, tanto em termos tecnológicos, quanto em termos de relações organizacionais; as pessoas estão cada vez mais capacitadas e, portanto, cada vez mais aptas a lidar com níveis crescentes de complexidade; as relações de trabalho vêm assumindo diferentes formas além da tradicional, com vínculo empregatício e dominação política e econômica da organização sobre as pessoas. As novas relações desenham-se baseadas na ideia de agregação mútua de valor".

com a diversidade das famílias, tendo passado a infância com a agenda cheia de atividades e de aparelhos eletrônicos, as pessoas dessa geração são multifacetadas, vivem em ação e administram bem o tempo. Captando os acontecimentos em tempo real e se conectando com uma variedade de pessoas, desenvolveram a visão sistêmica e aceitam a diversidade.

Atualmente, já é existente a Geração "Z": nascidos a partir do ano 2000, esses jovens possuem total acesso à tecnologia, porém, não fazem parte da pesquisa apresentada por não estarem inseridos ainda no mercado de trabalho, com uma pequena ressalva referente ao projeto de "jovens aprendizes".[73]

Não se trata, aqui, de um simples exercício de categorização de indivíduos segundo variantes de suas aptidões na exata conformidade com critérios etários. Vive-se a modernidade líquida descrita por Bauman com grandes influxos de temas relevantes para a compreensão do que se convencionou denominar de "quarta revolução industrial" – para citar a expressão cunhada por Klaus Schwab[74] – mas um fenômeno certeiro é o da predominância das incertezas (marca central do mundo líquido) da pós-modernidade:

> Um número sempre crescente de homens e mulheres pós-modernos, ao mesmo tempo que de modo algum imunes ao medo de se perderem, e sempre ou tão frequentemente empolgados pelas repetidas ondas de "nostalgia", acham a infixidez de sua situação suficientemente atrativa para prevalecer sobre a aflição da incerteza. Deleitam-se na busca de novas e ainda não apreciadas experiências, são de bom grado seduzidos pelas propostas de aventura e, de um modo geral, a qualquer fixação de compromisso, preferem ter opções abertas.[75]

Nesse ambiente, profundas reflexões podem ser feitas acerca da "tarefa de autoabsorção, autocriação, autoinvestigação e autocontrole do *self*"[76] – é o imperativo da individualidade digladiando com as incertezas de uma época em que os fenômenos líquidos deturpam visões e valores de fixação, durabilidade das relações, confiança e estabilidade.

Em meio a isso, empreender, contratar e, principalmente, confiar, são desafios que transcendem as inter-relações humanas do ponto de vista sociológico e psicológico. O aspecto jurídico ganha certa proeminência e cogita-se de um "novo" direito do trabalho: um direito do colaborador, diriam Feigelson, Nybø e Fonseca, em fundamentada crítica aos vetustos termos da CLT (de 1943), recentemente reformada no ano de 2017.[77]

Fato é que, para empreender, não bastam entrevistas realizadas com recursos sofisticados de aferição comportamental, não bastam dinâmicas, investigações de vida

---

73. BITENCOURT, Carlos Antonio Leitoguinho; SANTANA, Fernando de Sousa; VIANA, Wellerson David; MILANI, Wilton Natal; FREITAS, José Henrique de. A gestão de pessoas e o desafio das organizações diante das Gerações "X", "Y" e "Z" no mercado de trabalho. *Anais do IV Fórum de Pesquisa Científica e Tecnológica de Ponte Nova*, Ponte Nova, v. IV, p. 08-27, 2017, p. 15-16. Disponível em: https://bit.ly/2C8qCZL . Acesso em: 7 jul. 2024.
74. SCHWAB, Klaus. *The fourth industrial revolution*. Genebra: World Economic Forum, 2016, p. 16.
75. BAUMAN, Zygmunt. *O mal-estar da pós-modernidade*. Tradução de Mauro Gama e Cláudia Martinelli Gama. Rio de Janeiro: Zahar, 1998, p. 22-23
76. BAUMAN, Zygmunt; RAUD, Rein. *A individualidade numa época de incertezas*. Tradução de Carlo Alberto Medeiros. Rio de Janeiro: Zahar, 2018, p. 15.
77. FEIGELSON, Bruno; NYBØ, Erik Fontenele; FONSECA, Victor Cabral. *Direito das startups*. São Paulo: Saraiva, 2018, p. 210.

pregressa, tampouco critérios objetivos como a idade. É a fidúcia que embasará, ao fim e ao cabo, a mutualidade de uma relação de empreendedorismo que, desafiada a sobreviver em meio às incertezas de tempos líquidos, deverá se desenvolver em ritmo paulatino – e o direito precisará contribuir para isso, criando condicionantes que a viabilizem.

3.5.2 Confiança, vínculos familiares, amigos, empatia e motivações

No início, muitos fundadores de *startups* acham mais fácil trabalhar com amigos, familiares e quaisquer outras pessoas que demonstrem ser tão apaixonadas quanto o próprio idealizador projeto. É um período de empolgação; uma nova ideia está, enfim, sendo materializada. Seu autor zela por seu secretismo e espera, de todos os seus parceiros, este mesmo zelo.

Familiares e amigos são pessoas em quem naturalmente se confia, cujas personalidades e motivações são conhecidas. Não se pressupõe que alguém de um círculo próximo queira lesar a empresa que está em seus estágios iniciais de formação e alavancagem.

Porém, o alerta de Frank Gruber ecoa:

> Ponha um pouco de atenção nos papéis que você dá à sua família e amigos e às expectativas que você define. Se você se tornar bem sucedido, eles esperam ter uma posição de liderança sênior na empresa? Você acha que eles podem crescer junto com você? Se você sabe que eventualmente terá que substituí-los ou contratar gerentes para eles, isso o colocaria em uma situação difícil? Estas são todas as questões que vários empreendedores tiveram que enfrentar.[78]

Anteriormente se comentou sobre o conceito de *startup* 'enxuta', destacando-se a imprescindibilidade da contenção de gastos e do verdadeiro enxugamento da máquina em seus primeiros giros. Eric Ries, com suas *lean hiring tips*, sugeriria não contratar ninguém.[79]

Entretanto, é natural que o empreendedorismo – notadamente o de base tecnológica – desafie o empreendedor a se valer de atuações colaborativas com *freelancers*, amigos e até fãs do projeto. Em termos de *design*, por exemplo, é possível terceirizar a confecção de logomarcas e materiais gráficos para que se possa contar com aportes criativos de *designers* autônomos do mundo todo![80]

---

78. GRUBER, Frank. *Startup mixology*: tech cocktail's guide to building, growing & celebrating startup success. Nova Jersey: John Wiley & Sons, 2014, p. 100. No original: "Put some thought into the roles you give your family and friends and the expectations you set. If you become successful, will they expect to have a senior leadership position in the company? Do you think they can grow along with you? If you know you might eventually have to replace them or hire managers for them, would it put you in a tough spot? These are all questions that various entrepreneurs have had to face".
79. RIES, Eric. *The lean startup*: how today's entrepreneurs use continuous innovation to create radically successful businesses. Nova York: Crown, 2011.
80. Foi-se o tempo das redes sociais de compartilhamento de artes digitais, como *Dribble, Forrst.com, Favwork, Lovedsgn.com, Behance, Deviantart, Zootool* e *Emberapp*. Hoje, com alguns poucos cliques, já é possível submeter uma breve descrição ou alguns exemplos inspiradores para plataformas como *Logofromdreams, Logopond, Logomoves, Logofaves, Logooftheday, Logogala, Thedesigninspiration, Creattica, Logogalleria, Typebased*, dentre

Para permanecer o mais 'enxuto' possível e pelo maior tempo possível, contratar pode soar como a *ultima ratio*, fazendo sentido, especialmente em termos de fluxo de caixa e metas de negócios, somente quando não houver outra solução. Nesse cenário, as *startups* frequentemente recorrem a soluções alternativas, como a terceirização de serviços, a contratação de *freelancers* ou a utilização de tecnologias automatizadas que possam realizar tarefas repetitivas. Essas estratégias permitem que a empresa mantenha uma estrutura leve e flexível, adaptando-se rapidamente às mudanças do mercado e minimizando custos fixos que poderiam comprometer a viabilidade financeira nos estágios iniciais.

No entanto, à medida que a *startup* cresce e suas operações se expandem, pode se tornar inevitável a necessidade de contratar pessoal permanente para garantir a continuidade e a qualidade dos serviços prestados. Nesse ponto, é crucial que as contratações sejam estratégicas, visando não apenas preencher vagas, mas também trazer habilidades e conhecimentos que complementem e fortaleçam a equipe existente. A implementação de um plano de *vesting* pode ser uma ferramenta valiosa nesse processo, ajudando a atrair e reter talentos ao oferecer participação acionária como parte da remuneração. Isso não só alinha os interesses dos colaboradores com os objetivos de longo prazo da empresa,[81] mas também promove um ambiente de comprometimento e colaboração, essenciais para o sucesso sustentável da *startup*.

Frank Gruber sugere tentar o "faça você mesmo" antes de partir para contratações, e, em defesa desse argumento, aduz que tentar fazer algo sozinho tem três resultados possíveis (todos bons): (i) você descobrirá que você e sua equipe existente não podem fazer isso, mas você receberá uma avaliação da tarefa; (ii) você descobrirá que sua equipe pode fazer isso; ou (iii) você descobrirá que pode fazer isso, mas não é crucial.[82]

Em algum momento, no entanto, a ajuda adicional será necessária, ainda que, dentro de uma pequena equipe, todos podem ajudar com o *marketing*, especialmente nas mídias sociais, ou até com a gestão financeira. Porém, há casos diversos, em que certos conhecimentos específicos serão imprescindíveis para o florescimento e para a maturação do negócio, demandando, por exemplo, aprofundados conhecimentos de programação ou de *design* de produtos. Enfim, uma equipe deverá ser formada em algum momento e, ainda que nem todos os recursos humanos precisem existir no âmbito interno da empresa, o direito se vê desafiado a apresentar soluções para equacionar tais dificuldades.

---

inúmeros outros, e vários designers de todo o planeta apresentarão propostas para que o interessado escolha, solicite ajustes ou rejeite, pagando, ao final, apenas pelo negócio concretizado.

81. PEREIRA, Águida Silva. A cultura das startups e o direito do trabalho. In: MORETTI, Eduardo; OLIVEIRA, Leandro Antonio Godoy (Org.). *Startups*: aspectos jurídicos relevantes. Rio de Janeiro: Lumen Juris, 2022, v. 2. p. 183-194.
82. GRUBER, Frank. *Startup mixology*: tech cocktail's guide to building, growing & celebrating startup success. Nova Jersey: John Wiley & Sons, 2014, p. 100-101.

3.5.3 Dilemas à luz da (in)eficiência humana

Conforme se disse, nem sempre se precisará de recursos humanos internos, principalmente para apoio jurídico ou contábil, pois todos podem ser facilmente terceirizados e são muito caros para uma manutenção internalizada – especialmente para uma *startup* com baixo faturamento.

Depois de passar pelos primeiros dias de *bootstrapping* (que, na verdade, podem ser meses e até anos),[83] é possível que o empresário comece a trazer alguns colaboradores mais especializados para profissionalizar suas atividades, conforme indicam Feigelson, Nybø e Fonseca:

> O indivíduo neste novo mundo passa a ter um posicionamento de colaborador do negócio, inclusive tendo sua remuneração muitas vezes relacionada com o sucesso do negócio a ser desenvolvido e uma rotina de flexibilidade de tempo que não justifica a aplicação da legislação trabalhista tradicional. Logicamente, esse tipo de entendimento não se aplica às empresas que ainda funcionam sob uma lógica antiquada e, por isso, tal sugestão não deve ser aplicada a esses negócios. É de se notar, neste sentido, que a legislação brasileira é muito intervencionista e, em certa medida, arcaica para lidar com *startups*, dificultando muitas vezes o desenvolvimento de práticas inovadoras que já são utilizadas em diversas partes do globo – muitas das quais atraem grande interesse por parte dos colaboradores, (...).[84]

É fato que, ao se modificar a sociedade e seus valores, gostos ou sentimentos, todos os parâmetros concernentes ao axioma da não agressão perderiam validade.

E, nesse ponto, partindo-se de uma visão utilitarista, capitaneada, dentre vários outros autores, por Ronald Coase, demonstrar-se-ia, racional e empiricamente, que se pode despender menos recursos para a contratação e, devido a isso, investir mais em produtividade, denotando evidente oposição entre a cultura da geração de valor e a cultura da destruição de valor.[85]

A visão argumentativa dos defensores da análise econômica se traduz em problemas de ordem prática que, embora representem fantástica contribuição argumentativa para diversos aspectos centrais da ordenação jurídica, podem implicar na necessidade de aceitação de eventuais injustiças éticas quando estas não se demonstrarem numericamente relevantes para o quadro geral da comunidade ou, com base na análise de

---

83. Com efeito: "O *bootstrapping* tem como benefício o fato de que não haverá interferência externa na startup, seja na governança, seja na participação societária, dando aos empreendedores maior liberdade e flexibilidade no exercício da empresa. Ainda assim, é recomendável que a startup, durante o *bootstrapping*, tenha uma assessoria jurídica societária, para que sejam definidos todos os parâmetros da sociedade, como participação societária, quotas, capital investido por cada sócio, hipótese de desistência e retirada do sócio etc. Com isso, tanto os sócios, quanto a startup, poderão se resguardar de eventuais acontecimentos no futuro". PIMENTA, Eduardo Goulart; LANA, Henrique Avelino. *Direito, inovação e tecnologia*: mercado, ecossistema empreendedor e as startups. Belo Horizonte: Expert, 2021. p. 55.
84. FEIGELSON, Bruno; NYBØ, Erik Fontenele; FONSECA, Victor Cabral. *Direito das startups*. São Paulo: Saraiva, 2018, p. 211.
85. COASE, Ronald H. *A firma, o mercado e o direito*. Tradução de Heloísa Gonçalves Barbosa. Rio de Janeiro: Forense Universitária, 2016, p. 96.

custo-benefício sugerida pelos defensores da vertente utilitarista, cogitar-se da prática de injustiças dentro da perspectiva ética.

É sabido que a base estrutural de fundamentação da pretensão de mudança do paradigma laboral se alicerça na racionalidade econômica e na nova contextualização dos sistemas de gestão da produção e de organização do trabalho, que, no século XXI, superaram os antigos taylorismo, fordismo e toyotismo, que tinham por característica preponderante exatamente a necessidade de se administrar a personalidade do trabalhador, afastando sua subjetividade ou propiciando sua cooptação, além de explicitar diferenças substanciais na gestão da produção.

Apenas para rememorar, convém destacar que o taylorismo (assim batizado em razão de seu idealizador, Frederick Taylor), desconsiderava todo e qualquer grau de consideração quanto à individualidade do trabalhador, que visto como mera extensão da própria linha de produção.[86]

Com isso, notou-se uma modificação estrutural na gestão da produção, dando origem ao fordismo, nomeado em razão de seu mais proeminente defensor, Henry Ford, que se diferencia nuclearmente do taylorismo a partir da constatação de que a produção em massa resultava, inexoravelmente, no consumo de massa.[87]

Com as fortes crises do século XX, especialmente o *crack* de 1929 e os incessantes declínios nos padrões de acumulação e consumo, surgiu, por fim, uma nova vertente, propugnada por Taiichi Ohno, como resposta às exigências dos trabalhadores, que almejavam ter voz e participação mais ativa na definição do controle dos serviços desenvolvidos, bem como na valorização e na boa gestão de pessoas e na busca da qualidade total. Fundou-se, assim, o sistema toyotista de produção, lastreado na eliminação do desperdício, e na flexibilização das rotinas laborais.[88]

Se a eficiência dava a tônica deste novo processo, tendo-se, na inserção do maquinário no sistema de produção, uma forma verdadeira de gerar o que se denominou de "acumulação de capital", proporcionando a base estrutural do modelo capitalista que vigorou a partir da Revolução Industrial, inicialmente com rigidez (fordismo) e, paulatinamente, com maior flexibilização (toyotismo), também foi no curso do século XX que ganhou corpo o racionalismo crítico, inspirado nas lições de Karl Popper, desencadeador da chamada "engenharia social gradativa".[89]

Em um contexto confuso e deveras fluido, chegou-se ao século XXI e à malfadada pós-modernidade, com flagrante reconfiguração dos modelos econômicos, nítida der-

---

86. DEJOURS, Christophe. *A loucura do trabalho*: estudo de psicopatologia do trabalho. Tradução de Ana Isabel Paraguay e Lúcia Leal Ferreira. 5. ed. São Paulo: Cortez, 2012, p. 18-19.
87. HARVEY, David. *Condição pós-moderna*: uma pesquisa sobre as origens da mudança cultural. Tradução de Adail Ubirajara Sobral e Maria Stela Gonçalves. 16. ed. São Paulo: Loyola, 2007, p. 121.
88. OHNO, Taiichi. *Gestão dos postos de trabalho*. Tradução de Heloisa Corrêa da Fontoura. Porto Alegre: Bookman, 2015, p. 28.
89. *Cf.* POPPER, Karl Raimund. *A lógica da pesquisa científica*. Tradução de Leonidas Hegenberg e Octanny Silveira da Mota. São Paulo: Cultrix, 2000.

rocada dos sistemas de produção capitalista até então utilizados e consistente desmotivação dos trabalhadores, além dos altos custos da própria produção, desencadeados pela necessidade de supervisão e controle da qualidade, pelos reparos etc.[90]

A partir das conjunturas dos sistemas de produção citados, tem-se um novo fenômeno, no qual se verifica a tendência à externalização, cuja vocação prioritária se atrela a continuidade da redução de custos de produção e à alta produtividade – mas com uma agravante: a presença da tecnologia, conforme alerta Yuval Noah Harari:

> Humanos têm dois tipos de habilidades – física e cognitiva. No passado, as máquinas competiram com humanos principalmente em habilidades físicas, enquanto os humanos se mantiveram à frente das máquinas em capacidade cognitiva. Por isso, quando trabalhos manuais na agricultura e na indústria foram automatizados, surgiram novos trabalhos no setor de serviços que requeriam o tipo de habilidade cognitiva que só os humanos possuíam: aprender, analisar, comunicar e acima de tudo compreender as emoções humanas. No entanto, a IA [inteligência artificial] está começando agora a superar os humanos em um número cada vez maior dessas habilidades, inclusive a de compreender as emoções humanas. Não sabemos de nenhum terceiro campo de atividade – além do físico e do cognitivo – no qual os humanos manterão sempre uma margem segura.[91]

Se o avanço da tecnologia representa claríssimo risco à continuidade do labor humano nos anos futuros, e, a partir do reconhecimento da incompletude do sistema jurídico,[92] mister aludir à lição de Carlos Maximiliano: "deve o Direito ser interpretado inteligentemente, não de modo a que a ordem legal envolva um absurdo, prescreva inconveniências, vá ter a conclusões inconsistentes ou impossíveis".[93]

Dito isso, se o modelo capitalista clássico se revelou insuficiente para nortear todas as contingências trazidas pelas revoluções tecnológicas, particularmente no aspecto laboral, dando ensejo a novos influxos neoliberais, pautados pelo mote da ressignificação do trabalho e da demanda por reformas – aparentemente inevitáveis – caberá ao direito o papel de não apenas se curvar às interações do mercado.

Para além da análise econômica do direito, impõe-se a apresentações de soluções capazes de equacionar as novas dinâmicas laborais de forma justa e eficiente, sem que, com isso, a disciplina jurídica se esquive se sua função precípua de prover a justiça.

Com acuidade, Nelson Rosenvald afirma que "(...) o ordenamento não pode autorizar que o ser humano se reifique e abandone a condição humana, tornando-se instrumento para os fins alheios".[94] Esta reflexão, para além do contexto em que foi explicitada, deixa ainda mais evidenciada a necessidade de que o direito intervenha de

---

90. ANTUNES, Ricardo. *Os sentidos do trabalho*: ensaio sobre a afirmação e negação do trabalho. 2. ed. São Paulo: Boitempo, 2015, p. 33-34.
91. HARARI, Yuval Noah. *21 breves lições para o século 21*. Tradução de Paulo Geiger. São Paulo: Cia. das Letras, 2018, p. 41.
92. ENGISCH, Karl. *Introdução ao pensamento jurídico*. Tradução de João Baptista Machado. 8. ed. Lisboa: Fundação Calouste Gulbenkian, 2008, p. 188.
93. MAXIMILIANO, Carlos. *Hermenêutica e aplicação do direito*. 20. ed. Rio de Janeiro: Forense, 2011, p. 161.
94. ROSENVALD, Nelson. *O direito civil em movimento*. 2. ed. Salvador: Juspodivm, 2018, p. 331.

modo a solidificar soluções capazes de manter a essencialidade da participação humana nas relações sociais.

3.5.4 Terceirizar é a solução?

Desde a década de 1970, a flexibilização de direitos trabalhistas tem representado, a nível nacional e internacional, um dos fenômenos mais marcantes da tendência de precarização das relações laborais, partindo de iniciativas como a possibilidade de subcontratações adversas ao modelo tradicional da relação jurídica bilateral entre empregado e empregador e em alinhamento a uma nova sistemática – triangular – pela qual uma empresa interposta passa a intermediar a relação de trabalho, visando diminuir os custos e melhorar a qualidade e o ritmo dos fatores de produção.

A chamada "terceirização" aparece, nesse contexto, como uma nova espécie de subcontratação voltada à dinamização e à descentralização da produção ou da prestação de serviços mediante transferência de certas atividades (meio ou fim) da empresa a uma nova figura, chamada "tomador", com o qual se entabula contratação específica para o fim de que sejam prestados serviços, sem vínculo trabalhista formal deste com os trabalhadores.[95]

O Tribunal Superior do Trabalho já editou verbete sumular (de nº 256) sobre a matéria, sem, contudo, evitar que o mercado impusesse a extensão dessa modalidade contratual para todas as atividades empresariais (atividades-meio e atividades-fim), a partir do advento das Lei nº 13.429 e 13.467, ambas de 2017.

Referida tendência não subsistiu apenas no âmbito das relações privadas, tendo irradiado uma série de efeitos sobre o direto público, notadamente ao longo do ano de 2018, com o advento de regulamentos mais específicos, dentre os quais se destaca a reforma promovida pela Lei nº 13.655/2018 à Lei de Introdução às Normas do Direito Brasileiro e a edição do Decreto nº 9.507, de 21 de setembro de 2018. Essas mudanças visam adaptar a administração pública às novas dinâmicas de terceirização, permitindo maior flexibilidade na contratação de serviços e buscando eficiência administrativa. No entanto, essa flexibilização também levanta questões sobre a qualidade dos serviços prestados e as condições de trabalho dos empregados terceirizados, sendo necessário um monitoramento contínuo para assegurar que os direitos dos trabalhadores sejam respeitados e que a terceirização não resulte em uma precarização ainda maior das relações laborais.

Sem ter a pretensão de esmiuçar aspectos do que se convencionou chamar de "Reforma Trabalhista", cumpre salientar, pontualmente, que se tornou mais segura,[96] para o empresário, a terceirização de atividades que, antes, eram inerentes às suas atividades.

---

95. PEREIRA, Águida Silva. A cultura das startups e o direito do trabalho. In: MORETTI, Eduardo; OLIVEIRA, Leandro Antonio Godoy (Org.). *Startups*: aspectos jurídicos relevantes. Rio de Janeiro: Lumen Juris, 2022, v. 2. p. 183-194.
96. Mais 'segura', do ponto de vista jurídico, porque "(...) a flexibilização das normas de Direito do Trabalho se traduz pela atenuação da rigidez que, supostamente, conteriam, e que impediria alterações contratuais exigidas

Nesse contexto, quando antes se cogitava da terceirização, analisava-se uma permissibilidade restrita às atividades-meio ou, ainda, somente a alguns segmentos muito específicos, como limpeza, conservação e vigilância. Hoje, por outro lado, nada impede que um empreendedor desenvolva sua *startup* a partir de uma ideia voltada à Internet – o desenvolvimento de um *app*, por exemplo – e, sem ter qualquer conhecimento de programação, subcontrate um programador para redigir o código-fonte da aplicação. Esse cenário de ampliação da terceirização permite que empreendedores possam focar em suas áreas de *expertise* e delegar outras funções a especialistas, otimizando recursos e tempo. No entanto, essa prática exige cuidados com a gestão de contratos e a garantia de qualidade do trabalho terceirizado, bem como a observância das leis trabalhistas e dos direitos dos trabalhadores, para evitar problemas jurídicos relacionados ao reconhecimento de vínculo formal de emprego e assegurar que a terceirização traga benefícios reais e sustentáveis para a *startup*.

Em termos gerais, uma operação dessa natureza seria lícita, mas traria inúmeros outros riscos, concernentes à propriedade intelectual do *software*, à dificuldade do empreendedor-idealizador de manter a operação empresarial com atualizações constantes, *bugs*, suscetibilidade a instabilidades, ataques de *hackers* etc.

Pontuando a relevância da proteção da propriedade intelectual gerada por uma *startup*, veja-se:

> Os aspectos jurídicos que permeiam as atividades das *startups* não se limitam apenas aos atos de constituição societária e de alavancagem de capital para o desenvolvimento pleno de suas atividades. (...) Isso significa dizer que tais entidades tendem a lançar no mercado produtos e serviços totalmente inéditos e que potencialmente poderão quebrar paradigmas já consolidados. (...) Desta forma, o aparecimento de tecnologias inovadoras que impactam expressiva parte de determinado mercado já consolidado – ou até criam novos mercados – possui consequências jurídicas relevantes. Por esse motivo, a criação de novos serviços e produtos demanda um sistema de proteção à propriedade intelectual eficiente. *Startups* necessitam de marcos legais capazes de proteger a autoria do desenvolvimento de seus produtos ou serviços, uma vez que são totalmente novos; por exemplo, temos as patentes, que na realidade das *startups* servem como armas importantes para a atração de investimentos e para aumentar as chances de uma futura venda de toda a empresa.[97]

Quando se pensa na atividade-fim de base tecnológica, terceirizar se torna um risco, pois o viés preponderante da atividade é, ainda hoje, tão especializado que o contato direto do profissional com o produto parece ser uma necessariedade.

Note-se que, mesmo nos modelos de atuação colaborativa – cite-se a Wikipédia,[98] para fins de contextualização – há a necessidade de moderação, fiscalização, investi-

---

pela nova realidade econômica. Em consequência, sustentam os prosélitos do modelo neoliberal de Estado e de Economia que o fim dessa rigidez normativa será mais um mecanismo imprescindível para a geração de emprego". (LEDUR, José Felipe. *A realização do direito do trabalho*. Porto Alegre: Sérgio Antônio Fabris, 1998, p. 139.)

97. FEIGELSON, Bruno; NYBØ, Erik Fontenele; FONSECA, Victor Cabral. *Direito das startups*. São Paulo: Saraiva, 2018, p. 241-242.
98. Para um breve histórico desta plataforma, confira-se: SHIRKY, Clay. *Lá vem todo mundo*: o poder de organizar sem organizações. Tradução de Maria Luiza X. de A. Borges. Rio de Janeiro: Zahar, 2012, p. 94-99.

mentos e motivação pessoal dos envolvidos para que a divisão não administrada do trabalho seja coesa. Essa proximidade entre o profissional e o produto é crucial para garantir a qualidade, a inovação contínua e a adaptação rápida às mudanças de mercado ou *feedbacks* dos usuários. Portanto, ao terceirizar atividades-fim, as *startups* devem estabelecer mecanismos robustos de controle de qualidade e comunicação para assegurar que os terceiros contratados compreendam profundamente a visão e os objetivos do projeto, mantendo o alinhamento necessário para o sucesso da empresa.

Assim, ainda que terceirizar seja um caminho viável para a redução de custos (e riscos) na consolidação de uma *startup* 'enxuta', não se pode negar que a formação de uma equipe é aspecto crucial para o sucesso do negócio, conforme já aventou Frank Gruber,[99] o que ressoa como um desestímulo à terceirização de certas atividades.

Se o *outsourcing* de algumas veredas da gestão administrativa da empresa é viável – inclusive das assessorias contábil e jurídica – não se vislumbra grandes vantagens em fazê-lo para toda e qualquer atividade que orbite no núcleo essencial do objeto precípuo da empresa.

3.5.5 Formar uma sociedade é a solução?

Da mesma forma que a terceirização não parece ser a resposta para dinamizar o desempenho de certas atividades da rotina da empresa, é preciso ressaltar a imprescindibilidade da participação de certos colaboradores em alguns assuntos vitais para a existência e para a operacionalização da sociedade.

Nesses casos, propor uma união de forças em torno da consolidação da *affectio societatis*, constituindo, de fato, uma sociedade com o 'imprescindível' parceiro seria o caminho a seguir para obter mais segurança, mitigar riscos e alavancar o negócio?

Este é, em verdade, o outro extremo: da mesma maneira que a terceirização traz riscos inescapáveis, como a gestão da propriedade intelectual, parece crível que a formação imediata de uma sociedade possa acarretar adversidades ainda maiores, porquanto ausente o elemento fundamental: a fidúcia! Noutros termos, ainda que haja uma afinidade operacional entre potenciais sócios, além da pertinência técnica das atuações de um e de outro em nichos das atividades da empresa, a formatação de uma sociedade empresária, logo de início, costuma ser representativa de grandes disputas ulteriores.

Essa abordagem permite que os colaboradores essenciais se tornem sócios, alinhando seus interesses com os objetivos de longo prazo da empresa e fortalecendo o

---

99. GRUBER, Frank. *Startup mixology*: tech cocktail's guide to building, growing & celebrating startup success. Nova Jersey: John Wiley & Sons, 2014, p. 100-101. Com efeito, são os seguintes os dizeres literais do autor: "Ask any entrepreneur or startup founder to list the most important success factors that go into building a startup, and many would put team at the top of their list. No one builds a company by themselves, so your success hinges on being able to build and manage your army. Finding the right team members, being thoughtful about processes and communication, asking for feedback, and treating people with respect play a foundational role in establishing a strong team".

compromisso com o sucesso do empreendimento. Além disso, a transformação de colaboradores em sócios pode aumentar a coesão e a colaboração dentro da equipe, promover a inovação e assegurar que todos os membros-chave estejam engajados e motivados para superar desafios e buscar oportunidades de crescimento.

Para superar esse cenário, soluções outras deverão ser apresentadas, e é nesse ponto que a formulação contratual ganha corpo, se desvelando em institutos jurídicos de especial relevância para a localização de uma passagem intermediária, que não fira o sistema jurídico, mas que garanta, ao mesmo tempo, a segurança jurídica que se espera ter.

O Marco Legal das *Startups* e do Empreendedorismo Inovador (Lei Complementar nº 182/2021) estabelece uma série de instrumentos de investimento que permitem ao parceiro-investidor tornar-se sócio de uma *startup*, ou manter uma relação de investidor sem integrar formalmente o capital social da empresa em um primeiro momento.[100] Esses instrumentos são desenhados para proporcionar flexibilidade e atender às diferentes necessidades e estratégias de *startups* e investidores.

O contrato de opção de subscrição de ações ou de quotas permite ao investidor o direito, mas não a obrigação, de subscrever ações ou quotas da *startup* em um momento futuro, a um preço previamente acordado. Esse instrumento é valioso para investidores que desejam observar o desempenho da *startup* antes de se comprometerem com a aquisição de participação societária.[101] A conversão da opção em ações ou quotas integra o investidor ao capital social da empresa. Semelhante ao contrato de opção de subscrição, o contrato de opção de compra de ações ou de quotas confere ao investidor o direito de comprar ações ou quotas diretamente dos acionistas ou sócios da *startup*. Essa modalidade permite ao investidor negociar diretamente com os sócios existentes, possibilitando a aquisição de participação societária em termos previamente acordados, promovendo a flexibilidade e o alinhamento de interesses.[102]

O contrato de mútuo conversível em participação societária é um empréstimo realizado pelo investidor à *startup*, com a cláusula de que o montante emprestado pode ser convertido em participação no capital social da empresa.[103] Este é um dos instrumentos mais populares, pois permite à *startup* acessar fundos rapidamente enquanto oferece ao investidor a possibilidade de se tornar sócio se a empresa prosperar. A estruturação de uma sociedade em conta de participação (SCP) permite ao investidor atuar como

---

100. OLIVEIRA, Leandro Antonio Godoy. O Marco Legal das Startups e do Empreendedorismo Inovador. In: MORETTI, Eduardo; OLIVEIRA, Leandro Antonio Godoy (Org.). *Startups*: aspectos jurídicos relevantes. Rio de Janeiro: Lumen Juris, 2022, v. 2. p. 5-24.
101. PIMENTA, Eduardo Goulart. Startups e instrumentos jurídicos de captação de investimentos. In: OLIVEIRA, Fabrício de Souza; FALEIROS JÚNIOR, José Luiz de Moura (Coord.). *Direito, governança corporativa e startups*. Indaiatuba: Foco, 2024. p. 175-184.
102. MICHILES, Saulo de Omena; SOUZA, Pedro Henrique Saad Messias de. Limites e meios jurídicos de proteção aos interesses do investidor ante a gestão de uma startup. In: OLIVEIRA, Fabrício de Souza; FALEIROS JÚNIOR, José Luiz de Moura (Coord.). *Direito, governança corporativa e startups*. Indaiatuba: Foco, 2024. p. 197-214.
103. RODRIGUES, Ayra Ramon. Implicações jurídico-societárias do contrato de mútuo conversível em participação societária firmado entre investidores-anjo e startups. In: MORETTI, Eduardo; OLIVEIRA, Leandro Antonio Godoy (Org.). *Startups*: aspectos jurídicos relevantes. Rio de Janeiro: Lumen Juris, 2022, v. 2. p. 195-220.

sócio participante, investindo capital em um empreendimento específico sem aparecer formalmente no quadro societário. Embora o investidor não tenha direitos de gestão, ele compartilha os lucros e riscos do negócio, e a SCP pode ser convertida em uma sociedade limitada ou anônima, integrando o investidor ao capital social da empresa.[104] O contrato de investimento-anjo, conforme regulamentado pela Lei Complementar nº 123/2006, é um aporte de capital realizado por investidores-anjo que não integram formalmente o capital social da empresa, mas que podem converter seu investimento em participação societária. Este contrato é ideal para investidores que desejam contribuir com capital e expertise sem inicialmente se tornarem sócios, mas com a opção de se tornarem parceiros formais no futuro.[105]

Para além disso, é importante frisar que a incerteza sobre o valor atual e futuro da *startup* pode prejudicar tanto vendedores quanto compradores, pois as métricas tradicionais de avaliação não refletem adequadamente o potencial de crescimento e rentabilidade de iniciativas inovadoras. Em muitos casos, a startup enfrenta extremos: ou atinge grande sucesso ou falha devido à falta de investimentos ou clientes. Esse risco é refletido na negociação e precificação das participações societárias. O otimismo do vendedor pode levar à sobreprecificação, enquanto a aversão ao risco do comprador pode resultar em subprecificação. Para resolver essa divergência, as partes frequentemente recorrem ao mecanismo de *earn-out*, que condiciona o pagamento adicional ao vendedor ao cumprimento de metas futuras e incertas, equilibrando os interesses e mitigando os riscos envolvidos.[106]

As alterações introduzidas pela Lei Complementar nº 182/2021 no âmbito da Lei nº 6.404/1976, especialmente a inclusão dos artigos 143, 294, 294-A e 294-B, trazem significativas mudanças para o modelo de sociedade anônima "simplificada", adequando-o à realidade das *startups* e companhias de menor porte.[107] Primeiramente, a flexibilização na composição da diretoria, estabelecida no artigo 143, permite uma maior agilidade na gestão dessas sociedades. Ao possibilitar que a diretoria seja composta por apenas um membro, eleito e destituível pelo conselho de administração ou pela assembleia geral, o dispositivo facilita a administração das startups, que geralmente têm estruturas organizacionais menores e mais dinâmicas.

---

104. TOMAZETTE, Marlon. A prestação de contas na sociedade em conta de participação para investimentos em startups. In: OLIVEIRA, Fabrício de Souza; FALEIROS JÚNIOR, José Luiz de Moura (Coord.). *Direito, governança corporativa e startups*. Indaiatuba: Foco, 2024. p. 185-196.
105. RODRIGUES, Ayra Ramon. Implicações jurídico-societárias do contrato de mútuo conversível em participação societária firmado entre investidores-anjo e startups. In: MORETTI, Eduardo; OLIVEIRA, Leandro Antonio Godoy (Org.). *Startups*: aspectos jurídicos relevantes. Rio de Janeiro: Lumen Juris, 2022, v. 2. p. 195-220.
106. SANTOS, Yago Aparecido Oliveira. Compra e venda de startups: a relação pós-contratual entre vendedores e compradores, cláusula de 'earn-out' e a função da governança corporativa. In: OLIVEIRA, Fabrício de Souza; FALEIROS JÚNIOR, José Luiz de Moura (Coord.). *Direito, governança corporativa e startups*. Indaiatuba: Foco, 2024. p. 314.
107. BERTONCINI, Rodrigo Junqueira. Sociedades Anônimas nas startups e a proposta do Marco Legal das Startups. In: MORETTI, Eduardo; OLIVEIRA, Leandro Antonio Godoy (Org.). *Startups*: aspectos jurídicos relevantes. Rio de Janeiro: Lumen Juris, 2022, v. 2. p. 81-102.

O artigo 294 traz uma simplificação importante ao permitir que companhias fechadas com receita bruta anual de até R$ 78.000.000,00 realizem publicações obrigatórias de forma eletrônica, substituindo a exigência de publicações físicas. Esta medida não apenas reduz custos operacionais, mas também agiliza os processos burocráticos, permitindo que as *startups* concentrem seus recursos no desenvolvimento de suas atividades principais. Além disso, a possibilidade de substituir os livros obrigatórios por registros mecanizados ou eletrônicos representa uma modernização necessária, alinhada às práticas contemporâneas de gestão e contabilidade digital.

O artigo 294-A estabelece que a Comissão de Valores Mobiliários (CVM) regulamentará condições facilitadas para o acesso das companhias de menor porte ao mercado de capitais. Ao permitir a dispensa ou modulação de observância de certas obrigações legais, como a obrigatoriedade de instalação do conselho fiscal e a intermediação de instituição financeira em distribuições públicas de valores mobiliários, o dispositivo busca desonerar essas companhias de requisitos onerosos. Essa flexibilização é crucial para que *startups* e pequenas empresas possam captar recursos no mercado de capitais com menos barreiras, incentivando o crescimento e a inovação.

Finalmente, o artigo 294-B define o que é considerado uma companhia de menor porte, estipulando um limite de receita bruta anual inferior a R$ 500.000.000,00. Esse artigo permite à CVM estabelecer formas de atualização desse valor e critérios adicionais para a manutenção dessa condição. Além disso, a CVM pode disciplinar o tratamento aplicado a companhias abertas que se enquadrem nessa categoria. Essa definição e a regulamentação associada visam proporcionar um ambiente regulatório mais adequado às necessidades dessas empresas, facilitando seu crescimento e desenvolvimento sustentável no mercado.

Essas mudanças estruturais promovem um ambiente mais favorável para o empreendedorismo e a inovação, permitindo que startups e pequenas empresas se beneficiem de um modelo de sociedade anônima simplificado e adaptado às suas especificidades.

Além dos instrumentos mencionados, o Marco Legal das *Startups* permite o uso de outros instrumentos de aporte de capital onde o investidor não integra formalmente o quadro de sócios da *startup*. Esses instrumentos podem incluir acordos de *revenue sharing*, notas conversíveis ou contratos de participação em resultados, oferecendo diversas alternativas para alinhamento de interesses entre *startups* e investidores. Também é nesse campo que o *vesting* empresarial surge como uma alternativa viável, revelando-se instrumental para a formação de uma sociedade empresária, porém, sem a avidez e a pressa que a *affectio societatis* tradicional implica.

No capítulo seguinte, este instrumento será analisado com maior acuidade, no afã e se irradiar maior clareza quanto a seus modais de funcionamento e instrumentalização.

4
O *VESTING* EMPRESARIAL

Tratar o complexo tema do *vesting* empresarial, após delongada digressão que percorreu a evolução dos modelos contratuais, fixou as principais balizas da teoria dos contratos relacionais, sinalizou alguns pontos de convergência e outros de divergência entre as regras instituídas pelo Marco Legal das Startups e o que usualmente se almeja do ponto de vista do empreendedorismo de base tecnológica, se torna mais fácil, mas, ao mesmo tempo, mais desafiador.

A essência do tema, embora o anglicismo já denote, por si, a importação de um instituto estrangeiro para a prática brasileira, está diretamente conectada à perspectiva relacional. Sem dúvidas, atrair talentos e somar esforços a partir de parcerias estratégicas agrega muito valor a uma *startup* e o propósito do *vesting* é justamente esse: aproximar potenciais parceiros negociais que ainda não possuem a necessária fidúcia para, por um lado, expressar a *affectio societatis*, e, por outro lado, definir as bases de uma relação de emprego. O *vesting* se situa no entremeio desse espectro, com particularidades próprias e diversas idiossincrasias.

Sobre isso, valioso o alerta de Alejandro Cremades:

> Conceder participação societária é uma ótima maneira de motivar e atrair a ajuda de mais pessoas, quando a sua *startup* está pronta para ganhar dinheiro. Isso pode ser aplicado a cofundadores, membros-chave da equipe, amigos e investidores familiares no estágio de sementes e até mesmo a consultores e profissionais, como advogados. No entanto, muita participação societária nas mãos de muitos acionistas iniciais (especialmente inexperientes) pode ser problemático. Até mesmo ter muitos membros na equipe, no início, pode ser problemático aos olhos de um investidor. Portanto, tenha em mente as suas metas de captação de recursos ao contratar e considerar a possibilidade de contratar cofundadores.[1]

Tendo em vista a complexidade inerente à gestão de uma *startup*, é evidente que ela se beneficia (e muito) da presença de bons parceiros. Isso porque o trabalho em equipe eleva o *know-how*, aumenta os recursos financeiros, otimiza o tempo e, mais importante, incrementa a capacidade de resolver problemas e a qualidade das decisões através de discordâncias funcionais e do aumento da variedade de perspectivas.

---

1. CREMADES, Alejandro. *The art of startup fundraising*: pitching investors, negotiating the deal, and everything else. Nova Jersey: John Wiley & Sons, 2016, p. 188, tradução livre. No original: "Giving equity is a great way to motivate and enroll the help of more individualswhen your startup is lean on cash. This can be applied to cofounders, key team members, friends and family investors in the seed stage, and even advisors and professionals such as lawyers. However, too much equity in the hands of too many (especially inexperienced) early shareholders can be problematic. Even too many team members at the beginning can be problematic from an investor's point of view. So keep your fundraising goals in mind when hiring and considering bringing on cofounders".

Portanto, embora seja possível desenvolver uma *startup* individualmente, uma estrutura de parceria será mais robusta e terá melhores chances de sucesso. Além disso, observe-se que é natural que os investidores prefiram abertamente *startups* com parceiros, em vez de empreendedores individuais, porque uma parceria saudável indica maturidade, bem como melhores competências de comunicação e gerenciamento de relacionamento sobre os parceiros.

Dito isso, ressalta-se que muito já se debateu acerca da natureza jurídica do *vesting* empresarial, por vezes reputado como modelo contratual, mas sempre visto com boas perspectivas para fins de alavancagem de modelos de negócio inovadores, especialmente *startups*.

Fato é que prevalece na doutrina a visão de que "[a] importação do mecanismo do *vesting* para o direito brasileiro resultou em interpretações equivocadas acerca do instituto, gerando riscos tributários e previdenciários".[2] E, em essência, essa problemática toda decorre da dúvida sobre a consideração deste mecanismo como um modelo contratual ou como um instrumento, descrito em cláusula contratual específica,[3] o que, a depender da forma como é implementado em um pacto societário, pode acarretar inúmeras consequências indesejadas dos pontos de vista tributário, previdenciário e até mesmo trabalhista.

Nesse contexto, pode-se conceituar o *vesting* da seguinte maneira:

> O *vesting* consiste em uma promessa de participação societária estabelecida em contrato particular com colaboradores estratégicos, que objetivam estimular a expansão, o êxito e a consecução dos objetivos sociais da *startup*. Em regra, tais indivíduos são eleitos pelos dirigentes da sociedade. Em virtude do número de colaboradores eleitos para integrar referido plano de incentivo e por conta das épocas em que estes passam a integrar o plano, podem ser previstas no *captable* da empresa as datas referentes a cada contrato de inventivo outorgado a colaboradores, a composição do capital social e a participação societária de acordo com cada rodada de investimento realizada e a outorga de participação aos colaboradores. Assim, podem ser outorgadas participações e condições diferentes para cada colaborador, sem que seja perdido o controle dos sócios e futuros sócios daquela sociedade.[4]

Ainda, nos dizeres de Frank Gruber:

> O *vesting* é uma ferramenta útil que ajuda a garantir que os cofundadores participem a longo prazo. Quando o patrimônio tem um cronograma de aquisição, os membros da equipe ganham os direitos totais sobre o patrimônio ao longo do tempo, em vez de todos de uma só vez. Se a participação (*equity*) for totalmente adquirida, isso significa que ela é totalmente de propriedade dos membros da equipe. Se eles saírem antes de uma parte ser investida, eles não a receberão. Steve Kaplan, advogado da Pillsbury Law em

---

2. JÚDICE, Lucas Pimenta; NYBØ, Erik Fontenele. Natureza jurídica do *vesting*: como uma tradução errada pode acabar com o futuro tributário e trabalhista de uma *startup*. In: JÚDICE, Lucas Pimenta; NYBØ, Erik Fontenele. (Coord.). *Direito das startups*. Curitiba: Juruá, 2017, p. 48.
3. PESCADOR, Rafael Bertoldi. Remuneração por performance: como evitar a tributação? In: MORETTI, Eduardo; OLIVEIRA, Leandro Antonio Godoy (Org.). *Startups*: aspectos jurídicos relevantes. Rio de Janeiro: Lumen Juris, 2022, v. 2. p. 43-58.
4. FEIGELSON, Bruno; NYBØ, Erik Fontenele; FONSECA, Victor Cabral. *Direito das startups*. São Paulo: Saraiva, 2018, p. 203.

Washington, DC, aconselha os fundadores a dividir o patrimônio mais cedo ou mais tarde. As implicações fiscais das concessões de ações dependem do valor da empresa quando o patrimônio é alocado, o que é menor quanto antes for feito. Além de alocar cotas/ações para os cofundadores, você também pode usá-las como um incentivo para os funcionários. Você também pode conceder ações adicionais ao longo do caminho, a seu critério – por exemplo, se um membro da equipe fizer um grande negócio ou fizer uma contribuição excepcional. Isso torna o *vesting* uma ferramenta motivacional, bem como uma recompensa por um trabalho bem feito.[5]

Nota-se a absoluta pertinência, na compreensão do referido instituto, da ideia de que a cúpula estratégica da corporação está sujeita a erros. A partir disso, cumpre anotar que Michael Jensen e William Meckling escreveram seu emblemático artigo "*Theory of the firm*" ("Teoria da firma", no português), publicado em 1976, no qual declararam a inexistência do "agente perfeito" em qualquer organização.[6] Esta constatação ficou conhecida na doutrina especializada como o "Axioma de Jensen-Meckling".

A partir do conceito traçado pelos autores, as condições contingenciais que tornam tecnicamente impossível a definição prévia de contratos completos, somaram-se as condições que definem os comportamentos dos agentes.

Em essência, definiu-se uma das dificuldades de alinhamento dos interesses dos gestores com os dos acionistas: a força do interesse próprio, que se sobrepõe aos interesses de terceiros, mesmo quando estão presentes as condições hierárquicas para a tomada de decisões. A suposição é de que a cooperação desinteressada dificilmente prevalece em relação ao jogo de interesses. Consequentemente, o agente executor estará propenso à tomada de decisões que fortaleçam a sua posição e que beneficiem os seus propósitos.

Na visão dos autores, a natureza humana, que é naturalmente utilitarista e racional, conduz os indivíduos a maximizarem sua "função-utilidade", voltada muito mais para as suas próprias preferências e os seus próprios objetivos, do que aos da corporação, eis que, dificilmente, objetivos alheios movem as pessoas a serem tão eficazes quanto o são para a consecução de seus próprios interesses.[7] O axioma daí decorrente preconiza a

---

5. GRUBER, Frank. *Startup mixology*: tech cocktail's guide to building, growing & celebrating startup success. Nova Jersey: John Wiley & Sons, 2014, p. 52. No original: "Vesting is a useful tool that helps ensure cofounders are in it for the long haul. When equity has a vesting schedule, team members earn the full rights to that equity over time instead of all at once. If equity is completely vested, it means it's completely owned by the team members. If they leave before a portion is vested, they don't receive it. Steve Kaplan, counsel at Pillsbury Law in Washington, DC, advises startup founders to divide equity sooner rather than later. The tax implications of equity grants depend on the value of the company when equity is allocated, which is lower the earlier you do it. Besides allocating stock to cofounders, you can also use stock as an incentive for employees. You can also award additional stock along the way at your discretion – for example, if a team member scores a huge deal or makes an outstanding contribution. This makes it a motivational tool as well as a reward for a job well done".
6. JENSEN, Michael C.; MECKLING, William H. Theory of the firm: managerial behavior, agency costs and ownership structure. *Journal of Financial Economics*, Nova York, v. 3, 1976. Disponível em: https://doi.org/10.1016/0304-405X(76)90026-X . Acesso em: 7 jul. 2024.
7. JENSEN, Michael C.; MECKLING, William H. Theory of the firm: managerial behavior, agency costs and ownership structure. *Journal of Financial Economics*, Nova York, v. 3, 1976. Disponível em: https://doi.org/10.1016/0304-405X(76)90026-X . Acesso em: 7 jul. 2024.

inexistência do agente perfeito, que seria indiferente ao buscar maximizar seus próprios objetivos e os objetivos de terceiros.

Benjamin Klein, em publicação de 1983, destacou a inexistência de um "contrato completo", o que acabou sendo nomeado pela doutrina como "Axioma de Klein".[8] Os fundamentos desta proposta justificam-se pelas próprias características dos ambientes de negócios, crescentemente imprevisíveis, sujeitos a turbulências e a efeitos-contágio, que podem ser fortemente comprometedores de resultados.

A era da previsibilidade extrapolável, com baixos níveis de turbulência, praticamente encerrou-se na década de 1970. Os riscos e oportunidades eram previsíveis até aquele período, pois elaboravam-se planos de longo prazo em ambientes estáveis e definiam-se projeções confiáveis de resultados. Mas essas condições deixaram de ser observadas na quase totalidade dos negócios.

A década de 1980 marcou a transição para uma nova era, caracterizada por descontinuidades e incertezas no mercado, que afetaram as corporações. E, nas últimas três décadas, ocorreram mudanças radicais em todos os aspectos da vida corporativa e nos ambientes externos em que as empresas operam. Das condições globais, passando pela revisão das estratégias nacionais e chegando às reestruturações setoriais, nada mais permaneceu como antes. Transformações intensas alcançaram também o comportamento social, os padrões tecnológicos de materiais, processos e produtos, os mercados, a estrutura da produção e da demanda, a competição e a forma de fazer negócios.[9]

A doutrina sempre salientou que os empreendedores não iniciam suas atividades com certezas, mas com uma visão,[10] e, diante das descontinuidades, a gestão corporativa passou a exigir respostas flexíveis e rápidas aos sinais de mudança. Da administração por objetivos previsíveis, a gestão teve de se adaptar à administração de surpresas.

Ademais, a complexidade e a dinâmica dos mercados atuais impõem um cenário no qual a previsibilidade se torna cada vez mais desafiadora. A velocidade das inovações tecnológicas, a globalização dos mercados e as variações econômicas e políticas são apenas alguns dos fatores que afetam continuamente o ambiente corporativo. Dessa forma, as *startups* precisam adotar uma postura proativa e resiliente, desenvolvendo capacidades de adaptação e inovação constantes.[11] A gestão de riscos, portanto, torna-se um componente essencial para a sobrevivência e o sucesso das organizações, exigindo

---

8. KLEIN, Benjamin. Contracting costs and residual profits: the separation of ownership and control. *Journal of Law & Economics*, Chicago, v. 26, 1983. Disponível em: http://dx.doi.org/10.1086/467040 . Acesso em: 7 jul. 2024.
9. KLEIN, Benjamin. Contracting costs and residual profits: the separation of ownership and control. *Journal of Law & Economics*, Chicago, v. 26, 1983. Disponível em: http://dx.doi.org/10.1086/467040 . Acesso em: 7 jul. 2024.
10. Cf. WAENGERTNER, Pedro. *A estratégia da inovação radical*: como qualquer empresa pode crescer e lucrar aplicando os princípios das organizações de ponta do Vale do Silício. São Paulo: Gente, 2018.
11. BARCAROLLO, Felipe; BORNHAUSEN, Roberto Althoff Konder. Inteligência Artificial e startups: sandbox regulatório e autorregulação setorial. In: MORETTI, Eduardo; OLIVEIRA, Leandro Antonio Godoy (Org.). *Startups*: aspectos jurídicos relevantes. Rio de Janeiro: Lumen Juris, 2022, v. 2. p. 127-148.

ferramentas e estratégias que permitam identificar e mitigar potenciais ameaças de maneira ágil e eficiente. Como consequência disso, os contratos perfeitos e completos, abrangendo todas as contingências e as respostas às mudanças e aos desafios do ambiente de negócios, simplesmente deixaram de existir, se é que algum dia realmente existiram.

E as três razões essenciais são: (i) o grande número de contingências possíveis; (ii) a multiplicidade de reações às contingências; (iii) a crescente frequência com que as contingências imprevisíveis passaram a ocorrer.[12] Isso sem contar que as corporações de negócios são um nexo de contratos, que envolvem, além de acionistas (*shareholders*) e gestores, fornecedores, trabalhadores e clientes (*stakeholders*), o que multiplica a probabilidade de materialização de condições contratuais de difícil definição prévia.

Neste contexto, os contratos tradicionais e rígidos são substituídos por acordos mais flexíveis e colaborativos, que permitem ajustes e renegociações conforme surgem novas circunstâncias. A lógica contratual passa a incorporar cláusulas de revisão e mecanismos de resolução de conflitos mais adaptáveis às variáveis do mercado. As *startups*, ao invés de se ancorarem em termos imutáveis, buscam estabelecer relações de confiança e parcerias duradouras, de modo que a comunicação e a cooperação entre as partes sejam mais valorizadas. Assim, a construção de um ambiente de negócios que privilegie a adaptabilidade e a resiliência emerge como uma resposta às complexidades e incertezas contemporâneas, garantindo a viabilidade e a sustentabilidade das operações corporativas.

Uma vez que todas essas realidades deságuam na impossibilidade de se definir contratos completos, outorga-se aos gestores, consequentemente, mais do que a execução de ações previsíveis: o direito residual de controle da empresa, resultante do livre arbítrio para a tomada de decisões em resposta a eventos não previstos. Esta condição outorgada é definida como juízo gerencial. Juízo que pode estar mais a serviço dos objetivos dos gestores do que dos acionistas, gerando conflitos de agência.[13] Nesse contexto, a implementação de mecanismos de governança para *startups* pode ser uma opção adequada e interessante aos propósitos da inovação responsável, em privilégio aos ditames da Agenda ESG (*Environmental, Social, and Governance*), cujos critérios são utilizados por investidores e *stakeholders* para avaliar os riscos e oportunidades associa-

---

12. ANDRADE, Adriana de; ROSSETTI, José Paschoal. *Governança corporativa*: fundamentos, desenvolvimento e tendências. São Paulo: Atlas, 2009, p. 140.
13. Conferir, sobre o tema, particularmente em relação aos contratos de mútuo e às debêntures conversíveis e seus reflexos na estruturação dos mecanismos de governança para startups, os comentários de Eduardo Silva Bitti: "(...) antes ou depois dessa opção pelo investidor, a busca de remediação de problemas de conflito de interesses, de limitações técnicas individuais e de vieses cognitivos, que poderia ser objeto de tratamento nos próprios atos representativos dos referidos negócios jurídicos, é, por questões de eficácia, algo que deve estar contido em acordo de sócios celebrado pelos próprios quotistas ou acionistas da sociedade exercente de empresa *startup*. Tal acordo deve conter cláusulas que evidenciem não só a dualidade entre conselho e diretoria, como também a existência de outros órgãos de apoio, com característica consultiva e de fiscalização". BITTI, Eduardo Silva. Eficácia jurídica de mecanismos de governança em startups sob investimento decorrente de contratos de mútuo ou de debêntures conversíveis. In: OLIVEIRA, Fabrício de Souza; FALEIROS JÚNIOR, José Luiz de Moura (Coord.). *Direito, governança corporativa e startups*. Indaiatuba: Foco, 2024. p. 154.

dos a suas decisões de investimento. Logo, boas práticas em ESG tendem a ter melhor desempenho a longo prazo, maior resiliência a crises e maior aceitação e confiança do público, o que pode resultar em benefícios financeiros e reputacionais significativos, como anotam Bárbara Simões Narciso e Caroline da Rosa Pinheiro:

> A incorporação da agenda ESG não é suficiente sem uma avaliação robusta de materialidade. Isso porque, a implementação dessas práticas, visando à promoção de empresas justas, éticas e responsáveis precisa ser baseada em evidências de que os temas sociais, de sustentabilidade e governança geram um efeito prático nas organizações. Caso contrário, o ESG se limitará às estratégias de *benchmark* e não será capaz de fornecer substrato para os objetivos de longo prazo desses negócios disruptivos.[14]

Dito isso, nota-se que, na aproximação entre os parceiros, nem sempre a constituição societária será o caminho mais viável para a consecução do fim pretendido, eis que, como visto nos capítulos anteriores, o elo entre tais participantes nem sempre será o prévio conhecimento ou a mútua confiança, o que fará surgir maior campo para que mecanismos não tradicionais como o *vesting* sejam utilizados para distribuir a propriedade de quotas ou ações de forma progressiva com base no tempo de permanência ou no cumprimento de metas específicas, incentivando os parceiros a se dedicarem ao sucesso do empreendimento a longo prazo. Este método cria uma camada adicional de segurança e compromisso, uma vez que os direitos sobre a participação no capital social ficam mais bem equacionados no tempo. Além disso, o uso do *vesting* pode ser complementado com outras ferramentas contratuais, como acordos de cláusulas de *lock-up* e opções de compra ou venda de participações, fortalecendo ainda mais a estrutura de governança e a estabilidade do empreendimento.

4.1 CONTRATO OU CLÁUSULA CONTRATUAL?

A dicotomia em questão traz desafios jurídicos que, a depender da forma de consideração, delimitação e implementação do *vesting* para o fim de propiciar a aproximação entre potenciais parceiros de um empreendimento, pode ter como consequência a completa inviabilização das atividades empresariais devido aos desdobramentos (e custos) gerados.

Há vertente doutrinária que denomina o *vesting* de 'contrato', descrevendo-o a partir de uma lógica meritocrática e que consolida direitos pelo atingimento de metas preestabelecidas:

> O *vesting* é um contrato em que as partes pactuam que haverá uma distribuição das ações disponíveis em uma sociedade empresária, de maneira gradual e progressiva, levando em conta parâmetros especificados de produtividade.
>
> Isso quer dizer que determinados agentes terão direito a ações levando em conta a observância de parâmetros especificados de produtividade no decurso do tempo.

---

14. NARCISO, Bárbara Simões; PINHEIRO, Caroline da Rosa. ESG nas startups: materialidade como estratégia para negócios inovadores. In: OLIVEIRA, Fabrício de Souza; FALEIROS JÚNIOR, José Luiz de Moura (Coord.). *Direito, governança corporativa e startups*. Indaiatuba: Foco, 2024. p. 140-141.

Funciona, assim, simultaneamente, como uma forma de estímulo e investimento, já que o mesmo tende a ser diretamente proporcional ao empenho e dedicação pessoal de cada um, que será sócio e trabalhador no negócio.[15]

Todavia, é preciso trilhar esse caminho interpretativo com cautela, uma vez que, para além de ser uma espécie contratual ou mera cláusula, há desdobramentos que uma leitura rasa do instituto deixa de considerar, e é exatamente esta a preocupação que se revela quando se observa o *iter* percorrido pelo parceiro negocial para a obtenção da participação societária:

> (...) na hipótese de um evento de vencimento antecipado do período de *vesting* (por exemplo, ocasionado pela retirada do sócio), a *startup* poderá recomprar os títulos de participação societária emitidos ao ex-sócio por seu valor de emissão. Este ponto é importante pois na hipótese de saída de um sócio é necessário que a participação societária que outrora havia sido disponibilizada para ele como instrumento de incentivo possa ser recomprada pela *startup* para incentivar o próximo sócio a participar do projeto. A conclusão é de que se há uma recompra, significa dizer que aquela participação societária já teria sido distribuída ao sócio durante o período de *vesting*.[16]

A dúvida que paira é a seguinte: a aquisição da participação societária se dá de forma paulatina (pelo atingimento de metas) ou de uma única vez, com a fixação de condição (como elemento acidental do negócio jurídico[17]) para a efetivação do direito respectivo? Parece evidente que a análise prematura do instituto, conforme vislumbrada em averiguação superficial de seu conceito, conduz à crença de que somente quando decorrido todo o prazo e atingidos todos os objetivos traçados é que ocorrerá o ato de 'vestir' o interessado na participação do capital social que lhe foi reservada.

Para Edgar Reis, "o *vesting* pode ser definido como um negócio jurídico por meio do qual é oferecido a alguém o direito de adquirir, de forma progressiva e mediante o cumprimento de certas métricas preestabelecidas, uma determinada participação societária de uma empresa."[18] Trata-se de conceito incompleto, mas que acabou se popularizando no Brasil.

De fato, a doutrina não nega que "[o] *vesting* pode ser estruturado de duas maneiras principais: (i) por metas; e/ou (ii) por decurso de tempo".[19] Em ambos

---

15. OLIVEIRA, Fabrício Vasconcelos de; RAMALHO, Amanda Maia. O contrato de *vesting*. *Revista da Faculdade de Direito da UFMG*, Belo Horizonte, n. 69, pp. 183-200, jul./dez. 2016, p. 184.
16. JÚDICE, Lucas Pimenta; NYBØ, Erik Fontenele. Natureza jurídica do *vesting*: como uma tradução errada pode acabar com o futuro tributário e trabalhista de uma *startup*. In: JÚDICE, Lucas Pimenta; NYBØ, Erik Fontenele. (Coord.). *Direito das startups*. Curitiba: Juruá, 2017, p. 41.
17. Os elementos acidentais do negócio jurídico são a condição, o termo e o encargo, trabalhados nos artigos 121 a 136 do Código Civil.
18. REIS, Edgar Vidigal de Andrade. *Startups*: análise de estruturas societárias e de investimento no Brasil. São Paulo: Almedina, 2018, p. 348. O autor ainda acrescenta: "É válido neste ponto aproveitar para abordar o *vesting*, tendo em vista ser este também um tipo de investimento formalizado por meio de contrato de opção de compra de participação societária. (...) Trata-se de um instrumento muito utilizado pelas *startups* com o objetivo de tentar preservar no negócio os seus colaboradores mais importantes (...).".
19. FEIGELSON, Bruno; NYBØ, Erik Fontenele; FONSECA, Victor Cabral. *Direito das startups*. São Paulo: Saraiva, 2018, p. 205. E os autores seguem descrevendo que: "No *vesting* outorgado de acordo com as metas atingidas pelo colaborador, este passa a adquirir o direito de exercício da opção de compra conforme atingidas as metas

os casos, tem-se uma opção de compra de quotas ou ações, ainda que sob fundamentos diversos.

Não obstante, isso traz problemas, pois, conforme alertam Lucas Júdice e Erik Nybø:

> (...) o propósito do *vesting* é a transferência da participação societária de uma única vez, cuja segurança de que se poderá realmente usufruir dos direitos de se tornar proprietário dessa participação está condicionada à ocorrência de alguns eventos. Assim, apenas decorrida a totalidade do período do *vesting* é que o fundador está realmente investido na sua participação societária, pois fica livre do direito de recompra de sua participação pela empresa. Esse é o real intuito do *vesting* no Direito Americano, mas que foi importado ao Brasil pela metade, ou seja, apenas considerando a primeira explicação acima, qual seja, de que a participação societária seria adquirida aos poucos, de período em período. Essa é uma importação incompleta.[20]

A despeito da aparente clareza conceitual, quando se diz que o Brasil importou o conceito de *vesting* de forma incompleta em comparação com o direito norte-americano, pretende-se esclarecer que a consideração da aquisição de participação societária em níveis paulatinos conduz a uma gama de problemas ulteriores que essa leitura rasa acarreta, e tais problemas estão atrelados a questões tributárias, previdenciárias e trabalhistas.

Essas implicações serão melhor apreciadas nos tópicos seguintes, mas, desde logo, mister salientar que encarar o *vesting* como resultado de uma obrigação, ainda que tomada sob a ótica da reciprocidade, implicaria dizer que o atingimento de uma meta previamente estabelecida atribuiria direitos decorrentes do vínculo obrigacional traçado, tornando o parceiro negocial credor (*accipiens*) da sociedade (*solvens*), que precisaria perpassar por uma redistribuição de capital social para consolidar esses novos direitos adquiridos pelo interessado. E esse processo precisaria se repetir todas as vezes que uma nova meta fosse atingida (na forma de condição suspensiva).

Em essência, é isso que ocorre, mas uma simples nuance pode mudar toda essa compreensão. Diz-se isso porque raciocínio inverso pode conduzir a melhor resultados. Basicamente, o que se sugere é considerar que, pela mera assinatura do contrato já se possa consolidar a aquisição de todo o percentual do capital social reservado para o parceiro que contrata o *vesting*, porém, submetendo a eficácia desse negócio jurídico a uma condição resolutiva, pela qual o interessado se torna, desde logo, participante da sociedade e, não cumprindo as metas estabelecidas, resolve-se o contrato em relação a ele, total ou parcialmente.

A condição suspensiva está prevista textualmente no artigo 125 do Código Civil, com os seguintes dizeres:

---

preestabelecidas em contrato (*milestones*). No *vesting* outorgado por decurso de tempo, o colaborador deve permanecer determinado período na empresa para então poder exercer a opção de compra de sua participação societária. Dessa maneira, no segundo caso, existe uma clara preocupação com a retenção de talentos dentro da empresa, enquanto a primeira hipótese foca mais na entrega de resultados. Por essa razão, é imprescindível verificar qual o objetivo que a *startup* deseja atingir com a criação de um mecanismo de incentivo como o *vesting*".

20. JÚDICE, Lucas Pimenta; NYBØ, Erik Fontenele. Natureza jurídica do *vesting*: como uma tradução errada pode acabar com o futuro tributário e trabalhista de uma *startup*. In: JÚDICE, Lucas Pimenta; NYBØ, Erik Fontenele. (Coord.). *Direito das startups*. Curitiba: Juruá, 2017, p. 41.

Art. 125. Subordinando-se a eficácia do negócio jurídico à condição suspensiva, enquanto esta se não verificar, não se terá adquirido o direito, a que ele visa.

A redação do dispositivo é bastante clara e já aparecia no Código Civil de 1916. De fato, a nível conceitual, Carlos Alberto Dabus Maluf relembra que,

(...) conforme a tradição escolástica, a condição suspensiva pode ser considerada sobre três estados diferentes: o estado de pendência, que perdura enquanto não se verifica o evento futuro e incerto (*conditio pendet*), o de implemento da condição (*conditio existit*) e o de sua frustração (*conditio deficit*).[21]

Sendo inequívoco que a condição, enquanto elemento acidental do negócio jurídico, deve ser interpretada de acordo com os pormenores definidos a nível obrigacional, cada uma das três subespécies indicadas deve ser lida em sintonia com o ponto central da discussão estabelecida em torno do *vesting*: e necessidade de que a participação societária constitua uma das prestações do negócio jurídico.

Essa inversão de lógica tem o potencial de simplificar significativamente o processo de aquisição de participação societária, eliminando a necessidade de repetidas redistribuições de capital social. Ao consolidar desde o início o percentual total de capital reservado, o parceiro se torna imediatamente um participante da sociedade, mas com a sua participação condicionada ao cumprimento das metas estabelecidas.[22] Caso essas metas não sejam atingidas, o contrato se resolve proporcionalmente, ajustando a participação do parceiro de acordo com o seu desempenho. Este método pode reduzir a complexidade administrativa e fiscal associada às aquisições incrementais de participação, além de promover uma maior transparência e previsibilidade nas relações societárias.

De fato, ainda na linha da classificação tripartite da condição suspensiva, Maluf nos lembra, quanto à primeira subespécie – *conditio pendet* – que "enquanto a condição não ocorre, o titular do direito eventual tem somente uma expectativa de direito, uma *spes debitum iri*, ou seja, a possibilidade de vir a adquirir um direito, se ocorrer a condição".[23] Essa leitura tem como desdobramento a constatação de que a mera expectativa acirra riscos e cria verdadeira 'zona cinzenta' trabalhista, pois o que se tem, no *vesting*, é a atuação de um parceiro nas atividades empresariais pelo emprego de seus talentos e habilidades em prol do florescimento da sociedade. Se, em contrapartida, o que a ele é oferecida é uma mera expectativa de direito, projetada em razão de evento futuro e

---

21. MALUF, Carlos Alberto Dabus. *As condições no direito civil*: suspensiva, resolutiva, potestativa, impossível. 2. ed. São Paulo: Saraiva, 1991, p. 68.
22. FALEIROS JÚNIOR, José Luiz de Moura. O 'direito das startups' no Brasil: assimetria contratual atípica, contratos relacionais e *vesting*. In: OLIVEIRA, Fabrício de Souza; FALEIROS JÚNIOR, José Luiz de Moura (Coord.). *Direito, governança corporativa e startups*. Indaiatuba: Foco, 2024. p. 279.
23. MALUF, Carlos Alberto Dabus. *As condições no direito civil*: suspensiva, resolutiva, potestativa, impossível. 2. ed. São Paulo: Saraiva, 1991, p. 68. O autor ainda traz alguns aprofundamentos: "No primeiro estado, *pendente conditione*, fica em suspenso a eficácia do ato (...). Se se tratar, *v.g.*, de crédito submetido a tal condição, enquanto esta não se verificar, o devedor não pode ser demandado, contra ele não corre a prescrição e, se pagar por erro, terá direito a repetição (v. RF, 93: 126). Entretanto, ao titular do direito eventual, no caso de condição suspensiva, é permitido exercer os atos destinados a conservá-lo (...)".

incerto, o contrato se tornará frágil a ponto de poder ser descaracterizado pela presença de eventuais elementos condizentes com os princípios essenciais da relação de emprego.

As outras duas subespécies são inegavelmente mais convidativas para a estrutura do *vesting*, mas ainda há problemas interpretativos que não se pode desconsiderar. Sobre ambas, Maluf tece alguns esclarecimentos complementares:

> No segundo estado (*conditio existit*), verificada a condição, o direito passa de eventual a adquirido, e o ato adquire eficácia, como se desde o começo fora puro e simples, não condicional. É o que se chama de efeito retroativo das condições, o qual, porém, não atinge direitos de terceiros, nem modifica a percepção dos frutos.
>
> Se, contudo, se frustra a condição (*conditio deficit*), estima-se como nunca tendo existido a estipulação.[24]

As duas outras modalidades são incompatíveis com o *vesting* por razões já exploradas nos capítulos anteriores, mas que faço questão de aqui reafirmar: (i) não faria sentido tratar como condição na subespécie *conditio existit* um ato que retroage de forma incompleta, não atingindo interesses de terceiros (que podem ser, no *vesting*, outros cotistas ou acionistas afetados pelo incremento da repartição do capital social) e que não acarreta mudanças quanto à percepção dos frutos, que, a depender da escalabilidade do negócio e do potencial disruptivo que gera quanto à percepção de frutos civis (imagine-se que o objeto da *startup* envolva a criação e veiculação de ativos financeiros, como *non-fungible tokens*, por exemplo); (ii) também não há razão que justifique a formatação do *vesting* na subespécie *conditio deficit*, uma vez que, se implementada, tem como desdobramento a eliminação de todos os efeitos produzidos no curso da relação jurídica, como se ela nunca tivesse existido, algo incoerente e contraditório com a própria intenção do *vesting*, que pressupõe empenho e trabalho do parceiro negocial para alavancar o negócio.

Bem ao contrário, faz muito mais sentido, no *vesting*, trabalhar com a condição resolutiva, que está prevista no artigo 127 do Código Civil:

> Art. 127. Se for resolutiva a condição, enquanto esta se não realizar, vigorará o negócio jurídico, podendo exercer-se desde a conclusão deste o direito por ele estabelecido.

Mais adiante tratarei do modelo que acabou sendo apelidado de "*vesting* invertido", mas já adianto que seu principal traço distintivo é o estabelecimento de condições resolutivas – e não suspensivas –, no intuito de manter hígido o negócio jurídico, vigorando em todos os seus termos e permitindo o exercício de direitos, com a ressalva de que a resolução (total ou parcial) poderá afetar tais direitos. Em se tratando de crédito submetido a uma condição resolutiva, o implemento desta tem como consequência justamente o equacionamento do negócio jurídico, preservando direitos na exata proporção do que se cumpriu.

---

24. MALUF, Carlos Alberto Dabus. *As condições no direito civil*: suspensiva, resolutiva, potestativa, impossível. 2. ed. São Paulo: Saraiva, 1991, p. 69.

À luz desse repensar, conclui-se que o termo '*vesting*' não faz alusão a uma espécie contratual em si, sendo incoerente, até mesmo do ponto de vista semântico,[25] dizer-se que se tem um 'contrato de *vesting*' porque, a bem da verdade, o *vesting* nada mais é que o substrato colhido do elemento acidental do negócio jurídico em questão – a condição (resolutiva, e não suspensiva, no modelo que proponho) –, cujo objeto é a transferência da participação societária.

Mesmo a doutrina favorável à consideração do *vesting* como espécie contratual descreve a presença do elemento acidental em questão:

> Assim, verificadas as condições objetivamente determinadas, a ação passa a ser propriedade do empregado ou administrador.
>
> Cumpre acrescentar que as ações são adquiridas mediante condição resolutiva. Resolutiva a condição, enquanto esta não se realizar, vigorará o negócio jurídico, mas, sobrevindo a condição, extingue-se, para todos os efeitos, o direito a que ela se opõe (artigos 127 e 128 do Código Civil).[26]

Pode-se afirmar que, independentemente de ser tratado como contrato em espécie ou mera cláusula contratual, o *vesting* sempre estará atrelado à presença de um elemento acidental do negócio jurídico: a condição. Entretanto, a se considerar o modelo de aquisição paulatina e a transferência da participação societária por condição suspensiva, que condicione a eficácia do negócio jurídico a evento futuro e incerto sob qualquer das três subespécies mencionadas, de fato, o atingimento das metas garantirá aquisição de crédito (equivalente ao percentual de quotas/ações do capital social). Por outro lado, considerando-se a aquisição *ab initio*, por condição resolutiva, uma vez consolidada toda a transferência do capital social reservado ao parceiro negocial, se atingidas as metas, nada se altera, ao passo que o não atingimento das metas acarretará, ao menos, resolução parcial do pacto. Se nada for atingido, resolve-se integralmente o pacto a nível obrigacional, não criando 'zonas cinzentas' de risco trabalhista ou ceifando direitos laterais, como os de terceiros (outros sócios) ou a percepção de frutos.

4.2 OS *CLIFFS*

Antes de abordar especificamente os impactos do *vesting* para a sociedade e para o interessado/adquirente da participação societária, impõe-se descrever o que são *cliffs*. E, basicamente, o substantivo inglês se traduz como penhasco ou falésia, ou seja, é um ponto de virada, um momento de quebra/mudança de paradigma.

---

25. Em inglês, o verbo "*to vest*" é conjugado mais comumente em voz passiva ("*to be vested in*") denotando uma condição de investidura ou assimilação que somente faz sentido se, de uma única vez, ocorrer no plano fático. Caso contrário, reputar o *vesting* como o próprio elemento do núcleo obrigacional para trabalhá-lo como espécie contratual desaguaria no elemento acidental (condição), fazendo mais sentido atrelar o termo ('vestir') ao próprio elemento acidental, e não ao núcleo (objeto) do negócio jurídico.
26. OLIVEIRA, Fabrício Vasconcelos de; RAMALHO, Amanda Maia. O contrato de *vesting*. *Revista da Faculdade de Direito da UFMG*, Belo Horizonte, n. 69, pp. 183-200, jul./dez. 2016, p. 193.

Faz todo sentido terminológico, ainda que metafórico, na medida em que a meta estabelecida para o interessado, quando atingida, garantirá a ele uma mudança de sua situação jurídica, independentemente de se interpretar a aquisição de direitos (condição suspensiva) ou as consequências da resolução contratual, ainda que parcial (condição resolutiva).

De fato, o *vesting* é caracterizado precipuamente pelo fato de a aquisição de participação societária se dar de forma escalonada. Não seria desejável e tampouco faria sentido que tudo ocorresse em única parcela. O que muda, na estruturação como condição suspensiva, é que os *cliffs* serão estipulados como perdas (*minus*) e não como ganhos (*plus*) de capital social.

Sobre esse aspecto, descreve a doutrina:

> O período comumente utilizado no mercado para investidura total dos direitos de participação societária é de, geralmente, 4 anos após 1 ano de *cliff*. Esse período de *cliff* geralmente é estipulado em 1 ano, pois o primeiro ano da *startup* costuma ser o mais difícil e não rentável. A ideia, com esse mecanismo é reter o fundador para que este não abandone a empresa nascente neste período e, posteriormente, se aproveite do esforço dos outros quando a empresa gerar lucro. Ao final do *cliff*, é comum o fundador receber 25% da participação societária que lhe foi prometida e o restante passa a ser "vestido" mensalmente até o final dos 4 anos (portanto, em uma razão de 1/48 ao mês). Ao fim desses 4 anos, o fundador da *startup* completará a investidura na participação societária a que tem direito.[27]

Reforçando tal ideia e destacando ser comum, na recente experiência brasileira, a duração do *vesting* por prazo entre três e quatro anos – que é, portanto, menor do que o prazo usualmente verificado na experiência norte-americana – Marcelo Godke Veiga e Karen Penido ponderam o seguinte:

> Um outro fator importante a ser levado em consideração é a maneira e o tempo de aquisição do direito referente à participação societária. Assim, o *vesting* raramente ocorre de uma só vez. Corriqueiramente, a aquisição do referido direito dá-se paulatinamente e em longo período, normalmente entre três a seis anos (mais corriqueiramente entre três a quatro anos, de acordo com a prática vista no Brasil e em alguns outros países, notadamente nos Estados Unidos). Em outros casos, em que alguns administradores permanecem por longos períodos em seus cargos, o tempo de *vesting* pode acontecer durante todo o tempo em que prestarem serviços à sociedade. Já os sócios-fundadores terão o prazo de aquisição entre o período indicado, de três a quatro anos. O que importa de verdade, para efetivo alinhamento de interesses, é que a aquisição do referido direito não aconteça de uma única vez, caso contrário, o *vesting* não atingirá os objetivos pretendidos.[28]

Para melhor explicitar a razão de existência dos *cliffs*, transcreve-se a lítera do art. 999 do Código Civil:

> Art. 999. As modificações do contrato social, que tenham por objeto matéria indicada no art. 997, dependem do consentimento de todos os sócios; as demais podem ser decididas por maioria absoluta de votos, se o contrato não determinar a necessidade de deliberação unânime.

---

27. JÚDICE, Lucas Pimenta; NYBØ, Erik Fontenele. Natureza jurídica do *vesting*: como uma tradução errada pode acabar com o futuro tributário e trabalhista de uma *startup*. In: JÚDICE, Lucas Pimenta; NYBØ, Erik Fontenele. (Coord.). *Direito das startups*. Curitiba: Juruá, 2017, p. 40.
28. VEIGA, Marcelo Godke; PENIDO, Karen. Contrato com colaboradores. In: OIOLI, Erik Frederico (Coord.). *Manual de direito para startups*. São Paulo: Thomson Reuters Brasil, 2019, p. 96.

Se quaisquer alterações do contrato social passam a depender do consentimento de todos os sócios, eventual participação multitudinária tornará quase inviável que se realize alguma modificação ao contrato social. Isso traz implicações jurídicas e contábeis severas, principalmente do ponto de vista logístico (realização de reuniões e adesão de todos à alteração) e de custos (com os atos necessários à formalização da alteração perante a Junta Comercial).

Para contornar essa dificuldade, idealizou-se o instituto (*cliff*), e o vocábulo foi utilizado para essa situação, pois sua aplicação gera uma quebra na linha contínua de participação do capital social criada no *vesting* ou nos contratos padrão, rompendo-se um crescimento gráfico contínuo e delineando uma escala de participação societária ascendente e 'em degraus', pois, quando implementado um *cliff*, há verdadeiro 'salto' quanto à participação societária do adquirente.

4.3 OS IMPACTOS TRIBUTÁRIOS E PREVIDENCIÁRIOS DO *VESTING* TRABALHADO SOB A ÓTICA DA AQUISIÇÃO PAULATINA DE PARTICIPAÇÃO SOCIETÁRIA

Conforme se disse, ao se trabalhar o *vesting* como um direito de aquisição paulatina da participação societária, o adquirente passará a 'vestir' percentual do capital social sempre que for implementado um *cliff*. Na lógica simplista da condição suspensiva, em cada um desses momentos, o adquirente se tornará credor da sociedade, que, por outro lado, será sua devedora de quotas ou ações, gerando ganho de capital. Esse é, desde logo, o primeiro problema do modelo condicional suspensivo (baseado no *plus*).

A razão para isso se tornar um problema é bastante óbvia: essencialmente, haverá aumento do patrimônio e o famigerado 'ganho de capital', que torna passível de discussão o impacto do *vesting* quanto ao imposto de renda devido pelo parceiro. Do ponto de vista tributário, para além dos desafios contábeis relacionados ao Inova Simples e ao Simples Nacional,[29] a antecipação da consolidação da participação societária pode oferecer uma base mais clara para a apuração de impostos e contribuições, minimizando ambiguidades e disputas fiscais

Eis o exemplo:

---

29. O Inova Simples é um regime especial definido na Lei Complementar nº 182/2021 que facilita a abertura e o fechamento de *startups* no Brasil, promovendo a inovação com menos burocracia e custos. Ele simplifica o registro e incentiva empresas inovadoras a se formalizarem rapidamente. Já o Simples Nacional, instituído pela Lei Complementar nº 123/2006, é um regime tributário unificado e simplificado para micro e pequenas empresas, reduzindo a carga tributária e a burocracia ao consolidar vários impostos em um único pagamento mensal com alíquotas progressivas. Juntos, esses regimes oferecem um caminho acessível e vantajoso para a formalização e crescimento das startups, incentivando o empreendedorismo no país. Para maiores detalhes, conferir ROSSINI, Guilherme de Mello; PESCADOR, Rafael Bertoldi. Aspectos jurídico-contábeis da tributação das startups: vedações ao Simples Nacional, alternativas ao regime simplificado e formas de remuneração dos sócios. In: MORETTI, Eduardo; OLIVEIRA, Leandro Antonio Godoy (Org.). *Startups*: aspectos jurídicos relevantes. 3. ed. Rio de Janeiro: Lumen Juris, 2024, v. 1. p. 163-192.

Suponhamos que Tício tenha recebido R$ 50.000,00 a título de salário em 2014. Sobre esse valor, após os devidos descontos, ele deverá pagar o Imposto de Renda de acordo com a faixa de tributação que se aplica a referido montante. Caso parte desse valor tenha sido aplicado em um investimento e tenha resultado em ganho de R$ 5.000,00, Tício estará sujeito novamente a tributação por ter ocorrido ganho de capital.

Isso porque a Receita Federal pode interpretar o *vesting* como um ganho de capital. Dessa forma, se a cada ano Tício recebe 10% de participação societária a Receita Federal pode entender que referido ganho está sujeito a tributação. Para tributar suposto ganho de capital, a Receita Federal deveria efetuar a avaliação do valor da empresa para então chegar ao valor correspondente à referida participação societária.[30]

Com efeito, o ganho de capital teria lugar ao se considerar a diferença positiva entre o valor de aquisição de um bem e o valor pelo qual é alienado,[31] cedido ou doado, o que não se verificaria ao se considerar o modelo condicional resolutivo ("invertido"). Em simples termos, o implemento de condição resolutiva para a consideração dos *cliffs* na consolidação do *vesting* não acarretaria ganho de capital, pois a tradição ocorreria no momento da assinatura do pacto.

Para evitar que a tributação incida sobre a remuneração por performance na prestação de serviços que será cumprida condicionalmente, é crucial que o contrato, ao tutelar o *vesting* empresarial, seja cuidadosamente estruturado para especificar que a aquisição das ações ou quotas está sujeita a condições resolutivas que postergam a consolidação da propriedade até o cumprimento de certos marcos ou períodos de tempo. Isso implica que, embora a tradição formal das ações ou quotas ocorra no momento inicial, a efetiva consolidação da propriedade e, portanto, o evento tributável ficará condicionado ao fato gerador original, que se deu no momento da assinatura do contrato, e não em momento futuro, quando o *valuation* da *startup* poderá ser outro, bem mais elevado.

Outrossim, há precedente específico[32] denotando implicações previdenciárias pela utilização do *vesting*, ao se considerar a opção de compra como evento gerador de benefício remuneratório pelo cálculo da diferença do valor-dia da base salarial do indivíduo e o valor pago pela opção de compra da participação societária. Contrariamente a esse entendimento, a doutrina assinala que "[o] valor dessa participação societária

---

30. JÚDICE, Lucas Pimenta; NYBØ, Erik Fontenele. Natureza jurídica do *vesting*: como uma tradução errada pode acabar com o futuro tributário e trabalhista de uma *startup*. In: JÚDICE, Lucas Pimenta; NYBØ, Erik Fontenele. (Coord.). *Direito das startups*. Curitiba: Juruá, 2017, p. 43.
31. FALEIROS JÚNIOR, José Luiz de Moura. O 'direito das startups' no Brasil: assimetria contratual atípica, contratos relacionais e vesting. In: OLIVEIRA, Fabrício de Souza; FALEIROS JÚNIOR, José Luiz de Moura (Coord.). *Direito, governança corporativa e startups*. Indaiatuba: Foco, 2024. p. 261-284.
32. Trata-se do Processo n. 10980.728541/2012-13, julgado pelo Conselho Administrativo de Recursos Fiscais – CARF, no qual se entendeu que a empresa Pop Internet Ltda., ao oferecer opções de compra da participação societária para seus colaboradores, estaria havendo benefício remuneratório, gerando impactos na delimitação da base de cálculo de contribuições previdenciárias, uma vez que o julgado considerou "remuneração como a diferença entre o valor médio de mercado no dia do exercício da opção pelo trabalho e o valor pago pela opção". (JÚDICE, Lucas Pimenta; NYBØ, Erik Fontenele. Natureza jurídica do *vesting*: como uma tradução errada pode acabar com o futuro tributário e trabalhista de uma *startup*. In: JÚDICE, Lucas Pimenta; NYBØ, Erik Fontenele. (Coord.). *Direito das startups*. Curitiba: Juruá, 2017, p. 43.)

depende de questões mercantis e, por essa razão, não possui natureza salarial. Não se trata de uma contrapartida pelo trabalho desempenhado por um empregado".[33]

Para evitar a tributação sobre a remuneração por performance, é fundamental que as *startups* e seus consultores jurídicos e contábeis desenhem o *vesting* de forma que a participação societária seja concedida ao longo do tempo como uma compensação por contribuições. Isso pode ser feito estruturando o *vesting* a partir de condições (como se verá), ou, em seu lugar, formalizando a opção de compra de ações ou quotas que só pode ser exercida após o cumprimento de certos marcos de desempenho ou períodos de tempo (na modelagem tradicional das *stock options*). Outra abordagem é utilizar contratos de mútuo conversível em participação societária, que permitem a conversão de um empréstimo em participação acionária após determinados requisitos serem atendidos, evitando assim a caracterização de remuneração direta.

Além disso, é crucial definir claramente no contrato que a concessão de ações ou quotas está condicionada ao desempenho futuro e que não há transferência de propriedade antes do cumprimento obrigacional estabelecido, em conformidade com o disposto no pacto e em sintonia com os requisitos formais da Lei Complementar nº 182/2021. De outro lado, não se pode deixar de considerar o *vesting* e todos os cuidados que se deve ter até que seja completamente realizado. Esse cuidado ajuda a evitar a tributação sobre a renda corrente, tratando a concessão de participação como um evento de capital.[34] Adotar essas precauções pode minimizar os riscos tributários, previdenciários e trabalhistas, tornando o mecanismo de *vesting* uma ferramenta eficaz para atrair e reter talentos, sem incorrer em custos fiscais adicionais desnecessários.

4.4 *OUTSOURCING* E *VESTING*

A prática denominada *outsourcing* nada mais é que a terceirização das atividades empresariais. Não se confunde com a estrutura típica do *vesting*, embora parte da doutrina estrangeira se reporte à prática como uma nova espécie de terceirização (um '*outsourcing* 2.0'[35]).

Em sua essência, a terceirização pode ser vista como uma forma de divisão do trabalho. Quando se busca externalizar a execução de tarefas para empresas com as melhores habilidades para a sua execução, espera-se maior produtividade e otimização dos recursos econômicos. O *vesting*, ao contrário da terceirização, está intimamente ligado ao incentivo e retenção de talentos dentro da própria estrutura empresarial. Enquanto

---

33. FEIGELSON, Bruno; NYBØ, Erik Fontenele; FONSECA, Victor Cabral. *Direito das startups*. São Paulo: Saraiva, 2018, p. 204.
34. POLLI, Marina. Vesting: inovação contratual popularizada pelas startups. In: MORETTI, Eduardo; OLIVEIRA, Leandro Antonio Godoy (Org.). *Startups*: aspectos jurídicos relevantes. 3. ed. Rio de Janeiro: Lumen Juris, 2024, v. 1. p. 107-122.
35. VITASEK, Kate; LEDYARD, Mike; MANRODT, Karl. *Vested outsourcing*: five rules that will transform outsourcing. 2. ed. Nova York: Palgrave Macmillan, 2010, p. 18.

a terceirização busca otimizar a produção e reduzir custos ao externalizar atividades, o *vesting* é uma ferramenta de engajamento interno, que visa alinhar os interesses dos colaboradores-chave com os objetivos de longo prazo da empresa. Diferentemente da terceirização, em que a relação é predominantemente de prestação de serviços, o *vesting* cria um vínculo mais profundo e duradouro, transformando colaboradores em parceiros de negócio.

A decisão de terceirizar está fundamentalmente relacionada à estrutura da empresa ou ao estabelecimento de limites sobre qual produção ou serviço a empresa produzirá e disponibilizará a seus clientes. A razão para o rápido crescimento da terceirização é clara: à medida que os mercados se desenvolvem e as pressões competitivas aumentam, a terceirização passa a representar redução de custos.

De qualquer forma, conforme se verá, o *vesting* não pode ser interpretado como uma modalidade de terceirização 'às avessas' das atividades empresariais, ainda que certas nuances possam evidenciar uma falsa subversão da estrutura contratual para fins de (suposta) proteção face à legislação trabalhista. O grande problema, porém, está na má estruturação dos objetivos contratuais e no planejamento impreciso das metas e do modo de alocação da participação societária. Por isso, a estruturação precisa dos objetivos contratuais e a clareza na definição das metas são fundamentais para evitar mal-entendidos e litígios. Assim, o *vesting* deve ser implementado de forma a respeitar a legislação vigente, evitando a caracterização de fraude ou desvio de finalidade, e promovendo, de fato, o alinhamento estratégico entre os interesses dos colaboradores e os objetivos corporativos.

4.4.1 Limites entre participação societária e relação de emprego

No que tange à relação de emprego e aos riscos trabalhistas atrelados ao *vesting*, a doutrina assinala que, embora as opções de compra (e as próprias *stock options*) se originem "de uma relação jurídica de trabalho (no caso dos empregados) ou, ainda, de uma relação contratual civil (no caso dos prestadores de serviços), tais *stock options* não podem ser caracterizadas como uma relação contratual de natureza trabalhista".[36]

De qualquer forma, não se descarta a possibilidade da formalização do *vesting* com um indivíduo que já mantenha relação de emprego com a sociedade, apesar de isso criar situações complexas para a aferição do cumprimento obrigacional e onerar desnecessariamente todos os envolvidos na eventualidade de ruptura contratual.

É o que explicam Marcelo Godke Veiga e Karen Penido:

> (...) para o referido autor [Edwin L. Miller Jr.], o contrato deveria regular os direitos de *vesting* da seguinte forma (no intuito de obter maior alinhamento de interesses): em caso de renúncia voluntária ou de rescisão

---

36. SCHNEIDER, Fernando Zanotti; FRANZIN, Daniel Afonso. Remuneração variável, condicionada ao sucesso: *stock options* em *startups*. In: JÚDICE, Lucas Pimenta (Coord.). *Direito das startups II*. Curitiba: Juruá, 2017, p. 43.

por justa causa, o que normalmente deveria acontecer é que o trabalhador perderia qualquer outro direito relacionado ao *vesting*. Tal consequência decorreria de interpretação que, ao agir de maneira a renunciar ou agir de maneira a dar justa causa ao fim do pacto, o detentor abriu mão de parte dos direitos que lhe tenham sido conferidos pelo contrato. Se, no entanto, a renúncia deu-se por ter sido forçado ou levado a renunciar, ou o contrato foi rescindido sem justa causa, a situação é diferente. Nesses últimos casos, os direitos relacionados ao *vesting* deverão ser "acelerados", com a possibilidade de exercício imediato. Assim, passaria a deter participação societária maior do que normalmente teria direito a deter pelo tempo decorrido do contrato.[37]

Noutro norte, quanto às *stock options*, a doutrina já sinalizava alguma dúvida sobre sua natureza jurídica e sua vinculação ao *vesting*:

> A estrutura específica de cada plano levanta o debate sobre a sua natureza jurídica: se remuneratória (salarial) ou mercantil (investimento). A previsão de custo (razoável) de aquisição de ações, a falta de previsão de custo de aquisição das ações, o desconto excessivo para aquisição das ações, a outorga por empresa brasileira ou estrangeira, a previsão de condições para o *vesting*, dentre outras variáveis, influenciam no momento de se verificar se de natureza remuneratória ou mercantil.[38]

É importante notar, consoante leciona Sérgio Pinto Martins, que o referido tema – opções de compra de participações societárias – sequer é objeto de consideração pelas normas do direito do trabalho.[39] Sendo a opção de compra da participação um canal de acesso ao quadro societário sob viés eminentemente mercantil, estar-se-á a tratar do microssistema concernente ao direito societário, pois, de fato, é isto que ocorre quando o interessado almeja se tornar um dos participantes do quadro societário.

Pensar de outra forma seria o mesmo que imaginar a possibilidade de integralização de capital social por prestação de serviços, o que é vedado pelo artigo 1.055, § 2º, do Código Civil para as sociedades limitadas – razão pela qual autores como Fabrício Oliveira e Amanda Ramalho reputam inviável o *vesting* para este tipo societário[40] – e também nas sociedades anônimas, por previsão expressa do artigo 7º da Lei nº 6.404/1976:

> Art. 1.055. O capital social divide-se em quotas, iguais ou desiguais, cabendo uma ou diversas a cada sócio.
> (...)
> §2º É vedada contribuição que consista em prestação de serviços.
> Art. 7º O capital social poderá ser formado com contribuições em dinheiro ou em qualquer espécie de bens suscetíveis de avaliação em dinheiro.

Como se vê, a integralização do capital social com prestação de serviços encontra expressas vedações tanto no Código Civil brasileiro, no que tange às sociedades

---

37. VEIGA, Marcelo Godke; PENIDO, Karen. Contrato com colaboradores. In: OIOLI, Erik Frederico (Coord.). *Manual de direito para startups*. São Paulo: Thomson Reuters Brasil, 2019, p. 97.
38. BRITTO, Felipe Lorenzi de; FIGUEIREDO, Fernanda Balieiro; BUENO, Iva Maria Souza. *Stock options*: os planos de opção de compra de ações. São Paulo: Almedina, 2017, p. 45.
39. MARTINS, Sérgio Pinto. *Direito do trabalho*. 24. ed. São Paulo: Atlas, 2008, p. 233.
40. OLIVEIRA, Fabrício Vasconcelos de; RAMALHO, Amanda Maia. O contrato de *vesting*. *Revista da Faculdade de Direito da UFMG*, n. 69, pp. 183-200, Belo Horizonte, jul./dez. 2016, p. 189.

limitadas, quanto na Lei nº 6.404/1976,[41] que regula as sociedades anônimas. Tais vedações visam garantir que o capital social, que serve como garantia aos credores e um indicativo da saúde financeira da sociedade empresária, seja constituído por bens tangíveis e líquidos, capazes de serem avaliados e liquidados em caso de necessidade. Neste contexto, a aplicação de um *vesting* baseado em condição suspensiva pode implicar em riscos de não conformidade com essas normas, uma vez que a estruturação de tal mecanismo pode ser interpretada como uma tentativa de integralização do capital com prestação de serviços futuros, o que é vedado pelas legislações mencionadas. A solução para mitigar esses riscos passa pela consideração de mecanismos alternativos que estejam em conformidade com as disposições legais, como a utilização de opções de compra de ações ou quotas, que só se tornam efetivas mediante o cumprimento de determinadas condições, sem que isso implique em integralização de capital com prestação de serviços, respeitando, assim, a exigência de que o capital social seja formado por ativos tangíveis e avaliáveis em termos monetários.

A nível jurisprudencial, já se vislumbrou muita confusão conceitual entre *vesting* e *cliff*, a exemplo do seguinte trecho de decisão proferida pelo Tribunal Regional do Trabalho da 3ª Região, no Recurso Ordinário Trabalhista nº 0115000-58.2009.5.03.0023: "Revestem-se de inteira validade as cláusulas contratuais que fixam carências (*vesting*) para as chamadas *stock options* (opção facilitada, com preços pré-fixados, para aquisição futura de ações da empresa) (...)".[42]

Decisões desse jaez representam um percalço, na medida em que a mistura de conceitos explicita riscos indesejáveis para o esperado fomento ao empreendedorismo. Não obstante, há decisões importantíssimas que fazem distinções pertinentes, a exemplo da seguinte, proferida pelo Tribunal Superior do Trabalho:

> OPTION PLANS. NATUREZA SALARIAL. Não se configura a natureza salarial da parcela quando a vantagem percebida está desvinculada da força de trabalho disponibilizada e se insere no poder deliberativo do empregado, não se visualizando as ofensas aos arts. 457 e 458 da CLT. Os arestos colacionados revelam-se inservíveis, nos termos da Súmula nº 296 do TST e do art. 896 da CLT. Recurso não conhecido.[43]

Precedentes juslaborais mais recentes também sinalizam essa mesma conclusão, deixando claro o contexto específico das *stock options*:

---

41. É importante citar, ademais, o artigo 80 da Lei nº 6.404/1976, que dá detalhes sobre como deve se dar a composição do capital social integralizado da companhia: "Art. 80. A constituição da companhia depende do cumprimento dos seguintes requisitos preliminares: I – subscrição, pelo menos por 2 (duas) pessoas, de todas as ações em que se divide o capital social fixado no estatuto; II – realização, como entrada, de 10% (dez por cento), no mínimo, do preço de emissão das ações subscritas em dinheiro; III – depósito, no Banco do Brasil S/A., ou em outro estabelecimento bancário autorizado pela Comissão de Valores Mobiliários, da parte do capital realizado em dinheiro".
42. BRASIL. Tribunal Regional do Trabalho da 3ª Região. *Recurso Ordinário Trabalhista nº 0115000-58.2009.5.03.0023*, julgado em 17 de maio de 2011. Relatora Juíza do Trabalho Convocada Wilmeia da Costa Benevides. DEJT 16/05/2011, p. 124.
43. BRASIL. Tribunal Superior do Trabalho. *Recurso de Revista nº 3273/1998-064-02-00.7*, julgado em 15 de março de 2006. Relator Min. Barros Levenhagen. DJ 15/03/2006.

STOCK OPTION PLAN. PLANOS DE OPÇÃO DE COMPRA DE AÇÕES. NATUREZA SALARIAL NÃO CARACTERIZADA. Na hipótese, o Tribunal Regional registrou que o autor não se desincumbiu do ônus de provar que as ações foram adquiridas a título gratuito e as provas dos autos demonstraram a natureza jurídica não salarial do negócio. O exame da tese recursal em sentido contrário esbarra no teor da Súmula nº 126 do TST, pois demanda o revolvimento dos fatos e das provas. Recurso de revista que não se conhece.[44]

Em igual sentido, reconhecendo que o *vesting* e as *stock options* não possuem natureza salarial, tem-se o Agravo em Recurso de Revista do TST nº 2843-80.2011.5.02.0030:

(...) de acordo com as regras do Plano das Incentive Shares, ao qual o autor anuiu e aderiu para poder participar (...) tinha uma expectativa de ganho vinculada a condições temporais para o resgate das unidades, dentre as quais, a perda do direito na hipótese de demissão voluntária. (...) o autor se demitiu antes de completar três anos de trabalho e, portanto, não faz jus ao pagamento pretendido.[45]

De fato, a análise jurisprudencial demonstra que "a Justiça do Trabalho considera que um plano de "*stock option*" não terá natureza remuneratória desde que não seja concedido de forma gratuita, devendo o empregado pagar um determinado preço pela aquisição das ações".[46]

Assim, em termos trabalhistas, há que se considerar o entrelaçamento entre o microssistema societário inerente ao direito empresarial e o direito do trabalho, que suscita dúvidas, mormente porque "instrumentos estrangeiros não podem simplesmente ser importados sem a necessária adequação, o que pode resultar em problemas como o descrito",[47] e, por esse exato motivo, impõe-se considerar possibilidades de ressignificação da estrutura trabalhista, que poderia até ser chamado de direito do colaborador, em especial a partir de estruturas como *marketplace, on-demand* e *online-to-offline (O2O)*.[48]

4.4.2 O fomento ao empreendedorismo a partir do *vesting*

A par de todas as considerações apresentadas, observa-se que o papel do *vesting* empresarial transcende os modelos clássicos de inovação e empreendedorismo, particularmente quando se investiga o papel da tecnologia na reedição de vetustos institutos jurídicos, à luz de um novo direito empresarial, interligado ao direito dos contratos, ao direito digital e com desdobramentos de todas as naturezas. O foco é fomentar o investimento e a criatividade no mercado, permitindo apoio financeiro sem a necessidade de se tornar sócio, algo crucial para a inovação e prosperidade econômica, combatendo a

---

44. BRASIL. Tribunal Superior do Trabalho. *Agravo em Recurso de Revista nº 20900-85.2007.5.15.0108*, julgado em 11 de março de 2015. Relator Min. Cláudio Mascarenhas Brandão. DJ 20/03/2015.
45. BRASIL. Tribunal Superior do Trabalho. *Agravo em Recurso de Revista nº 2743-80.2011.5.02.0030*, julgado em 18 de novembro de 2015. Relatora Min. Maria Cristina Irigoyen Peduzzi. DJ 20/11/2015.
46. BRITTO, Felipe Lorenzi de; FIGUEIREDO, Fernanda Balieiro; BUENO, Iva Maria Souza. *Stock options*: os planos de opção de compra de ações. São Paulo: Almedina, 2017, p. 93.
47. FEIGELSON, Bruno; NYBØ, Erik Fontenele; FONSECA, Victor Cabral. *Direito das startups*. São Paulo: Saraiva, 2018, p. 207.
48. FEIGELSON, Bruno; NYBØ, Erik Fontenele; FONSECA, Victor Cabral. *Direito das startups*. São Paulo: Saraiva, 2018, p. 212.

burocracia opressiva que historicamente tem dificultado o desenvolvimento de novos negócios e práticas econômicas no Brasil.[49]

Eric Ries aponta que os métodos de gestão tradicionais não se aplicam adequadamente às *startups*,[50] o que passa a reclamar de empreendedores um esforço revisional e criativo voltado à delimitação de novos institutos capazes de unir tal disciplina jurídica aos novos modelos de negócio.

Por essa razão, o fomento ao empreendedorismo perpassa por um estudo multitudinário, na medida em que "[s]ão vários os aspectos do direito que precisam ser observados pelo empreendedor, entretanto, nenhum é tão esquecido ou desconsiderado quanto a necessidade de formalizar as expectativas dos fundadores de um empreendimento ou *startup*",[51] o que acaba por impor, em especial aos profissionais do direito, o dever de repensar ferramentas de planejamento jurídico condizentes com a proposta de reestruturar o tratamento atribuído às *startups*.

4.5 O *VESTING* COMO ELEMENTO DOS CONTRATOS RELACIONAIS

Na exata medida em que o *vesting* se materializa no curso do tempo, sendo marcado pela presença de variáveis que tornem dificultosa a previsibilidade de todos os desfechos possíveis para a relação contratual, parece viável afirmar que a cláusula de *vesting*, quando presente em um acordo de parceria, materializará um contrato relacional.

O tempo se torna fator importante para tal estruturação e é desejável que seu dimensionamento seja suficientemente longo para viabilizar a formação da fidúcia entre os envolvidos, mas não excessivamente longo, a ponto de gerar o indesejado efeito do afastamento entre eles.

É o que ponderam Marcelo Godke Veiga e Karen Penido:

> Note-se que o vesting pode ter outro efeito curioso (e negativo): ao se contratar uma pessoa para trabalhar na sociedade, o que se espera é que a escolha certa tenha sido feita, com grandes expectativas em relação ao talento que se traz para a empresa. No entanto, justamente o oposto pode se ver: não raro, a pessoa contratada não possui todo o talento que se esperava, ou até mesmo passa por problema de adaptação à cultura empresarial da contratante.[52]

---

49. MAMEDE, Gladston. Possibilidades jurídicas inovadoras para engenharia de capital e gestão empresarial: uma leitura das Leis Complementares 182/2021 e 123/2006. In: OLIVEIRA, Fabrício de Souza; FALEIROS JÚNIOR, José Luiz de Moura (Coord.). *Direito, governança corporativa e startups*. Indaiatuba: Foco, 2024. p. 173.
50. *Cf.* RIES, Eric. *The lean startup*: how today's entrepreneurs use continuous innovation to create radically successful businesses. Nova York: Crown, 2011.
51. LOPES, Alan Moreira; TEIXEIRA, Tarcísio. Direito no empreendedorismo – *entrepreneurship law*. In: TEIXEIRA, Tarcísio; LOPES, Alan Moreira. *Startups e inovação*: Direito no empreendedorismo. Barueri: Manole, 2017, p. 10.
52. VEIGA, Marcelo Godke; PENIDO, Karen. Contrato com colaboradores. In: OIOLI, Erik Frederico (Coord.). *Manual de direito para startups*. São Paulo: Thomson Reuters Brasil, 2019, p. 96.

Exatamente pelo fato de se antever a possibilidade de que uma relação duradoura possa não corresponder às expectativas traçadas é que o *vesting* deve ser aferido com parcimônia. O início das tratativas não revelará todas as particularidades da relação de longo prazo. Nesse sentido, as lições de Ronaldo Porto Macedo Júnior indicam reflexos da complexidade contratual pós-moderna exatamente porque, retomando algumas características do paradigma liberal, situam os contratos relacionais em um novo campo para a compreensão da moderna teoria dos contratos.[53]

De acordo com Rafael Renner:

> (...) por sua característica prospectiva, é possível (e muito frequente) que o contrato vá sendo complementado, normativamente, ao longo da sua execução, face à dificuldade de assegurar todos os termos e condições quando da sua formação. O elemento confiança no parceiro é exacerbado nos contratos relacionais, pois o inter-relacionamento entre os contratantes e a sua conduta de cooperação são fundamentais para o bom e correto cumprimento do vínculo. Todas as partes, independentemente de estarem diretamente vinculadas na relação contratual de base, devem nutrir um sentimento de auxílio e solidariedade para com o escopo contratual.[54]

De fato, se a história modifica a forma como se formam as relações entre os homens, é fato que os contratos relacionais se aproximam da disciplina policontextural das relações contratuais assimétricas, a ponto de revelar consistências que, para a moderna teoria contratual, justificam a aplicação de remédios como a rescisão por lesão ou a resolução por onerosidade excessiva e, para alguns, até mesmo a possibilidade de revisão.[55]

Fato é que o *vesting* estruturado para perdurar por período muito longo pode não refletir a melhor técnica relacional. Por isso, é prudente que se adote mecanismos de revisão e readequação dos objetivos traçados, sempre em comum acordo, o que pode se dar pelos próprios *cliffs*. Explico: reuniões podem ser organizadas, com periodicidade menor (semestral, quadrimestral, trimestral...) para que os contratantes analisem a evolução do cumprimento das metas estabelecidas para o parceiro negocial, com a possibilidade e a liberdade de, também, revisarem o dimensionamento temporal do *vesting*, ampliando-o ou reduzindo-o. Em todos esses momentos, é importante que também se possa viabilizar o fim da relação contratual por diversos gatilhos, como o próprio não atingimento das metas ou até mesmo pela incompatibilidade de propósitos na eventualidade de ser necessário o redimensionamento temporal do pacto.

Para tais situações, especialmente pelo fato de o *vesting* ser usual nos estágios iniciais do negócio – sendo particularmente utilizado, como se viu, no *bootstrapping* de

---

53. MACEDO JÚNIOR, Ronaldo Porto. *Contratos relacionais e defesa do consumidor*. São Paulo: Max Limonad, 1988, p. 155.
54. RENNER, Rafael. *Novo direito contratual*: a tutela do equilíbrio contratual no Código Civil. Rio de Janeiro: Freitas Bastos, 2007, p. 131.
55. FALEIROS JÚNIOR, José Luiz de Moura. Contratos relacionais e *vesting* empresarial nos instrumentos de parceria para startups de base tecnológica. *Revista Fórum de Direito Civil*, Belo Horizonte, ano 10, n. 26, p. 13-42, jan./abr. 2021, p. 23-26.

uma *startup* – a definição de cláusula com a previsão da contratação de seguros pode acobertar riscos relacionados ao fim prematuro da relação contratual.

É o que explicam Marcelo Godke Veiga e Karen Penido, que descrevem a peculiar situação em que possa ser necessário "acelerar" o *vesting* para garantir o cumprimento de direitos de todos os envolvidos e, reportando-se à doutrina de Edwin L. Miller Jr. ("*Lifecycle of a technology company*"), sugerem a contratação de seguros: "O ideal, segundo Miller Jr., seria que fossem contratados seguros para lidar com tais situações, o que, ao mesmo tempo, não onera a sociedade e permite algum tipo de compensação financeira ao contratado".[56]

Sem dúvidas, a depender da materialização da parceria consolidada pela presença de uma cláusula de *vesting*, ter-se-á uma relação assimétrica condizente com a intervenção estatal – não por desequilíbrio intrínseco,[57] como ocorre nas relações de consumo, mas por um desbalanceamento diverso, uma relação interempresarial B2b –, derivada do caráter prospectivo desses pactos e pelo desnivelamento técnico-informacional entre os partícipes da relação empresarial relacional.

A aplicação do *terzo contratto* definido por Roppo como solução adequada ao reconhecimento e à efetivação das relações interempresariais assimétricas atípicas, ou B2b, depende exatamente da percepção aguçada dos envolvidos na estruturação negocial, o que se desenvolve com o tempo – para bem ou para mal – e tem o condão de sinalizar o sucesso ou insucesso da parceria.

Anotou-se, no curso desta obra, que a própria natureza complexa das atividades baseadas em alta tecnológica, tão comum às *startups*, viabiliza a formatação de relações contratuais duradouras em função da ampla gama de parceiros que podem se envolver nos trabalhos de alavancagem de determinado modelo de negócio. Para tais casos, a cooperação será fundamental e, em havendo carência regulatória mais específica, constatou-se que a governança será desejável para reafirmar a viabilidade desses empreendimentos. E isso vale para o acautelamento dos envolvidos no momento da redação do contrato original e também na formalização de eventuais aditivos contratuais relacionados à aferição dos *cliffs*.

Por todo o exposto, parece claro que o *vesting* empresarial não pode ser encarado como espécie contratual, mas, sim, como ferramenta relacional a ser utilizada em contratos de parceria (com possibilidade de alocação de seus detalhes até mesmo no contrato social) para o fomento de parcerias nos estágios iniciais de uma *startup*, quando se tem pouco capital e a oferta de participação societária (quotas ou ações) a

---

56. VEIGA, Marcelo Godke; PENIDO, Karen. Contrato com colaboradores. In: OIOLI, Erik Frederico (Coord.). *Manual de direito para startups*. São Paulo: Thomson Reuters Brasil, 2019, p. 97.
57. FALEIROS JÚNIOR, José Luiz de Moura. Contratos relacionais e *vesting* empresarial nos instrumentos de parceria para startups de base tecnológica. *Revista Fórum de Direito Civil*, Belo Horizonte, ano 10, n. 26, p. 13-42, jan./abr. 2021, p. 26.

um potencial parceiro surge como opção para a busca de *know-how* específico e que seja capaz de produzir resultados em prol da nova empresa.

O modelo usualmente trabalhado para o *vesting*, porém, apresenta riscos de ordem tributária, previdenciária e trabalhista que podem ser mitigados a depender da forma de estruturação do pacto. É preferível, por isso, a delimitação de metas e *cliffs* como condições resolutivas (e não suspensivas), o que dá a tônica do "*vesting* invertido" que será sintetizado no tópico seguinte.

4.6 O POTENCIAL DO "*VESTING* INVERTIDO"

O modelo dito "invertido" se operacionaliza pela definição de *cliffs* em torno de obrigações/metas previamente estabelecidas, mas que acarretarão resolução parcial (ou até total) do pacto, caso não sejam atingidas em momento futuro.[58]

Tendo em vista que o artigo 125 do Código Civil define que, "[s]ubordinando-se a eficácia do negócio jurídico à condição suspensiva, enquanto esta se não verificar, não se terá adquirido o direito, a que ele visa", há riscos de natureza tributária e previdenciária a se considerar para o *vesting*, pois, "no período de pendência, o titular de direito condicional não poderá exigir o cumprimento da obrigação, assim como o devedor não poderá ser compelido a pagá-la."[59]

Ademais, no caso das sociedades limitadas, pela previsão do artigo 1.055, §2º, do Código Civil, "[é] vedada contribuição que consista em prestação de serviços", embora seja exatamente isso o que se verificará no exemplo do *cliff* estipulado como condição suspensiva, pois, se não atingida determinada meta, o parceiro terá laborado[60] e não receberá qualquer contrapartida em quotas ou ações, gerando enriquecimento apenas para uma das partes, ainda que o risco tenha sido dimensionado. E, por outro lado, se o seu trabalho lhe render subscrição e integralização de parcela do capital social, ao menos na hipótese das sociedades de pessoas, as quotas recebidas resultarão de nefasta infringência ao citado § 2º.

Tudo isso foi devidamente explorado anteriormente, e, além do ganho de capital que traz impactos tributários, do aumento do salário-contribuição que acarreta conse-

---

58. FALEIROS JÚNIOR, José Luiz de Moura. Contratos relacionais e *vesting* empresarial nos instrumentos de parceria para startups de base tecnológica. *Revista Fórum de Direito Civil*, Belo Horizonte, ano 10, n. 26, p. 13-42, jan./abr. 2021, p. 38-39.
59. MENKE, Fabiano. Arts. 104 a 185. In: NANNI, Giovanni Ettore (Coord.). *Comentários ao Código Civil*: direito privado contemporâneo. São Paulo: Saraiva, 2019, p. 216.
60. A esse respeito, anota Manoel de Queiroz Pereira Calças: "Outrossim, conforme preceitua o §2º, na sociedade limitada é proibida a contribuição de sócio que consista em prestação de serviços, o que significa que não se admite sócio de indústria ou de serviço. Sob a ótica dessa norma constata-se que, da mesma forma que ocorre com a sociedade anônima, na sociedade limitada só são admitidos sócios capitalistas que contribuam com pecúnia ou bens de qualquer espécie suscetíveis de avaliação em dinheiro". CALÇAS, Manoel de Queiroz Pereira. Arts. 997 a 1.092. In: NANNI, Giovanni Ettore (Coord.). *Comentários ao Código Civil*: direito privado contemporâneo. São Paulo: Saraiva, 2019, p. 1437.

quências previdenciárias, da possível desvirtuação da estrutura contratual a partir da violação à norma que veda contribuição consistente em prestação de serviços, ainda se correrá o risco de que uma estrutura estabelecida para distanciar a *startup* do vínculo trabalhista acabe, ao revés, por configurá-lo.

Nesse contexto, para que seja plausível a mitigação desses riscos, propõe-se o "*vesting* invertido", que nada mais é que uma estrutura contratual que, ao invés de condicionar obrigações/metas ao implemento de evento futuro, incerto e condicional, trabalha com a modalidade resolutiva do mencionado elemento acidental do negócio jurídico.

Pela dicção do artigo 127 do Código Civil, "[s]e for resolutiva a condição, enquanto esta se não realizar, vigorará o negócio jurídico, podendo exercer-se desde a conclusão deste o direito por ele estabelecido". Desse modo, o que muda é a possibilidade de transmissão, desde logo, da participação societária ao parceiro. Como consequência do não cumprimento da obrigação ou meta, resolve-se o contrato quanto ao percentual reservado para o *cliff* específico.

Essa estrutura permite suplantar os principais riscos mencionados e, de forma lícita, contribui para o estabelecimento de um modelo contratual relacional mais seguro para todos os envolvidos e, consequentemente, mais adequado ao florescimento da desejada fidúcia.

CONSIDERAÇÕES FINAIS

No curso do presente trabalho, para fins de recorte metodológico, estudou-se o *vesting* empresarial, instituto importado do direito norte-americano e adaptado ao sistema jurídico brasileiro no campo das inovações voltadas ao campo societário, tendo o intuito de identificar como sua instituição em documentos e sua aplicabilidade prática permitem a formalização de parcerias de baixo custo e alto retorno, haja vista o incentivo gerado aos parceiros empresariais.

Em uma análise histórico-evolutiva, investigou-se o papel dos contratos nos momentos mais importantes das relações humanas, demonstrando como esse repensar das relações negociais, particularmente na hodierna pós-modernidade, permeada pelo amálgama da tecnologia, impõe ao direito nova morfologia para suas bases estruturantes.

Destacou-se, ainda, que o vetusto método de adesão societária, com a divisão das cotas de modo absoluto, garantindo aos sócios que as repartem a propriedade da parte da empresa que cabe a cada um, perdeu sua prevalência no canvas jurídico que se impõe aos operadores do direito que trabalham com inovação e empreendedorismo.

Noutras palavras, pelo modelo tradicional, a partir da entabulação do contrato social, com a subscrição e integralização das cotas, os sócios adquirem imediatamente a sua participação na empresa, o que lhes gera diversos direitos. Por outro lado, práticas que fogem ao modelo tradicional, como o *vesting*, rompem este paradigma ao viabilizar maior controle a quem detém a ideia original que dará ensejo ao modelo de negócio, permitindo sua associação a terceiros que, ao cumprirem determinadas metas previamente estabelecidas em contrato, poderão vir a adquirir parcelas do capital social.

Demonstrou-se que este modelo de parceria tem se tornado cada vez mais comum no Brasil em relação às *startups* em *bootstraping* (baixo ou nenhum investimento), justamente em virtude de seu formato, que permite à *startup* um processo crescente de maturação e desenvolvimento de suas atividades pelo fornecimento de *equity* (um percentual de participação no capital social da empresa) a um profissional.

Com isso, constatou-se que, por contrato, são definidas as responsabilidades e metas deste profissional, que, se vier a desempenhar seu papel com a qualidade esperada, atingindo as metas estabelecidas, automaticamente se tornará um sócio, e poderá angariar mais percentual de cotas à medida em que novas metas forem atingidas. Por outro lado, caso não produza como o esperado, ou caso o seu perfil se mostre inadequado, o contrato poderá ser rescindido sem maiores riscos de uma dissolução societária.

Demonstrou-se que o *vesting* é o elemento nuclear de um contrato civil com condições (preferencialmente resolutivas), definindo marcos específicos para o crescimento da empresa, com mitigação e contingenciamento de riscos e de eventuais prejuízos decorrentes no insucesso, na medida em que o piquete obrigacional estará atrelado à possibilidade de resolução (total ou parcial) do contrato em relação ao adquirente.

Noutros termos, a despeito da aparente clareza conceitual, quando se diz que o Brasil importou o conceito de *vesting* de forma incompleta em comparação com o direito norte-americano, esclareceu-se que a consideração da aquisição de participação societária em níveis paulatinos conduz a uma gama de problemas ulteriores que essa leitura rasa acarreta, e tais problemas estão atrelados a questões tributárias, previdenciárias e trabalhistas.

Desse modo, encarar o *vesting* como resultado de uma obrigação, ainda que tomada sob a ótica da reciprocidade, implicaria dizer que o atingimento de uma meta previamente estabelecida atribuiria direitos decorrentes do vínculo obrigacional traçado, tornando o parceiro negocial credor (*accipiens*) da sociedade (*solvens*), que precisaria perpassar por uma redistribuição de capital social para consolidar esses novos direitos adquiridos pelo interessado. E esse processo precisaria se repetir todas as vezes que uma nova meta fosse atingida (na forma de condição suspensiva).

O raciocínio do chamado "*vesting* invertido" – assim batizado após forte aceitação do modelo na prática advocatícia, em momento posterior à publicação da primeira edição da obra – pode conduzir a melhor resultados. Basicamente, o que se sugere é considerar que, pela mera assinatura do contrato já se possa consolidar a aquisição de todo o percentual do capital social reservado para o parceiro que contrata o *vesting*, porém, submetendo a eficácia desse negócio jurídico a uma condição resolutiva, pela qual o interessado se torna, desde logo, participante da sociedade e, não cumprindo as metas estabelecidas, resolve-se o contrato em relação a ele, total ou parcialmente.

Como se viu, em sintonia com abalizada doutrina, a condição suspensiva pode ser classificada em três subespécies: na pendência do evento futuro e incerto (*conditio pendet*), em função do implemento da condição (*conditio existit*) e no caso de sua frustração (*conditio deficit*). Todavia, a condição suspensiva – embora frequentemente utilizada na prática – não é o melhor instrumento para a formatação do *vesting* pelo fato de suas três subespécies não permitirem perfeita caracterização do objetivo precípuo do vínculo contratual relacional.

Quanto à primeira subespécie – *conditio pendet* – destacou-se que o evento futuro e incerto conduz a uma mera expectativa que acirra riscos e cria verdadeira 'zona cinzenta' trabalhista, pois o que se tem, no *vesting*, é a atuação de um parceiro nas atividades empresariais pelo emprego de seus talentos e habilidades em prol do florescimento da sociedade. Se, em contrapartida, o que a ele for oferecida se convolar em mera expectativa de direito, projetada em razão de evento futuro e incerto, o contrato se tornará frágil a ponto de poder ser descaracterizado pela presença de eventuais elementos condizentes com os princípios essenciais da relação de emprego.

Com relação às outras duas subespécies, demonstrou-se sua incompatibilidade com o *vesting* pelas seguintes razões: primeiramente, porque não faria sentido tratar como condição na subespécie *conditio existit* um ato que retroage de forma incompleta, não atingindo interesses de terceiros (que podem ser, no *vesting*, outros cotistas ou acionistas afetados pelo incremento da repartição do capital social) e que não acarreta mudanças quanto à percepção dos frutos, que, a depender da escalabilidade do negócio e do potencial disruptivo que gera quanto à percepção de frutos civis (imagine-se que o objeto da *startup* envolva a criação e veiculação de ativos financeiros, como *non-fungible tokens*, por exemplo); em segundo lugar, porque também não há razão que justifique a formatação do *vesting* na subespécie *conditio deficit*, uma vez que, se implementada, tem como desdobramento a eliminação de todos os efeitos produzidos no curso da relação jurídica, como se ela nunca tivesse existido, algo incoerente e contraditório com a própria intenção do *vesting*, que pressupõe empenho e trabalho do parceiro negocial para alavancar o negócio.

A solução adequada é hialina: em se tratando de crédito submetido a uma condição resolutiva, o implemento desta tem como consequência justamente o equacionamento do negócio jurídico, preservando direitos na exata proporção do que se cumpriu.

Explicou-se que, além de um instrumento de segurança jurídica para os sócios, o *vesting* pode ser utilizado para a motivação dos mesmos e até de seus investidores, na medida em que permite gerar maior interesse na continuidade da empresa com o aumento progressivo na participação de cada um nas atividades empresariais.

Também se demonstrou como é possível, até mesmo, realizar a "aceleração" do *vesting* em situações nas quais o tempo previsto para a consolidação das cotas é reduzido de acordo com o previsto no contrato social. Geralmente, essas situações ocorrem quando há proposta de venda da empresa antes do fim do prazo de consolidação do *vesting* ou mesmo quando ocorre a entrada de novos sócios na empresa, sendo necessário reorganizar o quadro societário, dentre outras situações que exigem reformulação nas participações de cada um.

O fundamento legal para essa definição pode ser obtido da leitura do inciso IV do art. 997 do Código Civil, que é categórico ao definir que deve ser objeto do contrato social a definição da "cota de cada sócio no capital social, e o modo de realizá-la". Dessa forma, utilizar outro instrumento contratual apenas para dispor sobre o capital social da *startup* significa ir de encontro ao disposto na legislação própria sobre o tema.

O objeto de estudo específico contemplou, ainda, o empreendedorismo de base tecnológica, com ênfase nas empresas que exploram suas atividades a partir do uso da tecnologia da informação, notadamente da Internet, e, partindo da concepção de que uma *startup* é uma instituição destinada à criação de um novo produto ou serviço em condições incertas também do ponto de vista jurídico, foram revisitadas as principais consequências visualizadas para este tipo de empreitada e para as fórmulas capazes de mitigá-las, dando-se destaque ao *vesting* como elemento facilitador da aproximação entre partes que comungam de um mesmo propósito, com baixo risco, embora não se possa dizer que seja um contrato em espécie.

O tema-problema derivado da importância de se compreender os novos direitos contratuais, como o *vesting* empresarial, para o estudo do Direito dos Contratos e do Direito Empresarial, denota a relevância da adequada estruturação metodológica em torno das relações e interações entre tal instituto e o fomento ao empreendedorismo de base tecnológica. Há importantes gatilhos para o crescimento das *startups*, em contraposição aos embaraços jurídicos que nem sempre são solucionados pelas técnicas jurídicas usuais, sendo necessário recorrer a soluções diversas, como o implemento do *vesting*, mas de forma lateral ou subjacente.

A hipótese de pesquisa se revelou adequada, na medida em que o fomento ao empreendedorismo propicia o surgimento de novas ideias e este é o intuito almejado (propósito maior), cuja implementação, dado o avanço contínuo da tecnologia, ocorre cada vez mais no plano da Internet para a criação de modelos de negócio incrementais ou disruptivos, que se coadunam com a proposta de inovação e rompem com os arquétipos usuais, o que permitiu concluir que existe a necessidade de mitigação de riscos e de contingenciamento de custos para que novos institutos jurídicos possam viabilizar a consolidação e a alavancagem da empresa.

Nesse contexto, a lei de fomento à inovação (Lei nº 10.973/2004) foi lembrada, bem como o conceito de inovação definido em seu artigo 2º, inciso IV, para sinalizar a conexão que existe entre instrumentos como o *vesting* e a introdução de algum tipo de novidade ou o aperfeiçoamento, no ambiente produtivo e social, de que resultem produtos, serviços ou processos, ou que compreenda a agregação de novas funcionalidades ou características aos já existentes, propiciando melhorias e efetivo ganho de qualidade ou desempenho empresarial.

O recente Marco Legal das *Startups* (Lei Complementar nº 182/2021) também foi lembrado e explorado com detalhes, especialmente quanto a seus méritos no que concerne à delimitação de instrumentos de investimento – que não são o objetivo central do *vesting* – e, embora se tenha reconhecido que o legislador brasileiro perdeu importante chance de legislar sobre o tema, o fato de se aclarar quais são os principais instrumentos de investimento para *startups* propicia melhor alocação dogmática dos eixos de discussão em torno da importação de instituto estrangeiro que nem sempre é aplicado com a melhor técnica.

Para além disso, estudou-se em detalhes a disciplina dos contratos relacionais – estes, sim, entendidos como tema fulcral para o *vesting* –, cuja característica preponderante é seu aspecto prospectivo e direcionado à consolidação da fidúcia, e defendeu-se que os contratos de parceria com cláusula de *vesting* se enquadram, de fato, nessa disciplina, denotando o propósito maior de alavancagem empresarial como objeto principal do contrato e a alocação de participação societária como objeto secundário, a conduzir à afirmação de que não se tem, no *vesting*, uma espécie contratual.

A formação dos contratos relacionais em decorrências da realidade policontextural do hodierno direito privado também desafia a moderna teoria dos contratos a solucionar questões concernentes à citada fidúcia, que deve imperar em modais inter-relacionais que dependam do mutualismo solidário entre os contratantes.

Em resumo, para que o empreendedorismo conviva com o primado da justiça contratual almejado a partir da intervenção estatal em prol do equilíbrio nas relações contratuais, certos experimentos que consubstanciem aberturas ou flexibilizações (se assemelhando às características do modelo liberal de contrato) devem ser harmônicos ao objeto nuclear desses tipos contratuais, abrindo espaço à assimetria contratual atípica nas relações B2b – onde o *vesting* melhor se aloca.

Enfim, pode-se afirmar que, independentemente de ser tratado como contrato em espécie ou mera cláusula contratual, o *vesting* sempre estará atrelado à presença de um elemento acidental do negócio jurídico: a condição. Entretanto, a se considerar o modelo de aquisição paulatina e a transferência da participação societária por condição suspensiva, que condicione a eficácia do negócio jurídico a evento futuro e incerto sob qualquer das três subespécies mencionadas, de fato, o atingimento das metas garantirá aquisição de crédito (equivalente ao percentual de quotas/ações do capital social).

Por outro lado, considerando-se a aquisição *ab initio*, por condição resolutiva, uma vez consolidada toda a transferência do capital social reservado ao parceiro negocial, se atingidas as metas, nada se altera, ao passo que o não atingimento das metas acarretará, ao menos, resolução parcial do pacto. Se nada for atingido, resolve-se integralmente o pacto a nível obrigacional, não criando 'zonas cinzentas' de risco trabalhista ou ceifando direitos laterais, como os de terceiros (outros sócios) ou a percepção de frutos. O modelo dito "invertido" se operacionaliza pela definição de *cliffs* em torno de obrigações/metas previamente estabelecidas, mas que acarretarão resolução parcial (ou até total) do pacto, caso não sejam atingidas em momento futuro.

REFERÊNCIAS

AGUIAR JÚNIOR, Ruy Rosado de. A boa-fé na relação de consumo. *Revista de Direito do Consumidor*, São Paulo, v. 14, p. 20-27, abr./jun. 1995.

AGUIAR JÚNIOR, Ruy Rosado de. Contratos relacionais, existenciais e de lucro. *Revista Trimestral de Direito Civil*, Rio de Janeiro, v. 45, p. 91-110, jan./mar. 2011.

ALMEIDA, Carlos Ferreira de. *Direito do consumo*. Coimbra: Almedina, 2005.

ALMEIDA, Carlos Ferreira de. *Os direitos dos consumidores*. Coimbra: Almedina, 1982.

AMARAL, Francisco. A autonomia privada com princípio fundamental da ordem jurídica: perspectivas estrutural e funcional. *Doutrinas Essenciais de Direito Civil*, v. 2, p. 579-606, out. 2010.

AMARAL, Francisco. *Direito civil*: introdução. 5. ed. Rio de Janeiro: Renovar, 2003.

ANDRADE, Adriana de; ROSSETTI, José Paschoal. *Governança corporativa*: fundamentos, desenvolvimento e tendências. São Paulo: Atlas, 2009.

ANDRADE, Thales de. Inovação tecnológica e meio ambiente: a construção de novos enfoques. *Ambiente & Sociedade*, [S.l], v. VII, n. 1, p. 91, jan./jun. 2004.

ANDREESEN, Marc. *The PMARCA guide to startups*. 25 de junho de 2007. Disponível em: https://pmarchive.com/guide_to_startups_part4.html. Acesso em: 7 jul. 2024.

ANSOFF, Igor. *Strategic management*. Nova Jersey: John Wiley & Sons, 1979.

ANTUNES, Ricardo. *Os sentidos do trabalho*: ensaio sobre a afirmação e negação do trabalho. 2. ed. São Paulo: Boitempo, 2015.

ARAKE, Henrique. Estratégias de startups no tabuleiro legal: perspectivas da teoria dos jogos sobre os instrumentos de investimento em inovação. In: OLIVEIRA, Fabrício de Souza; FALEIROS JÚNIOR, José Luiz de Moura (Coord.). *Direito, governança corporativa e startups*. Indaiatuba: Foco, 2024.

ARAÚJO, Fernando. *Teoria económica do contrato*. Coimbra: Almedina, 2007.

ARENDT, Hannah. *A condição humana*. Tradução de Roberto Raposo. 10. ed. Rio de Janeiro: Forense, 2009.

ARISTÓTELES. *Ética a Nicômaco*. Tradução de Edson Bini. São Paulo: Edipro, 2002.

ARNAUD, André-Jean. *La gouvernance*: un outil de participation. Paris: LGDJ, 2014.

ARNAUD, André-Jean. *O direito entre modernidade e globalização*: lições de filosofia do direito e do Estado. Tradução de Patrice Charles Wuillaume. Rio de Janeiro: Renovar, 1999.

ASCENSÃO, José de Oliveira. *O direito, introdução e teoria geral*: uma perspectiva luso-brasileira. Rio de Janeiro: Renovar, 1994.

AZEVEDO, Antonio Junqueira de. O direito como sistema complexo e de 2ª ordem; sua autonomia. Ato nulo e ato ilícito. Diferença de espírito entre responsabilidade civil e penal. Necessidade de prejuízo para haver direito de indenização na responsabilidade civil. *Civilistica.com*, Rio de Janeiro, ano 2, n. 3, jul.-set. 2013.

BARAÑANO, Ana Maria. Gestão da inovação tecnológica: estudo de cinco PMEs portuguesas. *Revista Brasileira de Inovação*, Rio de Janeiro, n. 1, v. 4, 2005.

BARBOZA, Heloísa Helena. Perspectivas do direito civil brasileiro para o próximo século. *Revista da Faculdade de Direito da UERJ*, Rio de Janeiro, n. 6-7, 1998-1999.

BARCAROLLO, Felipe; BORNHAUSEN, Roberto Althoff Konder. Inteligência Artificial e *startups*: *sandbox* regulatório e autorregulação setorial. In: MORETTI, Eduardo; OLIVEIRA, Leandro Antonio Godoy (Org.). *Startups*: aspectos jurídicos relevantes. Rio de Janeiro: Lumen Juris, 2022. v. 2.

BAUMAN, Zygmunt. *Modernidade líquida*. Tradução de Plínio Dentzien. Rio de Janeiro: Zahar, 2001.

BAUMAN, Zygmunt. *O mal-estar da pós-modernidade*. Tradução de Mauro Gama e Cláudia Martinelli Gama. Rio de Janeiro: Zahar, 1998.

BAUMAN, Zygmunt; RAUD, Rein. *A individualidade numa época de incertezas*. Tradução de Carlo Alberto Medeiros. Rio de Janeiro: Zahar, 2018.

BECK, Ulrich. *O que é globalização? Equívocos do globalismo*: respostas à globalização. Tradução de André Carone. São Paulo: Paz e Terra, 1999.

BELCHIOR, Wilson Sales. Executivo apresenta marco legal das startups e do empreendedorismo inovador. *Consultor Jurídico*, 24 out. 2020. Disponível em: https://www.conjur.com.br/2020-out-24/belchior-executivo-apresenta-marco-legal-startups. Acesso em: 7 jul. 2024.

BELL, Daniel. *O advento da sociedade pós-industrial*: uma tentativa de previsão social. Tradução de Heloysa de Lima Dantas. São Paulo: Cultrix, 1973.

BENTHAM, Jeremy. *Os pensadores*. Tradução de João Marcos Coelho e Pablo R. Mariconda. 2. ed. São Paulo: Abril, 1979.

BERTONCINI, Rodrigo Junqueira. Sociedades Anônimas nas startups e a proposta do Marco Legal das Startups. In: MORETTI, Eduardo; OLIVEIRA, Leandro Antonio Godoy (Org.). *Startups*: aspectos jurídicos relevantes. Rio de Janeiro: Lumen Juris, 2022. v. 2.

BESSANT, John; TIDD, Joe. *Inovação e empreendedorismo*. Tradução de Elizamari Rodrigues Becker, Gabriela Perizzolo e Patrícia Lessa Flores da Cunha. Porto Alegre: Bookman, 2009.

BHATTACHARYA, Utpal; DAOUK, Hazem. When no law is better than a good law. *Review of Finance*, Oxford, v. 13, n. 4, p. 577-627, out. 2009.

BIANCA, C. Massimo. *Diritto civile*. 2. ed. Milão: Giuffrè, 2000, v. 3.

BITENCOURT, Carlos Antonio Leitoguinho; SANTANA, Fernando de Sousa; VIANA, Wellerson David; MILANI, Wilton Natal; FREITAS, José Henrique de. A gestão de pessoas e o desafio das organizações diante das Gerações "X", "Y" e "Z" no mercado de trabalho. *Anais do IV Fórum de Pesquisa Científica e Tecnológica de Ponte Nova*, Ponte Nova, v. IV, p. 08-27, 2017, p. 15-16. Disponível em: https://bit.ly/2C8qCZL . Acesso em: 7 jul. 2024.

BITTI, Eduardo Silva. Eficácia jurídica de mecanismos de governança em startups sob investimento decorrente de contratos de mútuo ou de debêntures conversíveis. In: OLIVEIRA, Fabrício de Souza; FALEIROS JÚNIOR, José Luiz de Moura (Coord.). *Direito, governança corporativa e startups*. Indaiatuba: Foco, 2024.

BIZELLI, Rafael Ferreira. *Contrato existencial*: evolução dos modelos contratuais. Rio de Janeiro: Lumen Juris, 2018.

BLANK, Steve. *The four steps to the epiphany*: successful strategies for products that win. 3. ed. Sussex: Quad/Graphics, 2007.

BLANK, Steve; DORF, Bob. *The startup owner's manual*: The Step-by-Step Guide for Building a Great Company. Pescadero: K&S Ranch, 2012.

BOBBIO, Norberto. *Dalla strutura alla funzione*. Milão: Edizioni di Comunità, 1977.

BOBBIO, Norberto. *Liberalismo e democracia*. Tradução de Marco Aurélio Nogueira. São Paulo: Edipro, 2017.

BOBBIO, Norberto. *Teoria do ordenamento jurídico*. Tradução de Ari Marcelo Solon. 2. ed. São Paulo: Edipro, 2014.

BONAVIDES, Paulo. *Do Estado Liberal ao Estado Social*. 10. ed. São Paulo: Malheiros, 2011.

BOURDIEU, Pierre. *Contrafogos 2:* por um movimento social europeu. Tradução de André Telles. Rio de Janeiro: Jorge Zahar, 2001.

BRASIL. *Lei Complementar nº 123, de 14 de dezembro de 2006*. Institui o Estatuto Nacional da Microempresa e da Empresa de Pequeno Porte; altera dispositivos das Leis nº 8.212 e 8.213, ambas de 24 de julho de 1991, da Consolidação das Leis do Trabalho – CLT, aprovada pelo Decreto-Lei nº 5.452, de 1º de maio de 1943, da Lei nº 10.189, de 14 de fevereiro de 2001, da Lei Complementar nº 63, de 11 de janeiro de 1990; e revoga as Leis nº 9.317, de 5 de dezembro de 1996, e nº 9.841, de 5 de outubro de 1999. Disponível em: https://www.planalto.gov.br/ccivil_03/leis/lcp/lcp123.htm. Acesso em: 7 jul. 2024.

BRASIL. *Lei Complementar nº 155, de 27 de outubro de 2016*. Altera a Lei Complementar nº 123, de 14 de dezembro de 2006, para reorganizar e simplificar a metodologia de apuração do imposto devido por optantes pelo Simples Nacional; altera as Leis nº 9.613, de 3 de março de 1998, 12.512, de 14 de outubro de 2011, e 7.998, de 11 de janeiro de 1990; e revoga dispositivo da Lei nº 8.212, de 24 de julho de 1991. Disponível em: https://www.planalto.gov.br/ccivil_03/leis/lcp/lcp155.htm. Acesso em: 7 jul. 2024.

BRASIL. *Lei Complementar nº 167, de 24 de abril de 2019*. Dispõe sobre a Empresa Simples de Crédito (ESC) e altera a Lei nº 9.613, de 3 de março de 1998 (Lei de Lavagem de Dinheiro), a Lei nº 9.249, de 26 de dezembro de 1995, e a Lei Complementar nº 123, de 14 de dezembro de 2006 (Lei do Simples Nacional), para regulamentar a ESC e instituir o Inova Simples. Disponível em: https://www.planalto.gov.br/ccivil_03/leis/lcp/lcp167.htm. Acesso em: 7 jul. 2024.

BRASIL. *Lei Complementar nº 182, de 1º de junho de 2021*. Institui o marco legal das startups e do empreendedorismo inovador; e altera a Lei nº 6.404, de 15 de dezembro de 1976, e a Lei Complementar nº 123, de 14 de dezembro de 2006. Disponível em: https://www.planalto.gov.br/ccivil_03/leis/lcp/lcp182.htm. Acesso em: 7 jul. 2024.

BRASIL. *Lei nº 10.973, de 2 de dezembro de 2004*. Dispõe sobre incentivos à inovação e à pesquisa científica e tecnológica no ambiente produtivo e dá outras providências. Disponível em: https://www.planalto.gov.br/ccivil_03/_ato2004-2006/2004/lei/l10.973.htm. Acesso em: 7 jul. 2024.

BRASIL. *Lei nº 13.243, de 11 de janeiro de 2016*. Dispõe sobre estímulos ao desenvolvimento científico, à pesquisa, à capacitação científica e tecnológica e à inovação e altera a Lei nº 10.973, de 2 de dezembro de 2004, a Lei nº 6.815, de 19 de agosto de 1980, a Lei nº 8.666, de 21 de junho de 1993, a Lei nº 12.462, de 4 de agosto de 2011, a Lei nº 8.745, de 9 de dezembro de 1993, a Lei nº 8.958, de 20 de dezembro de 1994, a Lei nº 8.010, de 29 de março de 1990, a Lei nº 8.032, de 12 de abril de 1990, e a Lei nº 12.772, de 28 de dezembro de 2012, nos termos da Emenda Constitucional nº 85, de 26 de fevereiro de 2015. Disponível em: https://www.planalto.gov.br/ccivil_03/_Ato2015-2018/2016/Lei/L13243.htm. Acesso em: 7 jul. 2024.

BRASIL. Tribunal Regional do Trabalho da 3ª Região. *Recurso Ordinário Trabalhista nº. 0115000-58.2009.5.03.0023*, julgado em 17 de maio de 2011. Relatora Juíza do Trabalho Convocada Wilmeia da Costa Benevides. DEJT 16/05/2011.

BRASIL. Tribunal Superior do Trabalho. *Agravo em Recurso de Revista nº. 20900-85.2007.5.15.0108*, julgado em 11 de março de 2015. Relator Min. Cláudio Mascarenhas Brandão. DJ 20/03/2015.

BRASIL. Tribunal Superior do Trabalho. *Agravo em Recurso de Revista nº. 2743-80.2011.5.02.0030*, julgado em 18 de novembro de 2015. Relatora Min. Maria Cristina Irigoyen Peduzzi. DJ 18/11/2011.

BRASIL. Tribunal Superior do Trabalho. *Recurso de Revista nº. 3273/1998-064-02-00.7*, julgado em 15 de março de 2006. Relator Min. Barros Levenhagen. DJ 15/03/2006.

BRITTO, Felipe Lorenzi de; FIGUEIREDO, Fernanda Balieiro; BUENO, Iva Maria Souza. *Stock options*: os planos de opção de compra de ações. São Paulo: Almedina, 2017.

BROWNSWORD, Roger. Network contracts revisited. In: AMSTUTZ, Marc; TEUBNER, Gunther (Ed.). *Networks*: legal issues of multilateral co-operation. Oxford: Hart Publishing, 2009.

BRZEZINSKI, Zbigniew K. *Between two ages*: America's role in the technetronic era. Nova York: Viking Press, 1971.

BULGARELLI, Waldirio. *Contratos mercantis*. 13. ed. São Paulo: Atlas, 2000.

BUONOCUORE, Vincenzo. Contratti del consumatore e contratti d´impresa. *Rivista di Diritto Civile*, Pádua: Cedam, n. 1, p. 01-41, gen./feb., 1995.

BURKE, Edmund. *Reflexões sobre a Revolução na França*. Tradução de Marcelo Gonzaga de Oliveira e Giovanna Louise Libralon. Campinas: Vide Editorial, 2017.

CALÇAS, Manoel de Queiroz Pereira. Arts. 997 a 1.092. In: NANNI, Giovanni Ettore (Coord.). *Comentários ao Código Civil*: direito privado contemporâneo. São Paulo: Saraiva, 2019.

CAMINHA, Lucas; COELHO, Gustavo Flausino. *Captação de recursos por startups*. São Paulo: Almedina, 2020.

CANARIS, Claus-Wilhelm. A liberdade e a justiça contratual na sociedade de direito privado. In: MONTEIRO, Antônio Pinto (Org.). *Contratos*: actualidade e evolução. Porto: Universidade Católica Portuguesa, 1997.

CANARIS, Claus-Wilhelm. *Direitos fundamentais e direito privado*. Tradução de Ingo Wolfgang Sarlet e Paulo Mota Pinto. Coimbra: Almedina, 2003.

CANARIS, Claus-Wilhelm. *Pensamento sistemático e conceito de sistema na ciência do direito*. Tradução do alemão para o português de António Menezes Cordeiro. Lisboa: Fundação Calouste Gulbenkian, 2002.

CANNING, Joseph. *A history of medieval political thought 300-1450*. Londres: Routledge, 1996.

CARBONIER, Jean. *Droit et passion du droit*. Paris: Flammarion, 1996.

CARLINI, Paola. Contratto e patto nel diritto medievale e moderno. *Digesto delle Discipline Privatistiche – Sezione Civile*. Turim: Utet, v. IV, 1998.

CASTELLS, Manuel. *The rise of the network society*. Col. The information age: economy, society, and culture. 2. ed. Oxford: Blackwell, 2010, v. 1.

CATALAN, Marcos Jorge. *Descumprimento contratual*: modalidades, consequências e hipóteses de exclusão do dever de indenizar. Curitiba: Juruá, 2012.

CHIAVENATO, Idalberto. *Planejamento, recrutamento e seleção de pessoal*. 4. ed. São Paulo: Atlas, 1999.

CIRANI, Simone; FERRARI, Gianluigi; PICONE, Marco; VELTRI, Luca. *Internet of Things*: architectures, protocols and standards. Nova Jersey: John Wiley & Sons, 2019.

CLARKSON, Gavin; JACOBSEN, Trond E.; BATCHELLER, Archer L. Information asymmetry and information sharing. *Government Information Quarterly*, Reino Unido, v. 24, n. 4, p. 827-839, out. 2007.

COASE, Ronald H. *A firma, o mercado e o direito*. Tradução de Heloísa Gonçalves Barbosa. Rio de Janeiro: Forense Universitária, 2016.

COELHO, Giulliano Tozzi; GARRIDO, Luiz Gustavo. Dissecando o contrato entre startups e investidores anjo. In: JÚDICE, Lucas Pimenta; NYBØ, Erik Fontenele. *Direito das startups*. Curitiba: Juruá, 2016.

COLLINS, Hugh. The weakest link: legal implications of the network architecture of supply chains. In: AMSTUTZ, Marc; TEUBNER, Gunther (Ed.). *Networks: legal issues of multilateral co-operation*. Oxford: Hart Publishing, 2009.

COMPAGNUCCI, Marcelo Corrales; HAAPIO, Helena; FENWICK, Mark. The many layers and dimensions of contract design. In: COMPAGNUCCI, Marcelo Corrales; HAAPIO, Helena; FENWICK, Mark (Ed.). *Research handbook on contract design*. Cheltenham: Edward Elgar, 2022.

CONSTANT, Benjamin. *A liberdade dos antigos comparada à dos modernos*. Tradução de Emerson Garcia. São Paulo: Atlas, 2015.

CORDEIRO, António Menezes. *Da boa-fé no direito civil*. Coimbra: Almedina, 2011.

COUTINHO NETTO, Augusto Peres. Recursos para empreender. In: TEIXEIRA, Tarcísio; LOPES, Alan Moreira. *Startups e inovação*: Direito no empreendedorismo. Barueri: Manole, 2017.

COUTO E SILVA, Clóvis V. do. *A obrigação como processo*. Rio de Janeiro: FGV, 2006.

COUTO E SILVA, Clóvis V. do. A teoria da base do negócio jurídico. In: FRADERA, Vera Maria Jacob de (Org.). *O direito privado brasileiro na visão de Clóvis do Couto e Silva*. Porto Alegre: Livraria do Advogado, 1997.

CREMADES, Alejandro. *The art of startup fundraising*: pitching investors, negotiating the deal, and everything else. Nova Jersey: John Wiley & Sons, 2016.

CUNHA, Wladimir Alcibíades Marinho Falcão. *Revisão Judicial dos Contratos*. São Paulo: Método, 2007.

DANTAS, San Tiago. Evolução contemporânea do direito contratual. Dirigismo – Imprevisão. *Revista de Direito Civil Contemporâneo*, São Paulo, v. 6, p. 271-276, jan./mar. 2016.

DE LUCCA, Newton. *Direito do consumidor*: aspectos práticos –perguntas e respostas. São Paulo: Ed. RT, 1995.

DEAKIN, Simon. The return of the guild? Network relations in historical perspective. In: AMSTUTZ, Marc; TEUBNER, Gunther (Ed.). *Networks*: legal issues of multilateral co-operation. Oxford: Hart Publishing, 2009.

DEGEN, Ronald Jean. *O empreendedor*: fundamentos da iniciativa empresarial. São Paulo: Pearson Prentice Hall, 2009.

DEJOURS, Christophe. *A loucura do trabalho*: estudo de psicopatologia do trabalho. Tradução de Ana Isabel Paraguay e Lúcia Leal Ferreira. 5. ed. São Paulo: Cortez, 2012.

DINAMARCO, Cândido Rangel. *Instituições de direito processual civil*. São Paulo: Malheiros, 2001, v. 1.

DORNELAS, José Carlos de Assis. *Empreendedorismo*: transformando ideias em negócios. 3. ed. Rio de Janeiro: Elsevier, 2008.

DRESCH, Rafael de Freitas Valle. *Fundamentos do direito privado*: uma teoria da justiça e da dignidade humana. São Paulo: Atlas, 2013.

DRUCKER, Peter Ferdinand. *Inovação e espírito empreendedor (entrepreneurship)*: prática e princípios. Tradução de Carlos Malferrari. São Paulo: Pioneira, 1987.

DUFF, Alistair A. *Information society studies*. Londres: Routledge, 2000.

DUQUE, Marcelo Schenk. *Direito privado e Constituição*: drittwirkung dos direitos fundamentais, construção de um modelo de convergência à luz dos contratos de consumo. São Paulo: Ed. RT, 2013.

DUTRA, Joel Souza. *Gestão de pessoas*: modelo, processos, tendências e perspectivas. São Paulo: Atlas, 2002.

ENGISCH, Karl. *Introdução ao pensamento jurídico*. Tradução de João Baptista Machado. 8. ed. Lisboa: Fundação Calouste Gulbenkian, 2008.

FAISSAL, Reinaldo; PASSOS, Antônio Eugênio Valverde Mariani; MENDONÇA, Márcia da C. Furtado de; ALMEIDA, Walnice Maria da Costa de. *Atração e seleção de pessoas*. 2. ed. Rio de Janeiro: FGV, 2009.

FALEIROS JÚNIOR, José Luiz de Moura. *Accountability* e devida diligência como vetores da governança corporativa nos mercados ricos em dados. *Revista Semestral de Direito Empresarial*, Rio de Janeiro, v. 26, n. 1, p. 183-211, jun. 2020.

FALEIROS JÚNIOR, José Luiz de Moura. Contratos relacionais e *vesting* empresarial nos instrumentos de parceria para startups de base tecnológica. *Revista Fórum de Direito Civil*, Belo Horizonte, ano 10, n. 26, p. 13-42, jan./abr. 2021.

FALEIROS JÚNIOR, José Luiz de Moura. O 'direito das startups' no Brasil: assimetria contratual atípica, contratos relacionais e *vesting*. In: OLIVEIRA, Fabrício de Souza; FALEIROS JÚNIOR, José Luiz de Moura (coord.). *Direito, governança corporativa e startups*. Indaiatuba: Foco, 2024.

FALEIROS JÚNIOR, José Luiz de Moura. Startups e empreendedorismo de base tecnológica: perspectivas e desafios para o direito societário brasileiro. In: EHRHARDT JÚNIOR, Marcos; CATALAN, Marcos; MALHEIROS, Pablo (Coord.). *Direito civil e tecnologia*. 2. ed. Belo Horizonte: Fórum, 2021, t. I.

FARIAS, Cristiano Chaves de; ROSENVALD, Nelson. *Curso de direito civil*: contratos. 9. ed. Salvador: JusPodivm, 2019, v. 4.

FARNSWORTH, Edward Allan. *Contracts*. 4. ed. Nova York: Aspen Publishers, 2004.

FEIGELSON, Bruno; NYBØ, Erik Fontenele; FONSECA, Victor Cabral. *Direito das startups*. São Paulo: Saraiva, 2018.

FONSECA, Victor Cabral; DOMINGUES, Juliana Oliveira. Financiamento de startups: aspectos econômicos dos investimentos de alto risco e mecanismos jurídicos de controle. *Revista de Direito Econômico e Socioambiental*, Curitiba, v. 9, n. 1, p. 319-354, jan./abr. 2018.

FORGIONI, Paula A. *Contratos empresariais*: teoria geral e aplicação. 2. ed. São Paulo: Ed. RT, 2016.

FORGIONI, Paula A. *Teoria geral dos contratos empresariais*. São Paulo: Ed. RT, 2010.

FRANÇA. *Code Civil des Français*. De L'imprimerie de la République, an. XII, 21 mar. 1804. Disponível em: https://gallica.bnf.fr/ark:/12148/bpt6k1061517/f278.image Acesso em: 7 jul. 2024.

FRAZÃO, Ana. *Função social da empresa*: repercussões sobre a responsabilidade civil de controladores e administradores de S/A's. Rio de Janeiro: Renovar, 2011.

FRAZÃO, Ana; VIVIANI, Luís. Networks e redes contratuais II. *Jota*, São Paulo, 31 maio 2017. Disponível em: https://www.jota.info/opiniao-e-analise/colunas/constituicao-empresa-e-mercado/networks-e-redes-contratuais-ii-31052017 . Acesso em: 7 jul. 2024.

FREDETTE, John *et al*. The promise and peril of hyperconnectivity for organizations and societies. In: DUTTA, Soumitra; BILBAO-OSORIO, Beñat (Ed.). *The global information technology report 2012*: living in a hyperconnected world. Genebra: Insead; World Economic Forum, 2012.

FRIEDMAN, Milton. *Capitalism and freedom*. 40. ed. Chicago: University of Chicago Press, 2002.

GARTNER, William B. A conceptual framework for describing the phenomenon of new venture creation. *The Academy of Management Review*, p. 696-706, v. 10, n. 4, 1985.

GATES, Bill; MYHRVOLD, Nathan; RINEARSON, Peter. *A estrada do futuro*. Tradução de Beth Vieira, Pedro Maia Soares, José Rubens Siqueira e Ricarco Rangel. São Paulo: Cia. das Letras, 1995.

GOLDBERG, Victor P. *Framing contract law*: an economic perspective. Cambridge: Harvard University Press, 2006.

GOLDSMITH, Jack; WU, Tim. *Who controls the Internet?* Illusions of a borderless world. Oxford: Oxford University Press, 2006.

GORDLEY, James. *The philosophical origins of modern contract doctrine*. Oxford: Clarendon Press, 1991.

GREENGARD, Samuel. *The Internet of Things*. Cambridge: The MIT Press, 2015.

GRUBER, Frank. *Startup mixology*: tech cocktail's guide to building, growing & celebrating startup success. Nova Jersey: John Wiley & Sons, 2014.

HARARI, Yuval Noah. *21 breves lições para o século 21*. Tradução de Paulo Geiger. São Paulo: Cia. das Letras, 2018.

HARVEY, David. *Condição pós-moderna*: uma pesquisa sobre as origens da mudança cultural. Tradução de Adail Ubirajara Sobral e Maria Stela Gonçalves. 16. ed. São Paulo: Loyola, 2007.

HESPANHA, António Manuel. *Panorama histórico da cultura jurídica européia*. 2. ed. Lisboa: Publicações Europa-América, 1998.

HÖLLER, Jan; TSIATSIS, Vlasios; MULLIGAN, Catherine *et al*. *From Machine-to-Machine to the Internet of Things*: introduction to a new age of intelligence. Oxford: Academic Press/Elsevier, 2014.

HUME, David. *An enquiry concerning the principles of morals*. Editado por Tom L. Beauchamp. Oxford: Clarendon Press, 2006.

HUSNI, Alexandre. *Empresa socialmente responsável*: uma abordagem jurídica e multidisciplinar. São Paulo: Quartier Latin, 2007.

IRTI, Natalino. *L'età della decodificazione*. 2. ed. Milão: Giuffrè, 1986.

JABORANDY, Clara Cardoso Machado; GOLDHAR, Tatiane Gonçalves Miranda. Marco legal para startups no Brasil: um caminho necessário para segurança jurídica do ecossistema de inovação. In: EHRHARDT JÚNIOR, Marcos; CATALAN, Marcos; MALHEIROS, Pablo (Coord.). *Direito civil e tecnologia*. 2. ed. Belo Horizonte: Fórum, 2021, t. I.

JAYME, Erik. Visões para uma teoria pós-moderna do direito comparado. *Revista dos Tribunais*, São Paulo, v. 88, n. 759, p. 24-40, jan. 1999.

JENSEN, Michael C.; MECKLING, William H. Theory of the firm: managerial behavior, agency costs and ownership structure. *Journal of Financial Economics*, Nova York, v. 3, 1976. Disponível em: https://doi.org/10.1016/0304-405X(76)90026-X . Acesso em: 7 jul. 2024.

JOHNSON, David. What is innovation and entrepreneurship? Lessons for larger organizations. *Industrial and Commercial Training*, v. 33, n. 4, 2001.

JÚDICE, Lucas Pimenta; NYBØ, Erik Fontenele. Natureza jurídica do *vesting*: como uma tradução errada pode acabar com o futuro tributário e trabalhista de uma startup. In: JÚDICE, Lucas Pimenta; NYBØ, Erik Fontenele. (Coord.). *Direito das startups*. Curitiba: Juruá, 2017.

JUSSANI, Ailton Conde *et al*. Reflexions on Blue Ocean Strategy: a comparison with Ansoff's, Porter and Hax and Wilde's strategy. *Future Studies Research Journal*, v. 2, n. 2, p. 17-35, 2010.

KANAAN, João Carlos. *Informática global*. 2. ed. São Paulo: Pioneira, 1998.

KAPLAN, Jerry. *Startup*: uma aventura no Vale do Silício. Tradução de Luiz Chagas. São Paulo: Cultura, 1996.

KAWASAKI, Guy. *A arte do começo*. Tradução de Celina Cavalcante Falck-Cook. 4. ed. Rio de Janeiro: Best Seller, 2011.

KLEIN, Benjamin. Contracting costs and residual profits: the separation of ownership and control. *Journal of Law & Economics*, Chicago, v. 26, 1983. Disponível em: http://dx.doi.org/10.1086/467040 . Acesso em: 7 jul. 2024.

KLEIN, Vinícius. *Os contratos empresariais de longo prazo*: uma análise a partir da argumentação judicial. Rio de Janeiro: Lumen Juris, 2015.

KUHN, Thomas S. *A estrutura das revoluções científicas*. Tradução de Beatriz Vianna Boeira e Nelson Boeira. 9. ed. São Paulo: Perspectiva, 2005.

LARENZ, Karl. *Derecho justo*: fundamentos de ética jurídica. Tradução de Luis Díez-Picazo. Madri: Civitas, 1985.

LEDUR, José Felipe. *A realização do direito do trabalho*. Porto Alegre: Sérgio Antônio Fabris, 1998.

LEMOS, Raquel Garcia. Investidores-anjo, startup: aspectos societários para empresas da Internet. In: LONGHI, Maria Isabel Carvalho Sica; COSTA-CORRÊA, André; PREDOLIM, Emerson Alvarez; REBOUÇAS, Rodrigo Fernandes (Coord.). *Direito e novas tecnologias*. São Paulo: Almedina, 2020.

LESSIG, Lawrence. *Code 2.0*. 2. ed. Nova York: Basic Books, 2006.

LIVINGSTON, Jessica. *Founders at work*: stories of startups' early days. Berkeley: Apress, 2007.

LÔBO, Paulo Luiz Netto. Dirigismo contratual. *Doutrinas Essenciais – Obrigações e Contratos*, São Paulo, v. 3, p. 385-406, jun. 2011.

LÔBO, Paulo Luiz Netto. Princípios sociais dos contratos no Código de Defesa do Consumidor e no novo Código Civil. *Doutrinas Essenciais – Obrigações e Contratos*, São Paulo, v. 3, p. 829-840, jun. 2011.

LONGHI, João Victor Rozatti. Marco Civil da Internet no Brasil: breves considerações sobre fundamentos, princípios e análise crítica do regime de responsabilidade civil dos provedores. In: MARTINS, Guilherme Magalhães; LONGHI, João Victor Rozatti (Coord.). *Direito digital*: direito privado e Internet. Indaiatuba: Foco, 2019.

LOPES, Alan Moreira; TEIXEIRA, Tarcísio. Direito no empreendedorismo – *entrepreneurship law*. In: TEIXEIRA, Tarcísio; LOPES, Alan Moreira. *Startups e inovação*: Direito no empreendedorismo. Barueri: Manole, 2017.

LOPES, José Reinaldo de Lima. *As palavras e a lei*: direito, ordem e justiça na história do pensamento jurídico moderno. São Paulo: Editora 34, 2004.

LORENZETTI, Ricardo Luis. *Comércio eletrônico*. Tradução de Fabiano Menke. São Paulo: Ed. RT, 2004.

LORENZETTI, Ricardo Luis. *Teoria da decisão judicial*. Tradução de Bruno Miragem. 2. ed. São Paulo: Ed. RT, 2010.

LORENZETTI, Ricardo Luis. *Tratado de los contratos*. Santa Fé: Rubinzal-Culzoni, 1999, t. I.

LOTUFO, Renan. *Código Civil comentado*. São Paulo: Saraiva, 2003, v. 2.

LOURENÇO, José. O dirigismo contratual, a publicização do direito privado pela intervenção do Estado e a heteronomia da vontade como princípio do contrato. In: DINIZ, Maria Helena; LISBOA, Roberto Senise (Org.). *O direito civil no século XXI*. São Paulo: Saraiva, 2003.

MACEDO JÚNIOR, Ronaldo Porto. *Contratos relacionais e defesa do consumidor*. São Paulo: Max Limonad, 1988.

MACNEIL, Ian R. *O novo contrato social*. Tradução de Alvamar de Campos A. Lamparelli. São Paulo: Campus, 2009.

MACNEIL, Ian R. Relational contract theory: challenges and queries. *Northwestern University School of Law Review*, Chicago, v. 94, n. 3, pp. 877-908, 2000.

MAGRANI, Eduardo. *A internet das coisas*. Rio de Janeiro: FGV, 2018.

MAIA, Ana Carolina; NYBØ, Erik Fontenele; CUNHA, Mayara. *Legal design*: criando documentos que fazem sentido para o usuário. São Paulo: Saraiva Educação, 2020.

MALUF, Carlos Alberto Dabus. *As condições no direito civil*: suspensiva, resolutiva, potestativa, impossível. 2. ed. São Paulo: Saraiva, 1991.

MAMEDE, Gladston. Possibilidades jurídicas inovadoras para engenharia de capital e gestão empresarial: uma leitura das Leis Complementares 182/2021 e 123/2006. In: OLIVEIRA, Fabrício de Souza; FALEIROS JÚNIOR, José Luiz de Moura (Coord.). *Direito, governança corporativa e startups*. Indaiatuba: Foco, 2024.

MARQUES, Claudia Lima. *Contratos no Código de Defesa do Consumidor*. 6. ed. São Paulo: Ed. RT, 2011.

MARQUES, Claudia Lima. Diálogo entre o Código de Defesa do Consumidor e o novo Código Civil: do diálogo das fontes no combate às cláusulas abusivas. *Revista de Direito do Consumidor*, São Paulo, v. 45, p. 71-99, jan./mar. 2003.

MARQUES, Claudia Lima (Coord.). *Diálogo das fontes*: do conflito à coordenação de normas do direito brasileiro. São Paulo: Ed. RT, 2012.

MARTINS, Fernando Rodrigues. *Direito privado e policontexturalidade*. Rio de Janeiro: Lumen Juris, 2018.

MARTINS, Fernando Rodrigues. *Princípio da justiça contratual*. 2. ed. São Paulo: Saraiva, 2011.

MARTINS, Fernando Rodrigues; PACHECO, Keila Ferreira. Contratos existenciais e intangibilidade da pessoa humana na órbita privada – homenagem ao pensamento vivo e imortal de Antonio Junqueira de Azevedo. *Revista de Direito do Consumidor*, São Paulo, v. 79, p. 265-308, jul.-set. 2011.

MARTINS, Fran. *Curso de direito comercial*. 30. ed. Rio de Janeiro: Forense, 2006.

MARTINS, Guilherme Magalhães. *Contratos eletrônicos de consumo*. 3. ed. São Paulo: Atlas, 2016.

MARTINS, Guilherme Magalhães. *Formação dos contratos eletrônicos de consumo via internet*. 2. ed. Rio de Janeiro: Lumen Juris, 2010.

MARTINS, Sérgio Pinto. *Direito do trabalho*. 24. ed. São Paulo: Atlas, 2008.

MARTINS-COSTA, Judith. *A boa-fé no direito privado*. São Paulo: Ed. RT, 2000.

MARTINS-COSTA, Judith. Crise e modificação da idéia de contrato no direito brasileiro. *Revista de Direito do Consumidor*, São Paulo: Ed. RT, v. 3, p. 127-154, set./dez., 1992.

MARTINS-COSTA, Judith. O direito privado como um "sistema em construção" – as cláusulas gerais no projeto do Código Civil brasileiro. *Doutrinas Essenciais de Direito Civil*, São Paulo, v. 4, p. 391-423, out. 2010.

MATIAS-PEREIRA, José; KRUGLIANSKAS, Isak. Gestão de inovação: a lei de inovação tecnológica como ferramenta de apoio às políticas industrial e tecnológica do Brasil. *Revista de Administração de Empresas*, São Paulo, v. 4, n. 1, p. 1-21, jul./dez. 2005

MAXIMILIANO, Carlos. *Hermenêutica e aplicação do direito*. 20. ed. Rio de Janeiro: Forense, 2011.

MELO, Diogo L. Machado de. *Cláusulas contratuais gerais* (contratos de adesão, cláusulas abusivas e o Código Civil de 2002). São Paulo: Saraiva, 2008.

MENDES, Laura Schertel. *Privacidade, proteção de dados e defesa do consumidor:* linhas gerais de um novo direito fundamental. São Paulo: Saraiva, 2014.

MENDONÇA, José Xavier Carvalho de. *Tratado de direito comercial brasileiro*. 6. ed. Rio de Janeiro: Freitas Bastos, 1957, v.1.

MENKE, Fabiano. Arts. 104 a 185. In: NANNI, Giovanni Ettore (Coord.). *Comentários ao Código Civil*: direito privado contemporâneo. São Paulo: Saraiva, 2019.

MICHILES, Saulo. *Marco Legal das Startups*. Salvador: JusPodivm, 2021.

MICHILES, Saulo de Omena; SOUZA, Pedro Henrique Saad Messias de. Limites e meios jurídicos de proteção aos interesses do investidor ante a gestão de uma startup. In: OLIVEIRA, Fabrício de Souza; FALEIROS JÚNIOR, José Luiz de Moura (Coord.). *Direito, governança corporativa e startups*. Indaiatuba: Foco, 2024.

MILL, John Stuart. *Sobre a liberdade*. Tradução de Denise Bottmann. São Paulo: L&PM Editores, 2016.

MINGHINI, Luciano; GIMENEZ, Fernando Antônio Prado. A equipe, a liderança criativa e a tecnologia. In: BUETTGEN, John Jackson; FREDER, Schirlei Mari (Org.). *Economia criativa*: inovação, cultura, tecnologia e desenvolvimento. Curitiba: Juruá, 2015.

MINTZBERG, Henry. *Criando organizações eficazes*: estruturas em cinco configurações. Tradução de Cyro Bernardes. 2. ed. São Paulo: Atlas, 2003.

MODENESI, Pedro. Contratos eletrônicos de consumo: aspectos doutrinário, legislativo e jurisprudencial. In: MARTINS, Guilherme Magalhães; LONGHI, João Victor Rozatti (Coord.). *Direito digital*: direito privado e Internet. 2. ed. Indaiatuba: Foco, 2019.

MORAES, Maria Celina Bodin de. A causa dos contratos. *Revista Trimestral de Direito Civil*, Rio de Janeiro: Padma, n. 21, jan./mar. 2005.

MORETTI, Eduardo. Investimento-anjo: instrumentos legais e os impactos da Lei Complementar nº 155/2016. In: MORETTI, Eduardo; OLIVEIRA, Leandro Antonio Godoy (Org.). *Startups*: aspectos jurídicos relevantes. 2. ed. Rio de Janeiro: Lumen Juris, 2019.

NALIN, Paulo Roberto Ribeiro. *Do contrato*: conceito pós-moderno (em busca de sua formulação na perspectiva civil-constitucional). 2. ed. Curitiba: Juruá, 2008.

NARCISO, Bárbara Simões; PINHEIRO, Caroline da Rosa. ESG nas startups: materialidade como estratégia para negócios inovadores. In: OLIVEIRA, Fabrício de Souza; FALEIROS JÚNIOR, José Luiz de Moura (Coord.). *Direito, governança corporativa e startups*. Indaiatuba: Foco, 2024.

NEGREIROS, Teresa. *Fundamentos para uma interpretação constitucional do princípio da boa-fé*. Rio de Janeiro: Renovar, 1998.

NEGREIROS, Teresa. *Teoria do contrato*: novos paradigmas. 2. ed. Rio de Janeiro: Renovar, 2006.

NEGROPONTE, Nicholas. *A vida digital*. Tradução de Sergio Tellaroli. São Paulo: Cia. das Letras, 1995.

NISSENBAUM, Helen. *Privacy in context*: technology, policy and the integrity of social life. Stanford: Stanford University Press, 2010.

NORONHA, Fernando. *Direito das obrigações*. 3. ed. São Paulo: Saraiva, 2010.

NORONHA, Fernando. *O direito dos contratos e seus princípios fundamentais*: autonomia privada, boa-fé, justiça contratual. São Paulo: Saraiva, 1994.

NYBØ, Erik Fontenele. Memorando de entendimentos para pré-constituição de uma *startup*. In: JÚDICE, Lucas Pimenta; NYBØ, Erik Fontenele. *Direito das startups*. Curitiba: Juruá, 2016.

OHNO, Taiichi. *Gestão dos postos de trabalho*. Tradução de Heloisa Corrêa da Fontoura. Porto Alegre: Bookman, 2015.

OIOLI, Erik Frederico. Introdução: por que um 'direito para *startups*'? In: OIOLI, Erik Frederico (Coord.). *Manual de direito para startups*. São Paulo: Thomson Reuters Brasil, 2019.

OIOLI, Erik Frederico; RIBEIRO JR., José Alves; LISBOA, Henrique. Financiamento da startup. In: OIOLI, Erik Frederico (Coord.). *Manual de direito para startups*. São Paulo: Thomson Reuters Brasil, 2019.

OLIVEIRA, Fabrício. Uma proposta metodológica para a análise dos problemas de governança corporativa: o método trifásico. *Revista IBERC*, Belo Horizonte, v. 4, n. 1, p. 83-102, jan./abr. 2021.

OLIVEIRA, Fabrício Vasconcelos de; RAMALHO, Amanda Maia. O contrato de *vesting*. *Revista da Faculdade de Direito da UFMG*, Belo Horizonte, n. 69, pp. 183-200, jul./dez. 2016.

OLIVEIRA, Leandro Antonio Godoy. O Marco Legal das Startups e do Empreendedorismo Inovador. In: MORETTI, Eduardo; OLIVEIRA, Leandro Antonio Godoy (Org.). *Startups*: aspectos jurídicos relevantes. Rio de Janeiro: Lumen Juris, 2022, v. 2.

OLIVEIRA, Nuno Manuel Pinto. Contratos de adesão nas relações entre empresas – anotação ao acórdão do Tribunal da Relação de Guimarães de 19 de fevereiro de 2005 (processo n.º 1575/05, 1ª Secção). *Revista Jurídica da Universidade Portucalense*, Porto, n. 15, p. 239-254, jan./dez. 2012.

OPPO, Giorgio. *Principi*. Turim: Giappichelli, 2001.

PAGLIANTINI, Stefano. Per una lettura del'abuso contratuale: contratti del consumatore, dell'imprenditore debole e della microempresa. *Rivista del Diritto Commerciale*, Pádua, nº 2, ano CVIII, p. 409/446, jan./dez. 2010.

PARENTONI, Leonardo Netto. *Desconsideração contemporânea da personalidade jurídica*: dogmática e análise científica da jurisprudência brasileira. São Paulo: Quartier Latin, 2014.

PATTI, Francesco Paolo. Dai «contratti standard» al «contratto asimmetrico». Considerazioni su metodo e obiettivi delle ricerche di Vincenzo Roppo. *Jus Civile*, Roma: Università Roma Tre, n. 2, p. 226-245, jul./dez. 2018.

PEREIRA, Águida Silva. A cultura das startups e o direito do trabalho. In: MORETTI, Eduardo; OLIVEIRA, Leandro Antonio Godoy (Org.). *Startups*: aspectos jurídicos relevantes. Rio de Janeiro: Lumen Juris, 2022, v. 2. p. 183-194.

PERLINGIERI, Pietro. *O direito civil na legalidade constitucional*. Tradução de Maria Cristina de Cicco. Rio de Janeiro: Renovar, 2008.

PERLINGIERI, Pietro. *Perfis do direito civil*: introdução ao direito civil-constitucional. Tradução de Maria Cristina de Cicco. Rio de Janeiro: Renovar, 2002.

PESCADOR, Rafael Bertoldi. Remuneração por performance: como evitar a tributação? In: MORETTI, Eduardo; OLIVEIRA, Leandro Antonio Godoy (Org.). *Startups*: aspectos jurídicos relevantes. Rio de Janeiro: Lumen Juris, 2022, v. 2.

PIMENTA, Eduardo Goulart. Startups e instrumentos jurídicos de captação de investimentos. In: OLIVEIRA, Fabrício de Souza; FALEIROS JÚNIOR, José Luiz de Moura (Coord.). *Direito, governança corporativa e startups*. Indaiatuba: Foco, 2024.

PIMENTA, Eduardo Goulart; LANA, Henrique Avelino. *Direito, inovação e tecnologia*: mercado, ecossistema empreendedor e as startups. Belo Horizonte: Expert, 2021.

POLLI, Marina. Vesting: inovação contratual popularizada pelas startups. In: MORETTI, Eduardo; OLIVEIRA, Leandro Antonio Godoy (Org.). *Startups*: aspectos jurídicos relevantes. 3. ed. Rio de Janeiro: Lumen Juris, 2024, v. 1. p. 107-122.

PONTES DE MIRANDA, Francisco Cavalcanti. *Tratado de direito privado*. Rio de Janeiro: Borsoi, 1954, t. 3.

POPPER, Karl Raimund. *A lógica da pesquisa científica*. Tradução de Leonidas Hegenberg e Octanny Silveira da Mota. São Paulo: Cultrix, 2000.

PORTER, Michael E. *Competitive strategy*. Nova York: The Free Press, 1980.

PORTO, Éderson Garin. *Manual jurídico da startup*: como criar e desenvolver projetos inovadores com segurança. 2. ed. Porto Alegre: Livraria do Advogado, 2020.

PRATA, Ana. *A tutela constitucional da autonomia privada*. Coimbra: Almedina, 1982.

PRISCOLI, Lorenzo Delli. La rilevanza dello status per la protezione dei soggetti deboli nel quadro dei principi europei di rango costituzionale. *Rivista del Diritto Commerciale*, Pádua, n. 2, p. 311-353, jan./dez. 2012.

QUAN-HAASE, Anabel; WELLMAN, Barry. Hyperconnected network: computer-mediated community in a high-tech organization. In: ADLER, Paul S.; HECKSCHER, Charles (Ed.). *The firm as a collaborative community*. Nova York/Oxford: Oxford University Press, 2006.

QUINELATO, Pietra Daneluzzi. A proteção de dados pessoais no âmbito das startups. In: OIOLI, Erik Frederico (Coord.). *Manual de direito para startups*. São Paulo: Thomson Reuters Brasil, 2019.

QUINELATO, Pietra Daneluzzi; KHAYAT, Gabriel Fernandes. A importância do legal design para startups. In: FALEIROS JÚNIOR, José Luiz de Moura; CALAZA, Tales (Coord.). *Legal design*: teoria e prática. Indaiatuba: Foco, 2021.

RAMSAY, Iain. Consumer protection in the era of informational capitalism. In: WILHELMSSON, Thomas; TUOMINEM, Salla; TUOMOLA, Heli (Ed.). *Consumer law in the information society*. Haia: Kluwer Law International, 2001.

REINA, Márcia Cristina Tomaz; THOMAZ, Carlos Augusto; MAGALHÃES, Jorge Lima. Análise da Gestão dos Núcleos de Inovação Tecnológica (NITs): um diagnóstico empresarial usando o modelo de excelência em gestão para inovação organizacional. *Cadernos de Prospecção*, Salvador, v. 14, n. 3, p. 732, 2021.

REIS, Edgar Vidigal de Andrade. *Startups*: análise de estruturas societárias e de investimento no Brasil. São Paulo: Almedina, 2018.

RENNER, Rafael. *Novo direito contratual*: a tutela do equilíbrio contratual no Código Civil. Rio de Janeiro: Freitas Bastos, 2007.

REVET, Thierry. Objectivation ou subjectivation du contrat. Quelle valeur juridique? In: JAMIN, Cristophe; MAZEAUD, Denis (Org.). *La nouvelle crise du contrat*. Paris: Dalloz, 2003.

REZZÓNICO, Juan Carlos. *Principios fundamentales de los contratos*. Buenos Aires: Astrea, 1999.

RIBEIRO, Marcia Carla Pereira; GALESKI JÚNIOR, Irineu. *Teoria geral dos contratos*: contratos empresariais e análise econômica. Rio de Janeiro: Elsevier, 2009.

RIES, Eric. *The lean startup*: how today's entrepreneurs use continuous innovation to create radically successful businesses. Nova York: Crown, 2011.

RIPERT, Georges. *A regra moral nas obrigações civis*. Tradução de Osório de Oliveira. 2. ed. Campinas: Bookseller, 2002.

RODRIGUES, Ayra Ramon. Implicações jurídico-societárias do contrato de mútuo conversível em participação societária firmado entre investidores-anjo e startups. In: MORETTI, Eduardo; OLIVEIRA, Leandro Antonio Godoy (org.). *Startups*: aspectos jurídicos relevantes. Rio de Janeiro: Lumen Juris, 2022, v. 2.

ROPPO, Enzo. *O contrato*. Tradução de Ana Coimbra e M. Januário C. Gomes. Coimbra: Almedina, 2009.

ROPPO, Vincenzo. Ancora su contratto assimmetrico e terzo contratto: le coordinate del dibattito con qualche elemento di novità. In: ALPA, Guido; ROPPO, Vincenzo (Org.). *La vocazione civile del giurista*: saggi dedicati a Stefano Rodotà. Roma: Laterza, 2013.

ROPPO, Vincenzo. *Il contratto del duemila*. Turim: Giappichelli, 2000.

ROSA, Dirceu Pereira de Santa. A importância da *due diligence* de propriedade intelectual nas reorganizações societárias. *Revista da Associação Brasileira da Propriedade Intelectual*, Rio de Janeiro, v. II, n. 60, p. 03-19, set./out. 2002.

ROSENVALD, Nelson. *O direito civil em movimento*. 2. ed. Salvador: JusPodivm, 2018.

ROSENVALD, Nelson; OLIVEIRA, Fabrício de Souza. *O ilícito na governança dos grupos de sociedades*. Salvador: Juspodivm, 2019.

ROSENVALD, Nelson; OLIVEIRA, Fabrício de Souza; FALEIROS JÚNIOR, José Luiz de Moura. Limitação de responsabilidade do investidor no Marco Legal das Startups e do Empreendedorismo Inovador. In: OLIVEIRA, Fabrício de Souza; FALEIROS JÚNIOR, José Luiz de Moura (Coord.). *Direito, governança corporativa e startups*. Indaiatuba: Foco, 2024.

ROSSELLO, Carlo. Riflessioni. De jure condendo in materia di responsabilità del provider. *Il Diritto dell'Informazione e Dell'Informatica*, Roma, v. 26, n. 6, p. 617-629, nov./dez. 2010.

ROSSINI, Guilherme de Mello; PESCADOR, Rafael Bertoldi. Aspectos jurídico-contábeis da tributação das startups: vedações ao Simples Nacional, alternativas ao regime simplificado e formas de remuneração dos sócios. In: MORETTI, Eduardo; OLIVEIRA, Leandro Antonio Godoy (Org.). *Startups*: aspectos jurídicos relevantes. 3. ed. Rio de Janeiro: Lumen Juris, 2024, v. 1. p. 163-192.

ROUSSEAU, Jean-Jacques. *Do contrato social*: princípios de direito político. Tradução de Antônio P. Machado. Rio de Janeiro: Nova Fronteira, 2016.

SÁ, Almeno de. *Cláusulas contratuais gerais e directiva sobre cláusulas abusivas*. 2. ed. Coimbra: Almedina, 2005.

SANTOS, Boaventura de Sousa (Org.). *A globalização e as Ciências Sociais*. 2. ed. São Paulo: Cortez, 2002.

SANTOS, Milton. *Por uma outra globalização*: do pensamento jurídico único à consciência universal. 15. ed. Rio de Janeiro: Record, 2008.

SANTOS, Yago Aparecido Oliveira. Compra e venda de startups: a relação pós-contratual entre vendedores e compradores, cláusula de '*earn-out*' e a função da governança corporativa. In: OLIVEIRA, Fabrício de Souza; FALEIROS JÚNIOR, José Luiz de Moura (coord.). *Direito, governança corporativa e startups*. Indaiatuba: Foco, 2024. p. 313-324.

SARMENTO, Daniel. *Direitos fundamentais e relações privadas*. 2. ed. Rio de Janeiro: Lumen Juris, 2010.

SCHAAL, Flávia Mansur Murad; FUGANHOLI, Nicola Sgrignoli. Propriedade intelectual. In: OIOLI, Erik Frederico (Coord.). *Manual de direito para startups*. São Paulo: Thomson Reuters Brasil, 2019.

SCHMIDT, Eric. *Every 2 days we create as much information as we did up to 2003*, 04 ago. 2010. Entrevistador: M. G. Siegler. São Francisco: TechCrunch, 2010. Disponível em: https://techcrunch.com/2010/08/04/schmidt-data/ . Acesso em: 7 jul. 2024.

SCHNEIDER, Fernando Zanotti; FRANZIN, Daniel Afonso. Remuneração variável, condicionada ao sucesso: *stock options* em *startups*. In: JÚDICE, Lucas Pimenta (Coord.). *Direito das startups II*. Curitiba: Juruá, 2017.

SCHOPENHAUER, Arthur. *O mundo como vontade e como representação*, 1º tomo. Tradução de Jair Barboza. 2. ed. São Paulo: Unesp, 2015.

SCHUMPETER, Joseph Alois. *Teoria do desenvolvimento econômico*: uma investigação sobre lucros, capital, crédito, juro e o ciclo econômico. São Paulo: Abril Cultural, 1982.

SCHWAB, Klaus. *The fourth industrial revolution*. Genebra: World Economic Forum, 2016.

SHIRKY, Clay. *Lá vem todo mundo*: o poder de organizar sem organizações. Tradução de Maria Luiza X. de A. Borges. Rio de Janeiro: Zahar, 2012.

SILVA, André Luiz Carvalhal da. *Governança corporativa e decisões financeiras no Brasil*. 2. ed. Rio de Janeiro: Mauad, 2005.

SILVA, Luís Renato Ferreira da. A função social do contrato no novo Código Civil e sua conexão com a solidariedade social. In: SARLET, Ingo Wolfgang (Org.). *O novo Código Civil e a Constituição*. 2. ed. Porto Alegre: Livraria do Advogado, 2006.

SILVA FILHO, Emanoel Lima da. *Contratos de investimento em startups*: os riscos do investidor-anjo. São Paulo: Quartier Latin, 2019.

SLATER, Don. *Cultura de consumo & modernidade*. Tradução de Dinah de Abreu Azevedo. São Paulo: Nobel, 2002.

SOUZA, James J. Marins de. Proteção contratual do CDC a contratos interempresariais, inclusive bancários. *Revista de Direito do Consumidor*, São Paulo: Ed. RT, v. 18, p. 94-104, abr./jun. 1996.

STAUDENMAIER, John M. Recent trends in the history of technology. *The American Historical Review*, Bloomington, v. 95, n. 3, p. 715-725, jun. 1990.

STEINMETZ, Wilson. *A vinculação dos particulares aos direitos fundamentais*. São Paulo: Malheiros, 2004.

STEPHAN, Clarisse; MATOS, Pedro Verga; BORIO, Marcello. Startups sociais: estudos e contributos para o desenvolvimento de um ecossistema de inovação social. In: OLIVEIRA, Fabrício de Souza; FALEIROS JÚNIOR, José Luiz de Moura (coord.). *Direito, governança corporativa e startups*. Indaiatuba: Foco, 2024.

STUCKE, Maurice E. In search of effective ethics & compliance programs. *Journal of Corporation Law*, Iowa City, v. 39, n. 769, p. 770-832, jun./ago. 2014.

SUTTON, Stanley M. The role of process in a software start-up. *IEEE Software*, [S.l], v. 17, n. 4, p. 33-39, 2000.

TABET, Gabriela. Obrigações pecuniárias e revisão contratual. In: TEPEDINO, Gustavo (Coord.). *Obrigações*: estudos na perspectiva civil-constitucional. Rio de Janeiro: Renovar, 2005.

TEPEDINO, Gustavo. Os contratos de consumo no Brasil. In: TEPEDINO, Gustavo. *Temas de direito civil*. Rio de Janeiro: Renovar, 2006, v. II.

TEPEDINO, Gustavo. O Código Civil, os chamados microssistemas e a Constituição: premissas para uma reforma legislativa. In: TEPEDINO, Gustavo (Coord.). *Problemas de direito civil-constitucional*. Rio de Janeiro: Renovar, 2000.

TEPEDINO, Gustavo; BARBOZA, Heloísa Helena; MORAES, Maria Celina Bodin de. *Código Civil interpretado conforme a Constituição da República*. Rio de Janeiro: Renovar, 2004, v. 1.

TEPEDINO, Gustavo; SCHREIBER, Anderson. A boa-fé objetiva no Código de Defesa do Consumidor e no novo Código Civil. In: TEPEDINO, Gustavo (Coord.). *Obrigações*: estudos na perspectiva civil-constitucional. Rio de Janeiro: Renovar, 2005.

TEUBNER, Gunther. Coincidentia oppositorum: hybrid networks beyond contract and organisation. In: AMSTUTZ, Marc; TEUBNER, Gunther (Ed.). *Networks*: legal issues of multilateral co-operation. Oxford: Hart Publishing, 2009.

TIMM, Luciano Benetti. *O novo direito contratual brasileiro*. Rio de Janeiro: Forense, 2008.

TOMAZETTE, Marlon. A prestação de contas na sociedade em conta de participação para investimentos em startups. In: OLIVEIRA, Fabrício de Souza; FALEIROS JÚNIOR, José Luiz de Moura (Coord.). *Direito, governança corporativa e startups*. Indaiatuba: Foco, 2024.

TOSI, Emilio. *Contratti informatici, telematici e virtuali*: nuove forme e procedimenti formativi. Milão: Giuffrè, 2010.

TUCK, Richard. *Natural rights theories*: their origin and development. Cambridge: Cambridge University Press, 1998.

USTÁRROZ, Daniel. *Direito dos contratos*: temas atuais. 2. ed. Porto Alegre: Livraria do Advogado, 2012.

VAN DIJK, Jan. *The network society*. 2. ed. Londres: Sage Publications, 2006.

VEIGA, Felipe Barreto; CARVALHO, Leonardo da Costa. Planos de opção de compra de ações: impacto da ausência das stock options no Marco Legal das Startups. In: MATIAS, Eduardo Felipe P. (Coord.). *Marco Legal das Startups*: Lei Complementar 182/2021 e o fomento ao empreendedorismo inovador no Brasil. São Paulo: Thomson Reuters Brasil, 2021.

VEIGA, Marcelo Godke; PENIDO, Karen. Contrato com colaboradores. In: OIOLI, Erik Frederico (Coord.). *Manual de direito para startups*. São Paulo: Thomson Reuters Brasil, 2019.

VENTURA, Luis Henrique. *Contratos internacionais empresariais*. Belo Horizonte: Del Rey, 2002.

VICENTE, Débora Cristina de Andrade; CESÁRIO, Kone Prieto Furtunato. Como startups (não) se sobressaem pelo uso do sistema de propriedade intelectual. In: OLIVEIRA, Fabrício de Souza; FALEIROS JÚNIOR, José Luiz de Moura (coord.). *Direito, governança corporativa e startups*. Indaiatuba: Foco, 2024.

VITASEK, Kate; LEDYARD, Mike; MANRODT, Karl. *Vested outsourcing*: five rules that will transform outsourcing. 2. ed. Nova York: Palgrave Macmillan, 2010.

VILLEY, Michel. *A formação do pensamento jurídico moderno*. Tradução de Stéphanes Rial. São Paulo: Martins Fontes, 2003.

VILLEY, Michel. *Filosofia do direito*: definições e fins do direito; os meios do direito. Tradução de Márcia Valéria Martinez de Aguiar. São Paulo: Martins Fontes, 2003.

VOLPE, Fabrizio. *La giustizia contrattuale tra autonomia e mercato*. Nápoles: ESI, 2004.

WAENGERTNER, Pedro. *A estratégia da inovação radical*: como qualquer empresa pode crescer e lucrar aplicando os princípios das organizações de ponta do Vale do Silício. São Paulo: Gente, 2018.

WEINREB, Lloyd L. *Natural law and justice*. Cambridge: Harvard University Press, 1987.

WERTHEIN, Jorge. A sociedade da informação e seus desafios. *Ciência da Informação*, Brasília, v. 29, n. 2, p. 71-77, maio/ago. 2000.

WILHELMSSON, Thomas. Need rationality in private law? In: WILHELMSSON, Thomas (Ed.). *Twelve essays on consumer law and policy*. Helsinki: Department of Private Law of the University of Helsinky, 1996.

WILLIAMSON, Oliver. *The economic institutions of capitalism*. Nova York: The Free Press, 1986.

WILTBANK, Robert *et al*. What to do next? The case for non-predictive strategy. *Strategic Management Journal*, [S.l], v. 27, n. 10, p. 981-998, 2006.

WOLKMER, Antonio Carlos. *Ideologia, Estado e Direito*. São Paulo: Ed. RT, 1989.

ANEXO I

MODELO DE INSTRUMENTO PARTICULAR DE PARCERIA COM CLÁUSULA DE *VESTING* EMPRESARIAL

INSTRUMENTO PARTICULAR DE PARCERIA
COM CLÁUSULA DE *VESTING* EMPRESARIAL

I – DAS PARTES

Pelo presente instrumento e na melhor forma de direito, firmam este pacto as partes abaixo qualificadas, quais sejam:

A) PARCEIRO: (nome do interessado que receberá *equity*), (nacionalidade), (estado civil), (profissão), inscrito no Cadastro de Pessoas Físicas do Ministério da Fazenda sob o nº (CPF), portador da Cédula de Identidade nº (identidade), residente e domiciliado na (endereço), doravante denominado simplesmente "**PARCEIRO**",

B) STARTUP: (razão social), pessoa jurídica de direito privado, inscrita no Cadastro Nacional da Pessoa Jurídica do Ministério da Fazenda sob o nº (CNPJ), com sede na (endereço), doravante denominada "**STARTUP**", e, ainda,

C) PRIMEIRO ANUENTE: (nome do outro sócio), (nacionalidade), (estado civil), (profissão), inscrito no Cadastro de Pessoas Físicas do Ministério da Fazenda sob o nº (CPF), portador da Cédula de Identidade nº (identidade), residente e domiciliado na (endereço), doravante denominado "**PRIMEIRO ANUENTE**".

II – DO OBJETO

Cláusula 1ª. Tendo em vista o lançamento de um novo modelo de negócio, titularizado pela **STARTUP**, empresa que almeja se aprimorar e lançar no mercado uma tecnologia inovadora, formaliza-se o presente instrumento com o **PARCEIRO**, a fim de que sejam especificadas as condições para sua aquisição e progressiva consolidação de direitos sobre as quotas do capital social da empresa, mediante o preenchimento de requisitos e o atingimento de metas.

§1º. O termo "*Vesting*" é representativo da operação de consolidação de determinado percentual das quotas do capital social ora definido, na medida em que forem atingidas as metas delimitadas neste contrato (momentos denominados "*Cliffs*"), sendo utilizado, doravante, o verbo "vestir" para designar o processo de consolidação do direito a determinado número de quotas após o implemento da condicionante respectiva.

§2º. O presente contrato não se reveste de natureza trabalhista, tampouco implica obrigações gerenciais ao **PARCEIRO**, que terá sua participação nas atividades empresariais adstrita aos parâmetros de investimento intelectual e financeiro definidos neste pacto e ao compartilhamento de ônus e lucros em conformidade às quotas que vestir.

Cláusula 2ª. Em caráter suplementar ao presente contrato, será entabulado entre o **PARCEIRO** e o **PRIMEIRO ANUENTE** – partes diretamente envolvidas no contato com a ideia – um Acordo de Confidencialidade e Sigilo para garantir que os envolvidos possam desenvolver de forma sadia e tranquila as atividades contempladas especificamente no referido instrumento, o qual vincular-se-á expressamente a este para os fins da proteção nele definida.

III – DO CAPITAL SOCIAL INICIAL

Cláusula 3ª. O Contrato Social atual da **STARTUP**, que será considerado como ponto de partida para o presente instrumento, possui a seguinte divisão de quotas societárias:

NOME	Nº DE QUOTAS	PERCENTUAL	VALOR (R$)
SÓCIO "A"	X	X%	X
SÓCIO "B"	Y	Y%	Y
TOTAL	X + Y	X + Y%	X + Y

§1º. A partir da assinatura deste contrato, o **PARCEIRO** passará a compor o quadro societário da **STARTUP**, adquirindo o equivalente a **25% (vinte e cinco por cento)** das quotas do capital social, equivalentes a **"Z" quotas**, que lhe serão transmitidas na seguinte proporção:

TRANSMITENTE	Nº DE QUOTAS	PERCENTUAL	VALOR (R$)
SÓCIO "A"	X – 12,5%	12,5%(X)	X – 12,5%
SÓCIO "B"	Y – 12,5%	12,5%(Y)	Y – 12,5%
TOTAL	Z	25%	Z

§2º. Consolidada a transmissão inicial das quotas descritas no §1º, deverá ser providenciada a respectiva alteração ao Contrato Social da **STARTUP** para alterar o quadro societário, com a admissão do **PARCEIRO**, redistribuindo-se o capital social.

§3º. Não serão alteradas as demais cláusulas do Contrato Social, nem mesmo a que elege o administrador da **STARTUP**.

IV – DAS CONDIÇÕES INICIAIS DO *VESTING*

Cláusula 4ª. Após a consolidação da alteração do Contrato Social da **STARTUP**, deverão ser observadas as seguintes condições pelo **PARCEIRO**, como condição inexorável para que possa "vestir" o equivalente aos 5% (cinco por cento) das quotas societárias iniciais:

I – Atuar como Diretor-Chefe de Tecnologia ou CTO (*Chief Technology Officer*) da empresa, tendo como responsabilidades, dentre outras:

a) Identificar oportunidades e riscos para o negócio, do ponto de vista tecnológico;
b) Visualizar o futuro da empresa e ter um espírito empreendedor e criativo;
c) Gerenciar pesquisa e desenvolvimento tecnológico para o aprimoramento do código fonte desenvolvido pela empresa;
d) Monitorar tecnologias e tendências sociais que poderiam impactar a empresa;
e) Participar nas decisões de gestão sobre governança corporativa;
f) Comunicar a estratégia de tecnologia da empresa a parceiros, gestão, investidores e funcionários;
g) Manter informações atualizadas sobre padrões de tecnologia e regulamentos de conformidade.

§1º. Após investir-se na função de CTO da **STARTUP**, o **PARCEIRO** deverá se dedicar ao cumprimento das seguintes metas:

I – Participar, ao menos uma vez por semana, de reuniões para fins de gestão estratégica da empresa, nas quais serão definidas e realinhadas as metas e catalogados os avanços, especialmente quanto ao código-fonte;
II – Fazer-se disponível, sempre que possível, para atender às demandas da empresa, principalmente em sua área principal de atuação;
III – Prestar consultoria técnica à empresa ou a seus consultores, sempre que necessário para o correto desenvolvimento das atividades estratégicas;
IV – Empreender esforços e conhecimentos técnicos para o desenvolvimento de uma segunda versão do código-fonte, a fim de propiciar avanços tecnológicos, notadamente quanto à usabilidade, para tornar o produto melhor, agregando-lhe valor e potencial perante o mercado específico.

§2º. A consolidação das atividades, na etapa inicial, será avaliada, inicialmente, ao longo de **6 (seis) meses**, contados a partir da efetivação da alteração no Contrato Social da **STARTUP**, e será acompanhada pelo **PRIMEIRO ANUENTE** diariamente.

§3º. O **PRIMEIRO ANUENTE** deverá, nas reuniões semanais, expor ao **PARCEIRO** suas impressões e observações colhidas ao longo da semana, de modo construtivo e agregador, ajustando eventuais detalhes necessários ao bom fluxo de trabalho.

§4º. Eventuais intercorrências e eventos de não conformidade aos parâmetros acima deverão ser necessariamente documentadas em meio escrito.

Cláusula 5ª. Ao final do período de avaliação, o **PARCEIRO** e o **PRIMEIRO ANUENTE** realizarão uma reunião de definição, na qual poderão ser tomadas as seguintes decisões:

I – Prorrogação do período de avaliação **por mais 6 (seis) meses**, sem interrupção da contagem do prazo, por que seja possível avançar a ponto de serem preenchidos os parâmetros definidos acima;

II – *Vesting* de novos 5% (cinco por cento) das quotas do capital social para o **PARCEIRO**, consolidando-o em **10% (dez por cento) do total**, na forma definida na Cláusula 7ª.

Cláusula 6ª. Ocorrendo a prorrogação a que se refere a Cláusula 5ª, item I, deverá ser realizada nova reunião de definição ao final do período prorrogado, na qual as partes poderão, novamente, tomar uma das duas decisões alinhadas na Cláusula 5ª, valendo a decisão do item II como gatilho ("*Cliff*") do *Vesting* ulterior.

V – DOS ESTÁGIOS SUBSEQUENTES DO *VESTING*

Cláusula 7ª. Acionado o *Cliff* descrito na Cláusula 5ª, item II, deste contrato, o **PARCEIRO** fará jus a novos **5% (cinco por cento)** do total que adquiriu das quotas do capital social da **STARTUP**, que serão consolidadas em seu favor para que o relatório de acionamento do gatilho mencionado valha como Termo Aditivo ao presente contrato.

Cláusula 8ª. Considerando a impossibilidade de delimitação das metas geradoras de aquisição dos demais percentuais de quotas, deverão o **PARCEIRO** e o **PRIMEIRO ANUENTE**, por ocasião do implemento do primeiro *Cliff*, realizar a definição, por escrito, das metas dos próximos estágios, valendo o documento como Termo Aditivo, uma vez que, no referido evento futuro, terão melhores condições de avaliar, do ponto de vista técnico, a maturação da ideia e os novos objetivos a serem atingidos.

Cláusula 9ª. Embora não delimitadas, neste momento, as metas dos estágios subsequentes, as partes pactuam os gatilhos e respectivos percentuais sob a seguinte progressão:

ESTÁGIO	METAS	PERCENTUAL	QUOTAS
Inicial	Cláusula 4ª, caput	5%	Z/5
1º Cliff	Cláusula 4ª, §1º	5%	Z/5
2º Cliff	A serem definidas	5%	Z/5
3º Cliff	A serem definidas	5%	Z/5
4º Cliff	A serem definidas	5%	Z/5
TOTAL		25%	Z

§1º. Os prazos para o atingimento das metas definidas por ocasião do 2º, do 3º e do 4º *Cliffs* serão delimitados em comum acordo entre **PARCEIRO** e **PRIMEIRO ANUENTE**.

§2º. A estrutura de consolidação dos eventos e do cumprimento das metas não seguirá estrutura linear, mas, sim, formatação multicíclica, definida após o implemento do 1º *Cliff*, conforme explicitada no Fluxograma a seguir:

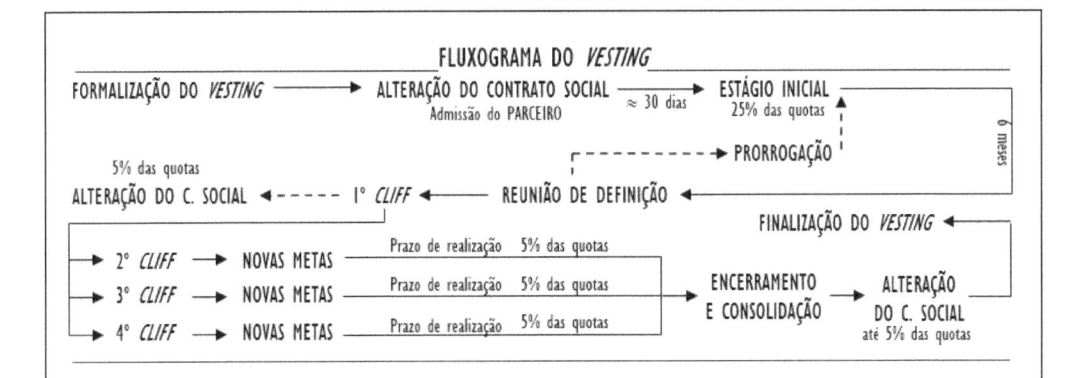

FLUXOGRAMA DO *VESTING*

FORMALIZAÇÃO DO *VESTING* → ALTERAÇÃO DO CONTRATO SOCIAL (Admissão do PARCEIRO) ≈ 30 dias → ESTÁGIO INICIAL 25% das quotas

→ PRORROGAÇÃO

6 meses

5% das quotas
ALTERAÇÃO DO C. SOCIAL ← 1° *CLIFF* ← REUNIÃO DE DEFINIÇÃO

FINALIZAÇÃO DO *VESTING* ←

→ 2° *CLIFF* → NOVAS METAS — Prazo de realização — 5% das quotas
→ 3° *CLIFF* → NOVAS METAS — Prazo de realização — 5% das quotas
→ 4° *CLIFF* → NOVAS METAS — Prazo de realização — 5% das quotas

→ ENCERRAMENTO E CONSOLIDAÇÃO → ALTERAÇÃO DO C. SOCIAL (até 5% das quotas)

VI – DOS INVESTIMENTOS E DO CAPITAL INTELECTUAL

Cláusula 10. O **PARCEIRO** investirá primordialmente capital intelectual na empresa, disponibilizando seus conhecimentos técnicos e experiências profissionais para a lapidação da ideia e do modelo de negócio da **STARTUP**, sem, com isso, ficar impossibilitado de investir recursos financeiros nas atividades da empresa.

Parágrafo único. Eventuais investimentos financeiros serão tratados à parte, por mútuos a serem pactuados em instrumentos próprios, salvo se tais investimentos forem definidos como metas específicas dos *Cliffs* que serão detalhados *a posteriori*, na forma esboçada no fluxograma e nas cláusulas anteriores.

Cláusula 11. O investimento de capital intelectual, devido às dificuldades naturais de sua mensuração, será presumidamente equivalente à quantidade percentual de quotas do capital social a que fizer jus o **PARCEIRO** quando do atingimento de cada meta.

Cláusula 12. O **PARCEIRO** terá total autonomia técnica para o desempenho de suas atividades intelectuais perante a empresa, não estando subordinado a diretrizes ou imposições de qualquer natureza que digam respeito às linguagens de programação empregadas no desenvolvimento do *software*, podendo tomar decisões livremente no que diz respeito à coordenação de trabalhos e à representação da empresa enquanto CTO, e, ainda, podendo se valer de terceiros para o desempenho dos trabalhos, desde que observadas as diretrizes explicitadas em cláusula própria.

VII – DAS HIPÓTESES DE DESISTÊNCIA E INSUCESSO DO NEGÓCIO

Cláusula 13. O presente contrato é formalizado levando-se em consideração o risco envolvido no sucesso do negócio, e propõe-se ao crescimento conjunto dos envolvidos, de modo que os bônus se repartam na exata proporção das quotas societárias de cada um, e, por essa razão, não se fará a repartição de dividendos e haveres em eventual liquidação em caso de insucesso, falha ou não atingimento do cenário esperado.

§1º. Considerar-se-ão três cenários na delimitação das metas do negócio: (i) pessimista; (ii) realista e (iii) otimista.

§2º. A delimitação do contexto de cada cenário será aferida em comum acordo entre os sócios.

§3º. Na eventualidade de resultados equivalentes aos cenários pessimista e realista, se vier a ser liquidada a sociedade **STARTUP**, serão desfeitos os vínculos societários sem que qualquer indenização seja devida ao **PARCEIRO** pelo equivalente de suas quotas societárias.

§4º. Na eventualidade de resultados equivalentes ao cenário otimista ou até em patamares superiores ao referido cenário, a liquidação da sociedade deverá observar o quantitativo de quotas societárias de cada participante na divisão dos ativos.

Cláusula 14. Caso o **PARCEIRO** desista de continuar na sociedade, a qualquer momento, deverá manifestar esta opção por escrito, com antecedência mínima de 15 (quinze) dias, mas não fará jus a qualquer indenização nas seguintes situações:

I – Caso a ideia não tenha saído do estágio da técnica, não tendo se tornado um produto comercializável;
II – Caso a empresa enfrente cenário pessimista ou realista, conforme definições contidas no pacto.
III – Se sua desistência ocorrer durante os primeiros 6 (seis) meses de vigência do *Vesting* ou em eventuais prorrogações do referido prazo, isto é, antes do implemento do 1º *Cliff*;
IV – Caso a desistência seja manifestada por ocasião de qualquer das reuniões de definição havidas para os fins deste contrato.

§1º. Nas hipóteses descritas, com a saída do **PARCEIRO** do quadro societário, deverá ser promovida a sua retirada do Contrato Social, de forma imediata e contando com sua colaboração perante a Junta Comercial respectiva, sob pena de incorrer em infração contratual.

§2º. Após a saída do **PARCEIRO**, o **PRIMEIRO ANUENTE** deverá providenciar a admissão de novo sócio ou a conversão da sociedade em Empresa Individual de Responsabilidade Limitada dentro do prazo legal de 180 (cento e oitenta) dias, caso permaneça como único sócio no quadro da empresa.

§3º. Na eventualidade de resultados equivalentes aos cenários pessimista e realista, se vier a ser liquidada a sociedade **STARTUP**, serão desfeitos os vínculos societários sem que qualquer indenização seja devida ao **PARCEIRO** pelo equivalente de suas quotas societárias.

§4º. Na eventualidade de resultados equivalentes ao cenário otimista ou até em patamares superiores ao referido cenário, a liquidação da sociedade deverá observar o quantitativo de quotas societárias de cada participante na divisão dos ativos.

Cláusula 15. As despesas para a alteração do Contrato Social, nas hipóteses descritas nas Cláusulas deste capítulo serão arcadas pela **STARTUP**, exceto em caso de cenário otimista, em que os sócios repartirão entre si tais despesas, na proporção de suas participações societárias.

VIII – DAS MODIFICAÇÕES DA ESTRUTURA SOCIETÁRIA

Cláusula 16. Os sócios deverão deliberar soluções precisas, em Termo Aditivo, para situações de modificação da estrutura societária, conforme definidas nos arts. 1.113 a 1.120 do Código, a saber:

I – Transformação: trata-se da transformação de um tipo societário em outro (*v.g.* limitada transforma-se em EIRELI ou S/A), sem necessidade de liquidação;
II – Incorporação: trata-se da situação em que uma empresa compra a outra, assumindo seus ativos e passivos;
III – Fusão: duas empresas decidem se juntar para constituir uma nova empresa, ocasionando verdadeira sucessão de empresas;
IV – Cisão: corresponde à partilha de uma empresa em unidades autônomas.

§1º. Considerando-se as especificidades do ramo das *startups* e a frequência com que ocorrem eventos de incorporação, o **PARCEIRO** e o **PRIMEIRO ANUENTE** desde já pactuam que o preço recebido de investidores que vierem a adquirir a **STARTUP** será dividido entre ambos na exata proporção de suas quotas societárias, valendo, para o **PARCEIRO**, a quantia percentual subscrita e integralizada no Contrato Social somada aos percentuais de quotas vestidas a partir de *Cliffs* atingidos.

§2º. Na hipótese do §1º, caso ainda existam metas estabelecidas mas não concluídas pelo **PARCEIRO**, este não fará jus a qualquer percentual na partilha do preço por tais obrigações incompletas; receberá, efetivamente, apenas na proporção das quotas subscritas e integralizadas e daquelas adquiridas em *Cliffs* já concluídos.

§3º. Na eventualidade de uma fusão, deverá ser feito o detalhamento de redistribuição das quotas, levando-se em consideração a ampliação do capital social e o corpo de sócios da outra empresa.

§4º. Ocorrendo transformação, os sócios deverão manter a proporcionalidade de suas quotas (ou ações, caso ocorra conversão em sociedade de capitais), ou, não sendo possível, deverão dilui-las no novo capital social, mantendo, dentro possível, a proporcionalidade.

§5º. Em caso de cisão, deverão ser observadas as regras mencionadas na Cláusula 16 e em seus §§1º, 2º, 3º e 4º quanto à repartição dos dividendos societários.

Cláusula 17. Se vierem a ser admitidos novos sócios no decorrer do cumprimento dos estágios do *Vesting*, o **PRIMEIRO ANUENTE** deverá, por força deste pacto, manter para si ao menos a maioria simples (metade mais uma ou 50% + 1) das quotas do capital social da **STARTUP**, respeitando-se, também, o total de quotas do **PARCEIRO**, que não poderá ser utilizado para fins de compensação, redistribuição ou equacionamento do capital social perante terceiros.

§1º. Em nenhuma hipótese o percentual de quotas consolidado pelo **PARCEIRO** a partir do atingimento de metas (*Cliffs*) poderá sofrer redução para fins de admissão de novos sócios, ainda que o novo percentual tenha sido obtido, mas não conste de alteração do Contrato Social.

§2º. Em eventuais admissões de novos sócios, o **PARCEIRO** e o **PRIMEIRO ANUENTE** deverão, na medida do possível, decidir de forma consensual e colaborativa, evitando atritos que possam refletir no cumprimento das obrigações ora pactuadas.

IX – DA RESOLUÇÃO, DA RESCISÃO E DAS PENALIDADES

Cláusula 18. Considerar-se-á rescindido o presente contrato, de pleno direito, independentemente de qualquer notificação, comunicação ou interpelação, nas seguintes hipóteses:

I – Nos casos previstos em lei ou por decisão judicial;
II – Em caso de encerramento das atividades empresariais;
III – No caso de a parte pessoa física requerer insolvência ou de a parte pessoa jurídica requerer recuperação judicial ou autofalência, ou de ter contra si requerida a falência e deixar de elidir o pedido contra si formulado, ou se for liquidada por decisão voluntária ou judicial, ou, ainda, no caso de insolvência civil de seus sócios, hipóteses em que a rescisão operará efeitos imediatos, sem prejuízo da cobrança de eventuais perdas e danos.

Cláusula 19. Em caso de descumprimento de qualquer das cláusulas definidas no presente contrato, este instrumento poderá ser rescindido imediatamente, independentemente de notificação, incorrendo a parte infratora no pagamento de multa equivalente a 20% (vinte por cento) do valor do capital social da **STARTUP** na data da infração, que se reverterá em favor da parte inocente, independentemente das perdas e danos porventura causados.

Cláusula 20. No caso de rescisão por iniciativa voluntária de qualquer das partes, a comunicação deste intuito deverá ser formalizada por escrito, através de notificação extrajudicial enviada com Aviso de Recebimento (AR) para o endereço da outra parte, conforme descrito neste instrumento, observada a antecedência mínima de 30 (trinta) dias.

Cláusula 21. Uma vez rescindido ou terminado o presente contrato, por qualquer razão ou circunstância, o **PARCEIRO** deixará imediatamente de utilizar e expor a marca e os logotipos, assim como devolverá ou inutilizará imediatamente todo e qualquer bem, equipamento, símbolo visual, manual ou *software* que possa identificar a **STARTUP**, e deverá, ainda, informar todas as suas senhas de acesso criadas para o desempenho das atividades técnicas.

Cláusula 22. É vedada a alienação ou cessão para terceiros, onerosa ou gratuita, do presente contrato e dos direitos patrimoniais decorrentes dos termos do presente contrato, no todo ou em parte, sendo que a prática de tal ato importará em infração contratual e acarretará a penalidade descrita na Cláusula 21, em valor dobrado.

X – DAS DISPOSIÇÕES GERAIS

Cláusula 23. Este instrumento constitui negócio jurídico oneroso entre as partes, de natureza exclusivamente civil, e não cria qualquer obrigação de natureza trabalhista ou previdenciária entre seus signatários.

Cláusula 24. Todos e quaisquer aditamentos ao presente contrato, bem como a alteração total ou parcial de suas cláusulas ou condições, serão, obrigatoriamente, formalizados por escrito e assinadas pelas partes, de nada valendo qualquer estipulação verbal a respeito, o mesmo prevalecendo com relação a todos e quaisquer avisos ou comunicações que qualquer das partes deva fazer à outra.

Cláusula 25. Surgindo divergências quanto à interpretação do que está pactuado neste acordo ou quanto à execução das obrigações dele decorrentes, ou constatando-se nele a existência de lacunas, solucionarão as partes tais divergências de acordo com os princípios de boa-fé, da equidade, da razoabilidade, e da economicidade, e preencherão as lacunas com estipulações que, presumivelmente, teriam correspondido à vontade das partes na respectiva ocasião.

Parágrafo único. A omissão ou tolerância da **STARTUP** em exigir o estrito cumprimento dos termos e condições deste contrato não constituirá novação ou renúncia, nem afetará os seus direitos, que poderão ser exercidos a qualquer tempo.

Cláusula 26. Na hipótese de descumprimento, por parte de qualquer dos contratantes, dos deveres descritos neste pacto, a parte infratora estará sujeita, além das penalidades contratuais, à recomposição das perdas e dos danos comprovadamente causados, na forma do art. 402 do Código Civil.

IX – DO FORO

Cláusula 27. Para dirimir quaisquer questões relacionadas ao presente pacto, as partes elegem o Foro da Comarca de (nome da comarca).

E, por assim estarem assim justas e em acordo, as partes assinam o presente instrumento em 2 (duas) vias de igual teor, forma e com um só efeito, na presença de duas testemunhas.
(Local), (data).

(NOME)
PARCEIRO

(RAZÃO SOCIAL)
STARTUP

(NOME)
PRIMEIRO ANUENTE

TESTEMUNHAS

Nome:
CPF:

Nome:
CPF:

ANEXO II

MODELO DE ATA PARA DELIBERAÇÃO SOBRE CLIFF

ATA DA REUNIÃO DE DEFINIÇÃO DO 1º CLIFF

PARCEIRO

NOME		
NACIONALIDADE	ESTADO CIVIL	DATA DE NASCIMENTO
PROFISSÃO	IDENTIDADE	CPF
ENDEREÇO		Nº E COMPLEMENTO
CEP	CIDADE	ESTADO
PAÍS	E-MAIL	

STARTUP

RAZÃO SOCIAL		
NATUREZA JURÍDICA		CNPJ
ENDEREÇO		Nº E COMPLEMENTO
CEP	CIDADE	ESTADO
PAÍS	E-MAIL	

META(S) ESTABELECIDA(S)

REFERÊNCIA CLÁUSULA 4ª (1º *CLIFF*)	PRAZO	PERCENTUAL DE QUOTAS DO VESTING	
DESCRIÇÃO I – Alinhar, ao menos uma vez por semana, por conversas, e-mails ou quaisquer outros meios de contato, a gestão estratégica da empresa, definindo e realinhando as metas e catalogando os avanços;			ATINGIDA? ( ) SIM ( ) NÃO
DESCRIÇÃO II – Fazer-se disponível, sempre que possível, para atender às demandas da empresa, principalmente em sua área principal de atuação;			ATINGIDA? ( ) SIM ( ) NÃO
DESCRIÇÃO III – Prestar consultoria técnica à empresa ou a seus consultores, sempre que necessário para o correto desenvolvimento das atividades estratégicas;			ATINGIDA? ( ) SIM ( ) NÃO
DESCRIÇÃO IV – Empreender esforços e conhecimentos técnicos para o desenvolvimento das atividades empresariais, a fim de propiciar avanços tecnológicos, notadamente quanto à usabilidade, para tornar o produto melhor, agregando-lhe valor e potencial perante o mercado específico.			ATINGIDA? ( ) SIM ( ) NÃO

DELIBERAÇÃO

_____
_____
_____
_____
_____
_____

(Local), (data).

         (NOME)   **(RAZÃO SOCIAL)**
         PARCEIRO   STARTUP

ANEXO III

MODELO DE ATA DE DELIBERAÇÃO CONCLUSIVA SOBRE A CONSOLIDAÇÃO DA PARTICIPAÇÃO SOCIETÁRIA

ATA DA REUNIÃO E DELIBERAÇÃO FINAL DO *VESTING*

PARCEIRO

NOME		
NACIONALIDADE	ESTADO CIVIL	DATA DE NASCIMENTO
PROFISSÃO	IDENTIDADE	CPF
ENDEREÇO		Nº E COMPLEMENTO
CEP	CIDADE	ESTADO
PAÍS	E-MAIL	

STARTUP

RAZÃO SOCIAL		
NATUREZA JURÍDICA		CNPJ
ENDEREÇO		Nº E COMPLEMENTO
CEP	CIDADE	ESTADO
PAÍS	E-MAIL	

CONSOLIDAÇÃO			
REFERÊNCIA CLÁUSULA 5ª, I e II	PRAZO INDETERMINADO	NOVO PERCENTUAL DE QUOTAS DO *VESTING* A DEFINIR	
DESCRIÇÃO Cláusula 5ª. Ao final do período de 4 (quatro) semanas, o **PARCEIRO** e o **PRIMEIRO ANUENTE** realizarão uma reunião de definição, na qual poderão ser tomadas as seguintes decisões: I – Prorrogação do período de avaliação para que seja possível avançar a ponto de serem preenchidos os parâmetros definidos acima;			DECISÃO SOBRE A PRORROGAÇÃO ( ) SIM ( ) NÃO
DESCRIÇÃO Cláusula 5ª. Ao final do período de 4 (quatro) semanas, o **PARCEIRO** e o **PRIMEIRO ANUENTE** realizarão uma reunião de definição, na qual poderão ser tomadas as seguintes decisões: II – *Vesting* de novo percentual das quotas do capital social para o PARCEIRO, consolidando-o, pari passu, na forma definida na Cláusula 7ª.			DECISÃO SOBRE O NOVO *VESTING* ( ) SIM ( ) NÃO

DESCRIÇÃO DA DECISÃO OBTIDA

_____
_____
_____
_____
_____
_____
_____
_____
_____
_____

(Local), (data).

(NOME) PARCEIRO	**(RAZÃO SOCIAL)** STARTUP

Anotações